Collage

VARIÉTÉS CULTURELLES

McGRAW-HILL PUBLISHING COMPANY

New York   St. Louis   San Francisco
Auckland   Bogotá   Caracas   Hamburg
Lisbon   London   Madrid   Mexico   Milan
Montreal   New Delhi   Oklahoma City
Paris   San Juan   São Paulo   Singapore
Sydney   Tokyo   Toronto

TROISIÈME
ÉDITION

LUCIA F. BAKER
Professor Emeritus/University of Colorado, Boulder

RUTH ALLEN BLEUZÉ
Moran, Stahl & Boyer International

LAURA L. B. BORDER
University of Colorado, Boulder

CARMEN GRACE
University of Colorado, Boulder

JANICE BERTRAND OWEN
University of Colorado, Boulder

MIREILLE A. SERRATRICE

ESTER ZAGO
University of Colorado, Boulder

This is an EBI book.

Collage: Variétés culturelles

Copyright 1990, 1985, 1981 by McGraw-Hill, Inc. All rights reserved. Printed in the United States of America. Except as permitted under the United States Copyright Act of 1976, no part of this publication may be reproduced or distributed in any form or by any means, or stored in a database or retrieval system, without the prior written permission of the publisher.

1 2 3 4 5 6 7 8 9 0   DOH DOH 9 4 3 2 1 0

ISBN 0-07-540837-6

Library of Congress Cataloging-in-Publication Data

Collage. Variétés culturelles / Lucia F. Baker . . . [et al.].—3e ed.
   p.   cm.
  ISBN 0-07-540837-6 : $14.00
   1. French language—Readers—France. 2. French language—Textbooks for foreign speakers—English. 3. France—Civilization.
I. Baker, Lucia F.
PC2127.F7C59 1990   89-13478
448.6'421--dc20   CIP

Manufactured in the United States of America

Developmental editor: Richard S. Mason
Copyeditor: Richard S. Mason
Senior editing supervisor: Richard S. Mason
Text and cover designer: Adriane Bosworth
Illustrator: Bill Border
Photo researchers: Judy Mason, Lindsay Kefauver
Production supervisor: Tanya Nigh
Compositor: Interactive Composition Corporation
Printer and binder: R. R. Donnelley and Sons Company

Credits
Grateful acknowledgement is made for use of the following:

Photographs

Page 1 © Peter Menzel / Stock, Boston; *5* © Stuart Cohen / Comstock; *7* © Beryl Goldberg; *8* © Stuart Cohen / Comstock; *10* © Beryl Goldberg; *12* © Beryl Goldberg; *17* © Mike Mazzaschi / Stock, Boston; *20* © Ulrike Welsch; *21* © Peter Menzel / Stock, Boston; *25* © Barbara Alper / Stock, Boston; *28* © Owen Franken / Stock, Boston; *32* © Peter Menzel / Stock, Boston; *34* © Owen Franken / Stock, Boston; *36* © Beryl Goldberg; *37* © Hugh Rogers / Monkmeyer; *42* © Mike Mazzaschi / Stock, Boston; *46* Rapho / Photo Researchers, Inc.; *49* © Collection Violet; *50* © Musée du Petit Palais, Paris. Photographie Bulloz; *52* Giraudon, Paris; *54* The Granger Collection; *55* Musée de Louvre, Paris. Photo by Marburg / Art Resource, NY.; *56* (*top*) The Bettmann Archive; *56* (*bottom*) The Granger Collection; *58* The Bettmann Archive; *59* Palais de Versailles, Paris. Photographie Bulloz; *61* Musée Carnavalet. Photographie Bulloz; *62* (*bottom right*) Musée du Louvre, Paris. Photo © Harlingue-Viollet; *66* Musée Carnavalet. Giraudon; *68* © Owen Franken / Stock, Boston; *71* (*top left*) © Stuart Cohen / Comstock; *71* (*top right*) © Mike Mazzaschi / Stock, Boston; *74* © Hugh Rogers / Monkmeyer; *81* © Peter Menzel; *85* © Owen Franken / Stock, Boston; *89* (*top*) Mike Mazzaschi / Stock, Boston; *89* (*bottom*) Teddy Schwarz / Topham / The (*continued on page 232*)

Table des matières

General Preface to the Third Edition ix

Preface to *Variétés culturelles* xiii

Chapitre préliminaire 1

    What is "Culture"? 2
    La chasse aux stéréotypes! 3
    La culture et les gestes 3

1 La vie de tous les jours 5

Lectures 7
    Evelyne Richard, physicienne 7
    Jacques Olivès, ingénieur 10
    Sylvie Hermen, vendeuse 11
    Echos 14

L'actualité: Apprenez chez vous le métier qui vous plaît 15

2 Famille et amis 17

Première partie: Relations familiales 19
    La transformation de la famille française 19
    La préservation des traditions 20
    Les étudiants et la famille 20
    Les jeunes couples 21

L'actualité: Lire son courrier? Non! 22

Deuxième partie: Relations amicales 24
    Echos 26

3 Les Français à table 28

La tradition gastronomique 30

La Normandie 34

La région bordelaise 35

La Provence 37

L'actualité: Un bon petit restaurant de quartier 39
    Echos 40

L'actualité: Idées… Menus 43

4 La France d'autrefois 46

Le Moyen Age 48

La Renaissance 53

L'époque de Louis XIV 57

La Révolution et l'Empire 60

L'actualité: Le bicentenaire de la Révolution française 66

5 La vie scolaire 68

Les jeunes au lycée 70

La préparation au «Bac» 73

L'actualité: Les joies et les chagrins de la vie au lycée 75

L'enseignement supérieur 77

La vie de l'étudiant 80
    Echos 82

L'actualité: Une école qui prépare l'élève à passer le bac 84

6 Villes, villages, provinces 85

La Bretagne 87

Paris 91

Bourges 95

L'actualité: Bonheur conjugal—Bourges 97

La Savoie 99
    Echos 101

L'actualité: Les sentiments de François Mitterrand 102

7 Le vingtième siècle 105

La Deuxième Guerre mondiale 108

De Gaulle 111

La France actuelle 114

L'actualité: Europe '93—comment s'en servir 118
    Echos 119

8 Spectacles 121

L'actualité: Pariscope—une semaine de Paris 123

La musique 124

L'actualité: L'Officiel des Spectacles—les concerts 128

Le théâtre 129

L'actualité: Un «Barbier» pas rasoir 131

Le cinéma 132
    Echos 136

9 Sports et loisirs 139

Vacances en famille 141

L'actualité: Club Med 149
    Echos 151

10 Le français dans le monde 152

Le Québec 155

L'Algérie 159

Les travailleurs immigrés 161

L'actualité: Couples—les galères de l'union 164

11 Les beaux-arts 168

La peinture 170
    L'impressionnisme 170
    La peinture abstraite du vingtième siècle 175

La sculpture 179
    Auguste Rodin 179
    César Baldaccini 181

L'architecture 183
    La cathédrale Notre-Dame 183
    Le Centre national d'art et de culture Georges Pompidou 185
    Echos 188

L'actualité: Des expositions dans quelques musées français 189

12 La France et les Etats-Unis 192

Etudiants d'échange 194

Le dîner 197

En plein air 200

Echos 202

L'actualité: Les bandes dessinées de Charles Schultz 204

Lexique 205

General Preface to the Third Edition

Collage consists of four integrated texts, together with a workbook and tape program: *Révision de grammaire, Variétés culturelles, Lectures littéraires, Conversation/Activités,* and *Cahier d'exercices oraux et écrits.* The most comprehensive intermediate program available, *Collage* is designed to develop proficiency at the second-year college level of French, giving equal emphasis to all skills. The series is based on our belief that students master a foreign language best when all elements of the program (grammar, culture, literature, and oral activities) are coordinated thematically and linguistically. Each component approaches the chapter themes from a different angle, allowing for maximum exposure at a level intermediate students can both appreciate and enjoy.

Organization

The basic structure of the program remains unchanged. Corresponding chapters of the four books in the series focus on the same theme; Chapter 7, for example, always deals with *Le vingtième siècle.* These corresponding chapters illustrate and reinforce the same grammatical points, as well as related vocabulary and cultural information. Students therefore have many opportunities to work with important vocabulary and grammar in a variety of contexts designed to keep their interest alive.

The *Collage* program is broad, yet sufficiently flexible to allow teachers an individual and creative approach in the classroom. Each book in the series can be used alone; used together, however, the four books give students diverse models of language use, ranging from everyday conversations to literature, and they expose students to cultural information presented from varying points of view. Each combination of books will reinforce different groups of skills (reading, listening, writing, structural analysis, oral proficiency, and so on). For example, in a course emphasizing oral skills, instructors often combine *Variétés culturelles* and *Conversation/Activités*; in a reading course, *Variétés culturelles* and *Lectures littéraires* are often paired. Most users of *Collage* view the *Révision de grammaire* and the *Cahier d'exercices oraux et écrits* as the pivotal elements of the program and use them with one or more of the other books. Here are some possible combinations.

1. *Lectures littéraires, Révision de grammaire,* and *Cahier d'exercices* develop an appreciation of literary texts while providing related grammar review and practice.
2. *Variétés culturelles, Révision de grammaire,* and *Cahier d'exercices* present historical and contemporary aspects of French culture, in France and in other French-speaking countries, with integrated grammar review and practice.
3. *Conversation/Activités, Révision de grammaire,* and *Cahier d'exercices* emphasize oral proficiency at the intermediate and advanced levels, based on the corresponding grammar chapters, through a wide variety of activities including skits, trivia bowl, word games, discussion topics, spontaneous role-playing, and much more.

Supplements to *Collage*

- The *Cahier d'exercices oraux et écrits* is a combined workbook and lab manual. The workbook portion contains exercises to supplement those in the student grammar text. Exercises have been revised to make them more meaningful; for example, language is often used in real-life contexts. As they practice vocabulary and grammar in this edition, students are encouraged to express their own ideas whenever possible. The third edition also includes activities based on authentic materials and a new section, *La composition française,* designed to build paragraph- and essay-writing skills. The laboratory program offers a new section that focuses on listening comprehension. Other activities have been added or rewritten to offer more listening practice. New sketch-based activities should make laboratory work more interesting for students. (A *Tapescript* for the laboratory program and cassette or reel-to-reel tapes (on loan) are provided free to institutions that adopt *Collage.* Cassette tapes are also available for students to purchase.)
- The *Instructor's Manual* has been enriched. It offers ideas about teaching with authentic materials and about conducting group work in the classroom, guidelines for testing, suggestions for constructing a course syllabus and lesson-planning, and a set of detailed, page-by-page comments on how to use the *Collage* series in the classroom. We hope that new instructors will find these suggestions especially useful.
- Two *computer-assisted instructional programs* are available with this edition: an interactive program with a game format that emphasizes communication in French, *Jeux communicatifs* (available for Apple IIe™ and IIc™ computers), and a program featuring all the single-response grammar exercises in *Révision de grammaire, McGraw-Hill Electronic Language Tutor* (MELT—available for IBM™, Macintosh™, Apple IIe™ and IIc™ computers).
- A video program about the French Revolution, *Pleins Feux sur la Révolution,* is available to adopters of *Collage.*
- A set of slides, with an accompanying manual containing questions and commentary, is available to each department adopting *Collage.*

The authors wish to thank the following people who have assisted with the third edition of *Collage*:

- Christiane Dauvergne, who contributed to Chapters 4, 7, 10, and 12 of *Variétés culturelles*.
- Frédérique Chevillot, Annick Manhen, and Sylvie Château, who read the manuscript for linguistic and cultural accuracy.
- Patricia Brand, Margaret Heady, Nadia Turk, Véronique Selou, and Elisabeth Tornier, instructors at the University of Colorado who have taught with *Collage* and who offered many insights gleaned from using the books in the classroom.
- Suzanne Carnegie, a second-year French student who provided insights from a student's viewpoint.

The following reviewers generously offered suggestions and constructive criticism that helped shape the third edition. The inclusion of their names here does not constitute an endorsement of the *Collage* program or its methodology.

Harriet Allentuch, *SUNY*; Catherine J. Barrier, *Rutgers University*; John Boitano, *Columbia University*; Marylin C. Brown, *Eastern Connecticut State University*; Robert Corum, Jr., *Kansas State University;* Vincent J. Errante, *Columbia University*; Cheryl Henson, *University of Utah*; Marie France Hilgar, *University of Nevada*; Hannelore Jarausch, *University of North Carolina, Chapel Hill*; Clelland E. Jones, *University of Utah*; Mary R. Kaufman, *University of California at Davis*; Sister Helen Kilzer, *University of Mary*; Earl D. Kirk, *Baker University*; Natalie Lefkowitz, *Michigan State University*; Susan Leger, *Northern Illinois University*; James Madison, *U.S. Military Academy*; Claire-Lise Malarte, *University of New Hampshire*; Milorad Margitic, *Wake Forest University*; Martine Meyer, *University of Wisconsin, Milwaukee*; W. Michael, *University of Utah*; Marie Rose Myron, *Adelphi University*; Mary Jo Netherton, *Morehead State University*; Kenneth Rivers, *Rollins College*; Rosemarie Scullion, *University of Iowa, Iowa City*; William D. Shenk, *Columbia University*; Stuart Smith, *Austin Community College*; Mary Ann Soloman; Emese Soos, *Tufts University*; Yvonne C. Stebbins, *Sinclair Community College*; Karen Temple-Higgins, *Clatsop Community College*; Marie-Chantal Walker, *Brigham Young University*; Dr. Margaret M. Willen, *Eastern New Mexico University*; J. Thomas York, *Kearney State College*.

We especially want to thank Eirik Børve and Thalia Dorwick of McGraw-Hill, who have supported our endeavors during the last twelve years, and Leslie Berriman, who assisted us with the third edition. We are grateful to the McGraw-Hill editorial production and design staff, most especially to Richard Mason for excellent editorial and design suggestions, and also to Jamie Sue Brooks, Karen Judd, and Phyllis Snyder. A special debt of gratitude is owed to Eileen LeVan, our editor, whose attention to the changes in the field of foreign language teaching encouraged us to make *Collage* more interactive.

Finally, we would like to thank our families and friends, whose constant support and patience have sustained us through three editions of the *Collage* series. Special thanks are due Charles Baker; his unerring eye for detail and his personal interest in the quality of our work have been invaluable.

Preface to *Variétés culturelles*

Collage: Variétés culturelles invites students to explore French culture, customs, history, and tradition, and to evaluate their own culture from a new perspective. The twelve themes of the *Collage* series are presented and developed in a variety of formats: excerpts from French books and magazines, dialogues, diary entries, travelogues, and interviews with French citizens. Each text offers students many examples of the corresponding grammar points, and is divided into short, readable sections.

In addition to the texts, each chapter contains

- *Mots et expressions,* which prepares students to understand the reading *and* to answer related questions at the end. Idiomatic expressions or words that might pose special difficulty are defined in marginal glosses, in French whenever possible.
- A variety of reinforcement exercises and activities:
  Avez-vous compris? verifies general comprehension of the text itself.
  A votre avis encourages students to express their own opinions.
- *Echos,* which provides a last look at the chapter's main concepts. It includes:
  An oral group *Activité* to reinforce the vocabulary and theme
  La grammaire à l'œuvre, which calls for creative application of the structures presented in the corresponding chapter of *Révision de grammaire*
  Topics for *Rédaction ou discussion* that allow students to express personal views on topics related to the theme
  Jeu culturel, an individual student activity that ends the chapter with a light touch
- A section called *L'actualité,* based on realia

Following the twelve chapters is a French-English vocabulary (*Lexique*) containing words and expressions with contextual meanings as found in the text.

Changes in the Third Edition

- Each chapter contains a new section, *L'actualité,* consisting of a French or francophone text taken from various current sources: magazines, newspapers, brochures, advertisements, and the like. These texts provide exam-

ples of authentic, written French and offer insights into francophone culture; they are followed by comprehension questions.
- Chapters 4 and 7 on French history have been rewritten in the hope of stimulating the imagination by isolating exciting historical events and interesting individuals rather than merely presenting a series of facts. Chapter 4 is now based on excerpts from *Chronique de la France et des Français,* a comprehensive, anecdotal history of France, while Chapter 7 is based on the comments of living French citizens who were interviewed for *Collage*.
- Chapters 10 and 12 have been substantially recast to keep them current and to include more authentic texts.
- All other chapters have been updated and comprehension questions have been revised throughout.
- Photos, illustrations, and authentic materials have been added to give students a more complete picture of the francophone world.
- Wherever possible, unfamiliar words have been glossed in French rather than English to help students increase their vocabulary and make reading a more authentic experience.

Collage

Chapitre préliminaire

L'arrivée: l'aéroport Charles de Gaulle à Paris
PETER MENZEL / STOCK, BOSTON

What Is "Culture"?

The word "culture" has a variety of meanings. It can refer to the patterns of life, the values, and the beliefs that characterize a society as a whole. It can also refer to a society's finest intellectual and artistic achievements.

Variétés culturelles introduces you to some of the traditions, everyday attitudes, ways of life, and cultural backgrounds of French-speaking societies. Chapters 1, 2, 3, 6, and 9 will show you culture on a personal level as you read about and discuss day-to-day behavior in the francophone (French-speaking) world. In Chapters 4, 5, 7, and 10, you will encounter the broader French educational, historical, political, and philosophical traditions. Chapters 8, 11, and 12 treat some of France's intellectual, artistic, and scientific accomplishments.

As you move from chapter to chapter, pause to reflect on your own customs and values and compare them with those of the French. It is important to think of the relative similarities between countries as well as the differences. What is your image of a typical French person? How do the French think and act and dress? How have your ideas been formed—by hearsay, or through movies and magazines? And how are Americans viewed abroad? How did the stereotype of the rich, loud, pushy American tourist come about? Is this stereotype justified? As you discuss the ideas in *Variétés culturelles,* you will see how empty stereotypes are and how knowing about another culture dispels superficial generalizations, replacing them with empathy and appreciation.

American students going abroad often experience confusion or surprise at the way daily life is conducted. Often we know about the big differences between two cultures, but we may assume that everyday things will be the same as they are at home. For example, when you arrive in Paris and see your first expanse of beautiful green grass, you may want to lie down and take a nap or toss your frisbee. But think again: you will need to look out for **«Pelouse interdite»** signs (*Don't walk on the grass!*); they are numerous, and the prohibition is strongly enforced. To take another example, everyone knows what a fabulous subway system Paris has. It is only reasonable to assume that the **métro** runs all night. But this assumption and empty pockets will get you a long walk back to your hotel if you leave a night spot after 1 A.M., when the last **métros** head back to the main stations. These and many other day-to-day differences (buying stamps in a **tabac,** making phone calls from the **poste,** finding the front door of your hotel locked at midnight) mean that there will hardly ever be a dull moment when you are abroad. And isn't that what travel is all about—new experiences, different ways of doing things, trying new ideas and sensations?

So, open your eyes and your mind to everything you see in these readings, photos, and drawings. Absorb, question, and fantasize as you turn the pages. In knowing the French, you will come to know yourself better and gain some understanding of the rest of the world's cultures.

Et maintenant, à vous!

La chasse aux stéréotypes!

Comment les Américains voient-ils les Français? Comment les Français voient-ils les Américains? Voici une liste de stéréotypes bien connus en France et aux Etats-Unis à propos de l'autre pays. Complétez-la avec trois autres stéréotypes que vous jugez pertinents. Ensuite, groupez-vous par deux et comparez vos listes. Sont-elles semblables? Combinez vos idées pour en faire une seule. Enfin tous les groupes dans la classe peuvent comparer leurs listes. Quel est le danger du stéréotype? Comment peut-on l'éviter? Quel est le stéréotype même des Etats-Unis? De la France? D'autres pays étrangers? Qu'en pensez-vous?

STEREOTYPES FRANÇAIS SUR L'AMERIQUE	STEREOTYPES AMERICAINS SUR LA FRANCE
Les Américains sont obsédés par la propreté.	Les Français critiquent tout, tout le temps.
Les Américains sont superficiels.	Les Français ne savent pas conduire.
	Les Français n'ont pas de moralité.

La culture et les gestes

Les différences culturelles ne s'expriment pas seulement dans les attitudes, mais aussi dans les gestes. Voici huit dessins de gestes français qui signifient plus qu'une phrase entière. Pouvez-vous imiter ces gestes et sentir le message émotionnel qu'ils illustrent?

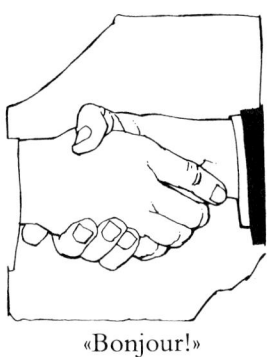

«Bonjour!»

«La barbe.»
(Je m'ennuie.)

«Je vais lui téléphoner.»

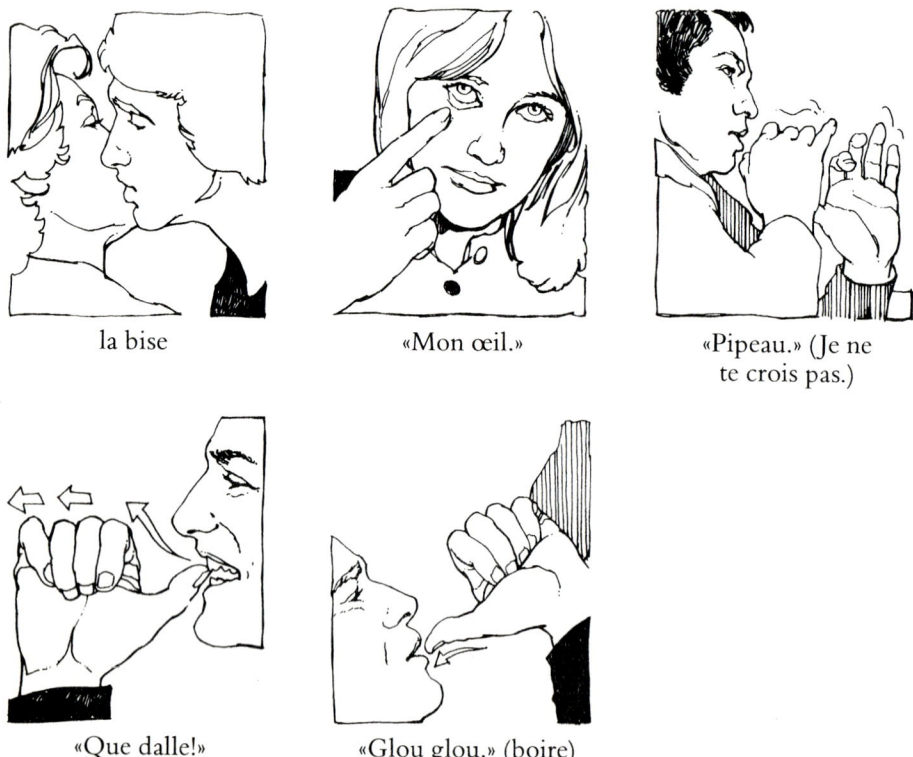

la bise

«Mon œil.»

«Pipeau.» (Je ne te crois pas.)

«Que dalle!»

«Glou glou.» (boire)

Y a-t-il des gestes typiquement américains? Donnez-en des exemples.

CHAPITRE 1
La vie de tous les jours

Au Quartier Latin: Comment s'appelle ce boulevard?
STUART COHEN / COMSTOCK

> *La vie est trop courte pour être petite.*

Quand on essaie de se représenter la vie des Français, qu'est-ce que l'on imagine? Si l'on n'a pas visité la France, on est tenté de se référer à des stéréotypes familiers, n'est-ce pas? On voit le Français bon vivant avec son béret sur la tête, un verre de vin à la main, une baguette et un bout de fromage à côté de lui. Ou bien on l'imagine semblable à soi-même et on n'y pense plus. Pourtant, il existe des différences importantes entre les Américains et les Français concernant leur philosophie de la vie et leur attitude envers le travail. Afin de comprendre ces différences, laissez parler les Français eux-mêmes.

Voici donc des interviews avec des Français de milieux très divers et de métiers différents. Chaque personne y exprime son attitude face à la vie ainsi que ses idées sur son métier.

A la fin du chapitre, deux récits personnels («analyses») illustrent la surprise des personnes qui découvrent pour la première fois de nouvelles valeurs culturelles. A vous d'analyser leurs réactions en fonction de votre propre expérience.

Mots et expressions

au bout de at the end of
le but goal
la carrière career
le chômage unemployment
déménager to move
l'endroit (*m.*) place
s'entendre to get along
envers toward
faire la lessive to do the wash
faire le ménage to clean house
faire la vaisselle to wash the dishes
le (la) fonctionnaire civil servant
le goût taste
l'horaire (*m.*) schedule
l'inconvénient (*m.*) disadvantage
le jour férié holiday
le métier profession, trade
l'ordinateur (*m.*) computer
le poste position, job
la santé health
subventionner to subsidize

Emplois

A. Trouvez l'équivalent de chaque expression.

1. quelqu'un qui travaille pour le gouvernement
2. un jour de vacances
3. un désavantage
4. changer de résidence
5. une machine servant à faire des calculs extrêmement complexes
6. l'occupation
7. un job
8. à la fin de

B. Trouvez le contraire de chaque expression.

1. un emploi temporaire
2. se disputer
3. la maladie
4. le travail
5. ne pas aider financièrement

C. Complétez les phrases avec les mots qui conviennent.

1. Avant de partir en vacances, il faut consulter _____ des chemins de fer.
2. Le Grand Canyon est le _____ touristique par excellence.
3. Après chaque repas, il faut _____.
4. La femme traditionnelle qui reste à la maison élève les enfants, _____ et _____. Elle prépare des repas qui ont bon _____.
5. Le _____ de l'éducation est de se préparer pour la vie adulte.
6. Quelle est votre attitude _____ l'argent?

Lectures

*E*velyne Richard, vingt-huit ans, mariée, sans enfants, est physicienne° en sciences atmosphériques au Centre National de Recherche Scientifique.

physicist

Un congrès de physiciens à Paris BERYL GOLDBERG

Evelyne, en quoi consiste votre travail exactement?

Eh bien, en ce moment ça consiste en beaucoup de choses: je fais de la recherche au laboratoire de l'Université de Clermont-Ferrand. Je consacre le plus gros de mes efforts à ma thèse de doctorat d'état; mais je dirige aussi les thèses des étudiants au labo, je prépare des comptes-rendus° afin de les publier; *reports* de temps en temps, je voyage pour présenter les résultats de notre recherche à l'occasion de conférences scientifiques.

Vous devez avoir des journées bien chargées° avec de telles responsabilités? *full*

Chargées, oui, mais agréables. Mon mari travaille au même labo que moi; nous nous levons en même temps—toujours en écoutant la radio. Jean-Pierre prépare le petit déjeuner—café et tartines—et nous partons ensemble au travail. Nous arrivons au labo vers 8h30; là, chacun poursuit ses tâches° de la matinée, *tasks* et nous nous retrouvons à midi pour déjeuner. L'après-midi, je passe beaucoup de temps à l'ordinateur: c'est souvent frustrant parce que nous communiquons par téléphone avec le grand ordinateur du labo de Paris et les lignes sont coupées de temps à autre. Enfin, on en prend l'habitude. Et voilà; nous terminons le travail vers six ou sept heures et nous rentrons à la maison.

Qui s'occupe des tâches ménagères?

Oh, c'est toujours moi qui prépare le dîner. En rentrant, nous nous arrêtons à l'épicerie ou à la boucherie et je prépare quelque chose de rapide; j'aime bien faire la cuisine. Jean-Pierre fait la vaisselle et m'aide avec le ménage et la lessive. Après dîner, nous écoutons de la musique ou parfois nous continuons notre travail de la journée.

Y a-t-il beaucoup de femmes à votre niveau au laboratoire?

Non, il n'y en a pas beaucoup. Mais cela ne me pose pas de problèmes. Justement, une chose que j'apprécie énormément, c'est l'ambiance de bonne camaraderie du labo. Il y a toujours quelqu'un pour donner un coup de main quand

Ces jours-ci on fait les courses ensemble! STUART COHEN/COMSTOCK

on a un problème. Et chaque jour nous nous réunissons après le déjeuner dans un café en ville—huit ou dix personnes—pour discuter des affaires du laboratoire, des actualités politiques ou de n'importe quoi d'autre.°   *n'importe... anything else*

Pensez-vous avoir des enfants plus tard? Ou comptez-vous vous consacrer entièrement à votre carrière?

Je ne vois pas pourquoi l'un empêcherait l'autre. Du point de vue carrière, mon but est de contribuer au progrès de la science. Mais je ne suis pas pressée. Déjà maintenant, bien que j'aie un rythme de travail assez accéléré, je trouve toujours le temps de me détendre avec mon mari le soir, le week-end et les jours fériés. Nous avons cinq semaines de vacances par an que nous passons toujours à voyager.

Oui, mais votre vie ne changera-t-elle pas quand vous aurez des enfants?

Non, pas vraiment. Vous savez que le gouvernement aide beaucoup les parents qui travaillent en donnant de longs congés° de maternité et en subventionnant des crèches.° De plus, mes parents habitent près d'ici et je sais qu'ils seront ravis de s'occuper des enfants. D'ailleurs, ils sont impatients de les voir arriver.   *leaves, times off* / *day-care centers*

Avez-vous compris?

1. Au travail, quelles sont les responsabilités d'Evelyne?
2. Pourquoi Evelyne aime-t-elle le laboratoire où elle travaille? Et qu'est-ce qu'elle n'y aime pas?
3. Comment Jean-Pierre et Evelyne se répartissent-ils les travaux ménagers?
4. Que pensez-vous des expositions d'Evelyne concernant la maternité et une carrière?
5. Faites un résumé, d'après le texte, des éléments les plus importants de la vie d'Evelyne.

A votre avis

1. Comment un couple tel que Jean-Pierre et Evelyne aurait réparti les travaux ménagers de façon différente il y a trente ans?
2. Dans votre pays, y a-t-il beaucoup de femmes qui poursuivent une carrière en même temps qu'elles élèvent leurs enfants? Quels avantages et quels inconvénients rencontre-t-on quand on veut faire les deux? Avez-vous l'intention d'avoir à la fois une carrière et une famille? Expliquez.
3. Que fait votre gouvernement pour aider les parents qui travaillent? Bénéficiez-vous de crèches? d'allocations? de congés de maternité?

Le mariage est un état trop parfait pour l'imperfection des hommes.

*J*acques Olivès, trente-sept ans, marié, deux enfants, est ingénieur en informatique° à l'Electricité de France (EDF).

ingénieur... *computer programmer*

Quels sont les avantages de travailler pour une entreprise nationalisée comme l'EDF?

Pour moi, un aspect crucial à l'EDF, c'est que l'ingénieur a beaucoup de liberté: on me donne un problème à résoudre, ensuite, on me laisse tranquille et c'est à moi de trouver la solution. C'est un métier passionnant parce qu'il n'y a pas de routine; on ne fait jamais la même chose. Un autre avantage à l'EDF, c'est la sécurité de l'emploi. Je ne crains pas le chômage. Impossible de me mettre à la porte° parce que le gouvernement assure du travail à chacun des fonctionnaires qu'il emploie. De plus mes frais° médicaux (y compris le dentiste) sont remboursés à cent pour cent et sans assurance privée à payer. Ma famille et moi sommes entièrement pris en charge° par la Sécurité Sociale.

me... *to fire me*

frais... *expenses*

pris... *taken care of*

Y a-t-il aussi des inconvénients?

Oui, quand même. Parfois l'horaire peut devenir exaspérant: une semaine sur deux, je travaille très tard le soir et j'ai donc peu de temps à consacrer à ma famille. Si on veut avancer dans la profession, il faut aussi accepter de se déplacer. Ça fait deux ans maintenant que je suis en province et je vais être muté° à Paris, mais pendant quelques années seulement. Ces déménagements° sont pénibles pour ma femme parce qu'il faut souvent du temps pour être accepté dans une nouvelle communauté; mais elle se rend compte que c'est important pour moi; j'acquiers dans chaque poste une expérience indispensable.

transferred / moves

Un ingénieur travaille avec un architecte. BERYL GOLDBERG

Est-ce que les déplacements sont obligatoires pour tous ceux qui travaillent à l'EDF?

Non, pas du tout; d'ailleurs, en général, les gens préfèrent rester sur place, même s'ils doivent se contenter d'un poste moins intéressant. Mais moi, j'ai de l'ambition; je tâche, comme tout le monde, de conserver un équilibre entre ma vie privée et ma vie professionnelle, mais bien souvent les exigences du travail prennent le dessus.° J'adore le sport, par exemple, mais il m'arrive de passer un mois entier sans bouger du bureau, sans faire le moindre° exercice. C'est dur parfois, mais c'est une question de priorité.

prennent... *take precedence*

least

Avez-vous compris?

1. Nommez tous les avantages que présente le poste de Jacques Olivès à l'EDF.
2. Pourquoi a-t-il parfois peu de temps à consacrer à sa famille?
3. Pourquoi accepte-t-il de se déplacer si souvent? Qu'en pense sa femme?
4. Qu'est-ce qui montre que Jacques a de l'ambition?

A votre avis

1. Lorsque vous trouverez un emploi, accepterez-vous de vous déplacer comme le fait Jacques Olivès? Pourquoi ou pourquoi pas?
2. En France, les compagnies de gaz, d'électricité, de chemins de fer, de téléphone, de télévision et beaucoup d'autres sont nationalisées. Dans votre pays, quels sont les services et les entreprises nationalisés? Etes-vous pour ou contre la nationalisation de certaines entreprises? Lesquelles et pourquoi?
3. Jacques Olivès, comme tout fonctionnaire français, bénéficie de la sécurité de l'emploi et des avantages médicaux appréciables. Quels avantages espérez-vous avoir dans votre profession au point de vue sécurité de l'emploi, santé, vacances, horaire, etc.?
4. En France, les gens ne se déplacent en général pas beaucoup. Jacques est une exception. Est-ce que vous ou vos parents déménagez souvent? Pourquoi? Depuis combien de temps habitez-vous à votre domicile actuel?

*S*ylvie Hermen, vingt-sept ans, divorcée, deux enfants, est vendeuse dans un magasin de vêtements pour hommes.

Est-ce que ce métier vous plaît, Sylvie?

Oh, vous savez, je me plains° pas mal à cause du salaire, mais au fond° je crois que j'ai de la chance. J'ai la responsabilité entière du magasin: je m'occupe des étalages,° je participe à l'achat de la marchandise, je fais la comptabilité journalière,° je m'occupe aussi de la vente,° et je suis responsable de la vitrine°—je peux ainsi faire preuve de créativité. L'aspect le plus intéressant, c'est que j'ai

je... *I complain* / au... *basically*

displays

comptabilité... *daily book-keeping / sales / store window*

Combien coûte ce pull-over?
BERYL GOLDBERG

une grande liberté de mouvement: pas de patron sur le dos. Je suis seule au magasin et mes enfants viennent me rejoindre après l'école; des amis s'arrêtent souvent pour bavarder et on passe de bons moments ensemble. Et puis, en général, les clients sont intéressants; j'aime bien ce contact avec les gens, c'est ce qui me plaît le plus.

Par contre,° ce qui est moche,° c'est l'horaire. Le magasin est ouvert de neuf heures à midi et de deux heures à sept heures du soir, du mardi au samedi. Je vous assure que je préfère la journée continue.° Quand on s'arrête deux heures pour le déjeuner, on n'a plus du tout envie de recommencer le travail. Et quand on rentre à la maison à sept heures, la soirée est fichue.°

Vous vous plaignez de votre salaire. Comment arrivez-vous à vivre?

Il est vrai que je ne gagne pas beaucoup, mais j'ai droit° aux allocations familiales;[1] ça m'aide à payer la nourriture et le loyer. En plus, j'ai un style de vie qui me permet d'être heureuse avec peu de choses. J'ai une bonne stéréo, mais je n'ai ni téléphone, ni voiture, et j'ai aussi d'excellents amis avec qui je m'entends bien. Vraiment, on rigole° bien. On ne fait pas grand-chose, on n'a pas de goûts extravagants, mais on se retrouve pour dîner ou pour prendre un pot° ensemble ou parfois, on emmène les gosses à la patinoire;° il y a toujours quelqu'un qui fait le clown, qui commence à raconter des blagues,° nous avons des fous-rires interminables. On n'a pas besoin d'argent pour bien s'amuser entre nous. Je pense que si j'étais plus riche je ne vivrais pas autrement.

Par... On the other hand / (fam.) a drag

la... workday without the traditional two-hour lunch break
(fam.) ruined

right

on... (fam.) we have a good time
prendre... to have a drink
skating rink
(fam.) jokes

Avez-vous compris?

1. Que fait Sylvie? Quelles sont ses responsabilités professionnelles?
2. Qu'est-ce qui lui plaît le plus dans son travail? Quels sont les aspects qui ne lui conviennent pas?
3. Que fait-elle quand elle a du temps libre?
4. Pourquoi Sylvie peut-elle être heureuse avec peu d'argent?

---

[1] **Allocations familiales:** une somme donnée par le gouvernement à toute famille ayant des enfants

A votre avis

1. Que pensez-vous de l'horaire de Sylvie? Quel est pour vous l'horaire idéal? Préférez-vous travailler à mi-temps ou à plein-temps? Etes-vous pour ou contre la semaine de quatre jours? Commentez.
2. Quels sont les facteurs les plus importants dans votre choix d'une carrière? L'argent? L'indépendance? Le développement intellectuel? Les possibilités d'avancer? etc.
3. Sylvie est-elle ambitieuse? Pourquoi ou pourquoi pas? Vous considérez-vous plus ou moins ambitieux (ambitieuse) qu'elle?
4. D'après vous, est-il possible de vivre très heureux avec peu d'argent? Pourquoi? Combien d'argent vous faut-il chaque mois pour toutes vos dépenses? Quel salaire minimum considérez-vous comme acceptable? Quelle attitude ont vos parents et vos amis envers l'argent?

Analyses

Analyse I M. Lucien Lefils arrive aux Etats-Unis pour travailler deux ans chez IBM. Il connaît quelques familles américaines depuis longtemps, mais c'est la première fois qu'il vit en Amérique. Certaines questions lui viennent à l'esprit.

*P*ourquoi les Américains travaillent-ils tant? Ils travaillent presque sans s'arrêter pour le déjeuner; le soir ils apportent du travail à la maison; le week-end ils font du jardinage ou ils repeignent la maison. C'est à peine s'ils prennent des vacances et encore ils ne partent pas avant d'avoir nettoyé le garage ou retapissé° la cuisine, etc. Quand se détendent-ils? Comment peuvent-ils apprécier la vie? Même les étudiants travaillent pendant l'année scolaire et pendant l'été. — *repapered*

Analyse II Mr. Hugh Workman passe un an comme gérant de section° dans la succursale° d'une entreprise américaine à Lyon. Au bout de quelques semaines, il se trouve de plus en plus frustré par ce qu'il considère «l'inefficacité» du système français. — *gérant... manager* / *branch*

*L*es employés ici s'entendent à peu près et il semble y avoir un bon esprit d'équipe entre eux. Pourtant, je trouve qu'il y a parfois un peu trop de camaraderie et pas assez de compétition. A dix heures et demie pile,° tout travail s'arrête pour la pause-café et à midi, chacun va manger chez soi ou à la cafétéria et ils ne reprennent le travail qu'à deux heures. Et même si moi, je veux travailler pendant le déjeuner, je ne peux pas—ni travailler ni faire les courses: les secrétaires ne sont pas là, les banques, la poste, les magasins sont — *sharp* fermés! Il me semble que les Français sont en vacances plus qu'ils ne travaillent: Pâques, le 1er mai, l'Ascension, la Pentecôte, le 14 juillet, le 15 août, plus de six semaines de congés payés!! Mon Dieu! Comment l'économie peut-elle marcher dans un système pareil?

> *Les Français arrivent tard à tout, mais enfin, ils arrivent.*
>
> Voltaire

Echos

Activité

Relisez les deux analyses ci-dessus. Chacune de ces deux personnes fait sur une autre culture des réflexions fondées sur ses propres valeurs. Il ne s'agit pas de savoir qui a raison et qui a tort, mais de bien comprendre nos valeurs personnelles et celles des autres.

1. Mettez-vous à la place d'un collègue de M. Lefils et répondez à ses questions.
2. D'après tous les textes que vous venez de lire, expliquez à Mr. Workman l'attitude française envers le travail.
3. Choisissez un(e) camarade de classe pour présenter avec vous un dialogue imaginaire entre M. Lefils et Mr. Workman.

La grammaire à l'œuvre

Vous venez de découvrir le monde du travail en France. Maintenant, exposez l'attitude de votre meilleur ami (meilleure amie) ou de vos parents envers le travail, l'argent, le succès, l'ambition, le chômage, la famille... Utilisez le présent de l'indicatif et des négations.

Rédaction ou discussion

Choisissez un sujet.

1. Travaillez-vous beaucoup? et vos parents? vos amis? Etes-vous d'accord pour dire que les Américains travaillent trop? Pourquoi ont-ils cette attitude? (par ambition, goût de l'argent, puritanisme...)
2. Décrivez l'emploi du temps d'une de vos journées typiques. Combien de temps consacrez-vous au travail? aux loisirs? aux amis?

L'actualité

Aujourd'hui le chômage est un grave problème en France comme partout en Europe. Pour répondre aux besoins des personnes au chômage ou sous-employées, il existe en France depuis quelques années une prolifération d'écoles privées. Celles-ci offrent une formation technique spécialisée correspondant plus ou moins aux *vocational schools* aux Etats-Unis. Vous trouverez ci-dessous une publicité pour une de ces écoles. Jetez un

[a]Diplômes techniques [b]*Computerized accounting* [c]*Advertising artist* [d]*Paralegal* [e]*Accounting and management* [f]*Radio, TV, Hi-Fi assembly and repair*

coup d'œil sur l'image et la description de chaque métier, puis répondez aux questions suivantes.

A vous la parole!

1. Lesquels de ces métiers reconnaissez-vous? Y a-t-il quelques-uns qui vous sont complètement inconnus? Lesquels et pourquoi?
2. Si vous vous décidez à vous inscrire avec Educatel, à quel moment de l'année pouvez-vous commencer votre classe?
3. Educatel est-elle une institution privée ou publique?
4. Remplissez le Bon de Documentation comme si vous vouliez recevoir plus d'information sur cette école.
5. Lesquels de ces métiers vous intéressent personnellement? Pourquoi?
6. Imaginez que vous exercez actuellement un de ces métiers. Décrivez votre vie à un(e) camarade de classe. Quel est votre horaire? Quelles sont vos activités quotidiennes? Qui sont les gens à qui vous avez affaire? Combien d'argent gagnez-vous? Quels sont les avantages et les inconvénients de votre métier? Vous pouvez ensuite comparer vos réponses avec celles de vos camarades de classe.
7. Beaucoup d'étudiants américains travaillent à mi-temps et parfois à plein temps tout en poursuivant leurs études; mais sans diplômes universitaires ils sont limités à des «petits boulots» (*part-time or temporary employment*) semblables à quelques-uns des métiers décrits ci-dessus. Quels genres de «petits boulots» existent-ils pour les étudiants? Décrivez le genre de travail, les responsabilités, le plaisir ou l'ennui, le salaire, etc., des divers métiers que vous avez exercés.

Activité

Groupez-vous par trois ou quatre. A tour de rôle choisissez un des métiers de la liste et donnez-en une définition. Le reste du groupe essaie de deviner de quel métier il s'agit. Le gagnant est celui qui aura deviné le plus de métiers possible.

MODELE: Une personne exerçant ce métier s'occupe de la peau et des cheveux de ses client(e)s. → Il s'agit d'une esthéticienne.

CHAPITRE 2
Famille et amis

Promenade en famille à Paris: Qui veut une crêpe au sucre?
MIKE MAZZASCHI/STOCK, BOSTON

> *Connais-toi toi-même est bien, connaître les autres est mieux.*

Ce chapitre est divisé en deux parties. Dans la première partie Evelyne Sullerot, sociologue française, parle des relations familiales en France. Ce texte est suivi d'une série de questions qui vous permettront de faire des comparaisons entre la famille américaine et la famille française. Ensuite vous allez lire un texte traitant le sujet de l'adolescence. Dans la deuxième partie, trois Français vous font part de leurs impressions personnelles sur l'Amérique. Les questions qui suivent vous invitent à analyser vos relations sociales pour mieux comprendre votre culture et celle des Français.

Mots et expressions

à l'étranger abroad
accueillant(e) hospitable; friendly
agir to act
amener to take; to bring; to cause
le choix choice
le comportement behavior
la crainte fear
déçu(e) disappointed
déprimé(e) depressed
l'enfer (*m.*) hell
étonnant(e) surprising
étroit(e) narrow; close
éviter to avoid
la façon way, manner
le lien tie, bond
liens affectifs emotional ties
mener to lead
proche near
les rapports (*m.*) relations
se réunir to meet
rompre to break
se sentir to feel
l'union (*f.*) **libre** living together unmarried
la valeur value

Emplois

A. Trouvez l'équivalent de chaque expression.

1. être ensemble
2. la peur
3. la manière
4. aimable
5. casser
6. surprenant
7. la cohabitation
8. les relations
9. le rapport

B. Trouvez le contraire de chaque expression.

1. large
2. loin
3. le paradis
4. l'obligation
5. joyeux
6. ne rien faire
7. dans son pays
8. rencontrer

C. Complétez les phrases avec les mots qui conviennent.

1. Nos idées du bien et du mal sont souvent déterminées par nos _____ culturelles.
2. Je ne suis plus malade; au contraire, aujourd'hui je _____ très bien.
3. Mes enfants _____ souvent leurs amis à la maison.
4. Les parents se sentent toujours responsables du _____ de leurs enfants.
5. Quand les enfants reçoivent de mauvaises notes, leurs parents sont _____.
6. Mon mari travaille tout le temps, il _____ une vie d'enfer.

> *Il n'est meilleur ami ni parent que soi-même.*

Première partie: Relations familiales

La transformation de la famille française

Selon Evelyne Sullerot, célèbre écrivain et sociologue française, la famille en France est aujourd'hui le lieu° de profondes transformations. L'ancien modèle familial, basé sur la crainte, le respect et la domination du père, est en train de disparaître pour laisser place à un nouveau modèle fondé° sur des liens affectifs plus profonds. La famille ne suit plus le schéma où seul le père gagne de l'argent, seule la mère s'occupe du ménage et de l'éducation des enfants, où les filles sont trop protégées et où les garçons reprennent le métier de leur père. Aujourd'hui, d'une manière générale, les deux parents travaillent, tous deux partagent les travaux ménagers, tous deux participent à l'éducation des enfants dès le plus jeune âge; garçons et filles ont pratiquement les mêmes libertés; les parents acceptent mieux la sexualité avant le mariage; les enfants mariés ont plus de liberté dans le choix d'un métier et d'un endroit pour vivre.

place

based

Réunion de famille: tout le monde est là.
ULRIKE WELSCH

La préservation des traditions

Et pourtant, les anciennes valeurs familiales restent profondément enracinées° dans l'esprit français et les liens familiaux sont toujours très étroits. Pour la majorité des Français, la famille tient la première place dans l'ordre des priorités. Les grandes décisions de la vie adulte, depuis° le choix des études et de l'université, celui d'une carrière, l'orientation professionnelle, l'achat d'une résidence principale ou secondaire, jusqu'aux décisions concernant les vacances et la retraite,° sont souvent liées à l'intérêt de la famille.

rooted

from

retirement

Les étudiants et la famille

On constate qu'en France, l'étudiant(e) qui quitte la maison pour aller à l'université ne rompt pas vraiment avec les traditions familiales. Souvent il (elle) choisit l'université la plus proche de chez lui (elle) et rentre tous les week-ends. «L'étudiant n'est pas autonome», nous dit une jeune femme qui prépare une licence° de sociologie. «A la faculté, je ne connais que ma chambre, mes études et le Restau-U. Je suis très contente de rentrer le week-end et de retrouver la cuisine de ma mère.»

undergraduate degree

Bien sûr, les étudiants ont une vie indépendante, sortent ensemble, se retrouvent au café et au cinéma. Ce sont souvent les relations commencées au lycée ou à l'université qui se transforment en relations amoureuses. Le jeune couple vit ensemble (parfois longtemps) avant de se marier. Les parents acceptent mieux l'union libre et apportent même parfois une aide financière, que le couple soit marié ou non.

Un mariage en province PETER MENZEL / STOCK, BOSTON

Les jeunes couples

Mme Sullerot explique ce phénomène en termes de «chantage° affectif»: les parents vivent dans la crainte de perdre contact avec leurs enfants et sont prêts à les aider pourvu qu'ils puissent les voir. Nous retrouvons la même préoccupation chez les jeunes. Une étudiante de Grenoble nous raconte que son fiancé est tunisien et que pour l'instant, ses parents refusent absolument l'idée d'un mariage. «Depuis plus d'un an, je mène une vie d'enfer, déchirée° entre mes parents et mon fiancé; mais je ne veux pas brusquer les choses.° Avec du temps et de la patience, mes parents vont accepter de recevoir Hassouna. De toute façon, il n'est pas question de rompre avec ma famille.»

Mme Sullerot remarque un autre phénomène assez étonnant chez les jeunes Français d'aujourd'hui: «...Les générations nouvelles ont une expérience sexuelle précoce, mais ne quittent pas leur premier partenaire. La majorité demeure fidèle à la première fille ou au premier garçon avec qui ils cohabitent.»

Souvent, le jeune couple s'installe près des parents; on se rend service, on se réunit régulièrement pour des repas en famille, on passe les vacances ensemble. Même si le couple s'établit loin des parents, à l'autre bout de la France, ou même à l'étranger, ils gardent contact par de nombreux coups de téléphone, de fréquentes visites, de longues lettres. De part et d'autre, on essaie de préserver le sentiment de sécurité qu'apportent de bonnes relations familiales.

blackmail

torn

brusquer... to rush things

Avez-vous compris?

1. Quelles transformations observe-t-on dans la famille française d'aujourd'hui? Décrivez l'ancien modèle par rapport à la situation actuelle.
2. Pourquoi les liens familiaux restent-ils très étroits en France?
3. Pourquoi l'étudiante de Grenoble mène-t-elle «une vie d'enfer»?

4. Comment les jeunes ménages gardent-ils contact avec leurs parents?
5. Comment un jeune couple qui est établi loin des parents garde-t-il contact?

A votre avis

1. Etes-vous d'accord avec Mme Sullerot sur le «chantage affectif»? Discutez.
2. Les avantages de la transformation familiale nous sont bien connus. Quels en sont les inconvénients?
3. Quels changements pouvez-vous observer dans la famille américaine? Quels rapports avez-vous avec vos parents? En quoi influencent-ils vos décisions?
4. Dans votre pays, quels sont les rapports entre les jeunes couples et leurs familles? Quand se voient-ils? Que partagent-ils?
5. Y a-t-il beaucoup de jeunes aux Etats-Unis qui vivent ensemble avant de se marier? Jusqu'à quel point la sexualité avant le mariage est-elle acceptée par les parents américains?

> *Sur les défauts d'autrui, l'homme a des yeux perçants.*

*L'*actualité

Le fossé des générations existe en France tout comme aux Etats-Unis. Les relations familiales les plus difficiles sont souvent celles qui existent entre parents et adolescents. Voici un article tiré d'un magazine populaire conseillant fortement aux parents de ne jamais lire le courrier intime de leurs enfants.

Avant de lire

Avant de lire le texte réfléchissez un moment à vos propres journaux intimes, si vous en avez. Quels genres de confidences y faites-vous? Permettez-vous à vos parents de lire votre journal ou votre courrier? Y exprimez-vous parfois des idées aggressives ou hostiles à leur égard ou envers d'autres personnes, idées que vous ne pouvez pas leur dire directement? L'auteur de ce texte prétend que, de la part des adolescents, tout cela est parfaitement normal et qu'il s'agit d'un processus de détachement nécessaire afin d'être autonome et de devenir adulte.

Faites une liste de sujets que vous aimeriez traiter dans votre journal intime. Parleriez-vous de tout à vos parents? Comparez vos listes avec celles de vos camarades de classe.

LIRE SON COURRIER? NON!

Quel parent n'a jamais été tenté[a] de jeter un coup d'œil[b] dans les papiers d'un adolescent? A l'âge où il découvre son autonomie et cherche sa personnalité, ne marchez pas dans son jardin secret!

Malgré un usage — intensif — du téléphone, certains adolescents aiment écrire : lettres échangées avec l'ami(e) de cœur, missives amoureuses, journal intime... Cette activité, bien sûr, plaît d'autant plus qu'elle[c] est mystérieuse et qu'elle touche à des relations, des sentiments, des faits que les parents connaissent peu (ou pas). D'où les précautions qui l'entourent souvent, le tiroir fermé à clé, le menaçant avertissement[d] écrit « à qui lira », l'absence de commentaires sur le courrier reçu, etc. Et puis, le désordre aidant, à moins que ce ne soit[e] une invitation provocante à lire, voici qu'une lettre est restée dans une poche, qu'un journal a été oublié sur le lit...
Pour les parents, la tentation est grande. Ne vont-ils pas ainsi mieux comprendre leur enfant? Un silence s'est peut-être établi entre eux, ou bien ils n'approuvent pas ses relations et veulent s'assurer du bien-fondé[f] de leur jugement. Ou encore ils sont inquiets : projets de vie, sexualité, drogue, que se passe-t-il au juste? S'il court des risques, le fait d'être fixé ne permettra-t-il pas de le protéger? Bref, de « bonnes » raisons tentent[g] de justifier l'indiscrétion à l'avance. A côté de ces motifs, un autre, plus secret : le désir de garder son enfant à soi, comme lorsqu'il était petit, le refus de le voir peu à peu échapper au contrôle, à la transparence obligatoire.

COMMENT RÉAGIR?

Le pas sauté,[h] le parent se retrouve le plus souvent embarrassé, voire bouleversé.[i] Cette incursion dans la vie intime de l'adolescent est plus troublante qu'éclairante, incroyable parfois. La réalité, ou du moins celle que l'on croit saisir à travers la lecture, est différente de ce que l'on pensait. L'enfant apparaît comme un inconnu, un étranger. A ce choc peut s'ajouter celui des critiques, des déclarations agressives à l'égard[j] du parent lecteur. Comme si l'adolescent, prévoyant ce qui se passe, voulait l'en punir, ou souhaitait marquer son détachement affectif.
Car c'est bien de détachement dont il s'agit à cet âge : trouver la distance, l'autonomie nécessaire pour devenir adulte, détacher d'anciens liens[k] pour en nouer[l] d'autres. Le parcours s'effectue petit à petit, avec quelquefois des à-coups douloureux de part et d'autre. Dans ce travail de maturation, l'écriture joue son rôle. A travers elle, l'adolescent s'essaye à trouver qui il est, se cherche différentes personnalités, un peu comme il s'exerce au même âge à « sa » signature. En écrivant, il peut exprimer son agressivité, mettre en scène les aspects les plus négatifs de son imagination, affabuler à sa guise, tout cela sans danger. Cela fait du bien et ne porte pas à conséquence. Pour lui qui évolue, qui découvre des réalités différentes, l'écriture est un jalon, un point fixe sur lequel on peut revenir plus tard, attentif ou amusé. Mais les parents perçoivent difficilement le caractère transitoire de ce qu'ils lisent, ils s'affolent[m] parfois inutilement.
Enfin, et surtout, les confidences échangées, les notes intimes du journal, en même temps qu'elles facilitent la réflexion sur soi, ménagent[n] un territoire bien à soi au milieu de la vie familiale quotidienne, une zone secrète indispensable à l'évolution de l'adolescent.

L'AFFOLEMENT, L'EMBARRAS...

L'embarras du parent qui a lu montre bien que l'indiscrétion n'était pas si innocente. Jugée à froid, elle apparaît même sans contredit comme inacceptable. Mais que faire maintenant? Difficile de ne pas prendre en compte[o] ce qu'on a lu, difficile d'en parler avec l'intéressé. L'important est de ne pas juger trop vite, de ne pas durcir[p] sa position. En somme, rester attentif, ouvert, tout en conservant son rôle de parent. Rôle ingrat, difficile parfois. Il n'est pas toujours facile non plus d'être adolescent...

MICHELLE DE WILDE

---

[a]*tempted* [b]*jeter... to glance* [c]*d'autant... all the more since it* [d]*warning* [e]*à moins... unless it is*
[f]*wisdom* [g]*try* [h]*Le... The step taken* [i]*voire... even very upset* [j]*à... regarding* [k]*ties* [l]*form* [m]*panic* [n]*stake out*
[o]*prendre... take into account* [p]*harden*

A vous la parole

1. Pourquoi les adolescents cachent-ils leurs journaux intimes?
2. Pourquoi les parents sont-ils tentés de lire une lettre privée ou un journal intime de leurs enfants adolescents?
3. Pourquoi le parent indiscret se trouve-t-il parfois bouleversé par ce qu'il lit?
4. Quel rôle joue le journal intime dans la vie de l'adolescent?
5. Quel conseil l'auteur donne-t-il au parent indiscret?
6. Avez-vous un journal intime? Expliquez pourquoi il est important pour vous.
7. Pensez-vous que l'adolescence est un moment difficile? Expliquez en utilisant des exemples personnels ou des exemples d'amis.
8. Que peut-on faire, adolescents et parents, pour mieux s'entendre et diminuer l'importance du fossé des générations?

Deuxième partie: Relations amicales

Analyse

Analyse I En France, le «dating» n'existe pas comme aux Etats-Unis. Les jeunes au lycée et à l'université ont tendance à sortir en groupes—en général mixtes—et se retrouvent au café, au cinéma, pour des promenades, pour des fêtes ou au bal (surtout à la campagne). Parfois, des couples se forment à l'intérieur du groupe, mais ils ne le quittent pas toujours. Une étudiante française qui vit avec ses parents aux Etats-Unis depuis un an est étonnée du comportement de ses camarades à l'université.

Très jeunes, ils sortent en couple; ils demeurent dans cette relation exclusive et intime pendant quelques mois et se séparent ensuite pour former un autre couple avec quelqu'un d'autre. J'ai l'impression que, dès qu'ils doivent faire face au° moindre problème, ils se séparent. Ça doit être pour cela que les Américains divorcent tant: ils ne font pas d'efforts dans leurs relations avec les autres.

faire... deal with, face up to the

Une sortie en groupe: Les vieux films américains sont toujours appréciés. BARBARA ALPER/STOCK, BOSTON

A votre avis

1. Préférez-vous sortir en couple ou en groupe? A quel âge est-ce que les Américains commencent à sortir en couple?
2. «Les Américains… ne font pas d'efforts dans leurs relations avec les autres.» Etes-vous d'accord? Expliquez.
3. Les liens d'amitié dans un groupe de camarades français(es) sont souvent très forts. Quels en sont les avantages? Les inconvénients?

Analyse

Analyse II Sylvie Duran accompagne son mari aux Etats-Unis pendant qu'il poursuit des études dans une université américaine. Elle voyage souvent dans toute l'Europe pendant les vacances, mais c'est la première fois qu'elle vit si longtemps à l'étranger. Ses premières semaines aux Etats-Unis sont formidables; elle trouve les Américains accueillants, sympathiques, faciles à rencontrer. Cependant, au bout de quelques semaines, elle commence à se sentir très seule. Elle sort peu pendant la journée, personne ne l'invite; sans savoir pourquoi, elle se sent isolée, déprimée, déçue par les Américains. La France lui manque.° Elle en arrive à cette conclusion: «Au premier abord,° les Américains sont aimables; il est très facile de connaître des gens mais les rapports restent superficiels. Je pense que les Américains ne cherchent pas à construire des relations profondes et durables.»

La… *She misses France* / Au… *At first*

A votre avis

1. Que peut-on faire pour minimiser les effets du choc culturel?
2. Sylvie pense qu'aux Etats-Unis les rapports entre les gens sont superficiels. Etes-vous d'accord avec elle? Expliquez.
3. Que peut faire Sylvie pour échapper à la solitude?

Analyse

Analyse III Jean-Pierre vit aux Etats-Unis depuis douze ans et il s'y plaît beaucoup. Il apprécie l'ouverture d'esprit des Américains, la variété de leurs styles de vie, l'absence de barrières sociales et leur flexibilité concernant les horaires, les repas, les vacances, l'amitié, etc.

*L*es gens ici sont très libres dans leurs relations sociales, moins contraints par les traditions ou par le conformisme. Ils ont souvent l'occasion de se rencontrer et d'établir des liens d'amitié, les rapports entre les gens semblent en général moins formels qu'en France. Une chose qui me surprend, par contre, c'est le manque° de manifestations d'affection. Il y a très peu de contact physique entre les gens, pour se dire bonjour ou au revoir, ou quand ils parlent entre eux. Les parents embrassent rarement leurs enfants. Les filles ne se prennent pas par le bras, les jeunes ne s'embrassent pas pour se dire bonjour. Cela m'étonne un peu.

°lack

A votre avis

1. Comment les Américains se rencontrent-ils? Quels liens d'amitié établissent-ils?
2. Que signifie l'expression «barrières sociales»? N'existent-elles pas aux Etats-Unis? Expliquez.
3. Que pensez-vous du manque de contact physique entre les Américains cité par Jean-Pierre? Dans quels pays avez-vous remarqué plus de manifestations d'affection entre les gens? Expliquez.
4. Vous sentez-vous parfois contraint de suivre certaines traditions dans vos relations avec les autres (par exemple, les habits que vous portez, les gens que vous rencontrez, les endroits que vous fréquentez)? Expliquez.

Echos

Activités

Créons des familles. Chaque étudiant(e) apporte en classe les photos de quatre membres de sa famille. Mettez-vous par quatre et échangez vos photos avec celles du groupe voisin. Reconstituez, si vous le pouvez, les quatre familles. Expliquez les raisons de vos choix, puis demandez confirmation de vos résultats à l'autre groupe.

La grammaire à l'œuvre

En vous servant des adjectifs, faites un ou plusieurs portraits des personnes suivantes. Décrivez leurs caractéristiques physiques aussi bien que leur personnalité à un(e) camarade de classe.

1. votre meilleur(e) ami(e) ou quelqu'un que vous admirez beaucoup
2. une célébrité
3. quelqu'un que vous n'aimez pas beaucoup.

Rédaction ou discussion

Choisissez un sujet.

1. En général, quelles sont les différences les plus importantes entre la famille française et la famille américaine?
2. Que signifie, à votre avis, le grand nombre de divorces aux Etats-Unis? Est-ce un signe de la détérioration de la société américaine? Est-ce le début d'un nouveau concept du mariage et de la famille? Est-ce que cela a une influence positive ou négative sur la famille? Expliquez vos réponses.
3. Regardez le dessin suivant. Qu'est-ce qu'il indique sur le rôle du père dans la famille française? Quel est le rôle du père dans une famille américaine?

[a] tu... are you running?

CHAPITRE 3
Les Français à table

Produits régionaux du Languedoc et des Pyrénnées
OWEN FRANKEN/STOCK, BOSTON

> *So it was only later, after I had come home to England, that I realized in what way the family had fulfilled their task of instilling French culture into at least one of their British charges. Forgotten were the Sorbonne professors and the yards of Racine learnt by heart, the ground plans of cathedrals I had never seen, and the saga of Napoleon's last days on St. Helena. What had stuck was the taste for a kind of food quite ideally unlike anything I had known before.*
>
> Elizabeth David

Quand on revient d'un voyage dans un pays étranger la première chose dont on se souvient est presque toujours la cuisine: non seulement la nourriture mais aussi la façon de la préparer, de la manger, les heures des repas, tous les rites qui les accompagnent et qui caractérisent les gens du pays mieux que n'importe quel autre aspect de la vie.

En France la gastronomie est particulièrement importante, car c'est un véritable art; et il ne s'agit pas d'un art pratiqué par un petit nombre de spécialistes, mais d'un art auquel participe toute la population. Dans une famille française typique, on apporte beaucoup de soin à la préparation des repas. Les moindres détails sont importants: le choix méticuleux des aliments, l'utilisation des ustensiles appropriés, la composition d'un repas bien équilibré, afin que l'ensemble soit un plaisir pour les yeux aussi bien que pour l'estomac.

Mots et expressions

l'apéritif (*m.*) cocktail; before-dinner drink
la boulangerie bakery (specializing in bread)
déguster to taste (wine and special foods)
le digestif after-dinner liqueur
être au régime to be on a diet
le gourmand someone who eats to excess (especially sweets)

le gourmet someone who appreciates fine cuisine
le marché (en plein air) (open-air) market
la pâtisserie bakery (specializing in pastries)
remarquer to notice
le soin care
la vendange grape harvest
le vin doux sweet wine
le vin sec dry wine

Emplois

A. Trouvez l'équivalent de chaque définition.

1. Une boisson que l'on prend avant le dîner.
2. Quelqu'un qui apprécie la bonne cuisine.
3. Goûter un petit peu de vin.
4. Une boisson que l'on prend après un repas.
5. Quelqu'un qui mange des sucreries en grande quantité.
6. Le magasin où l'on achète du pain.
7. Le moment où l'on cueille les raisins pour en faire du vin.
8. Le magasin où l'on achète des pâtisseries et des bonbons.

B. Complétez les phrases avec les mots qui conviennent.

1. Quand une personne peut manger seulement certaines choses, cette personne _____.
2. En France, on peut acheter de la nourriture au supermarché ou au _____.
3. Les Français préparent leurs repas avec beaucoup de _____.
4. Si vous faites attention, vous allez _____ que les Français et les Américains ont une attitude différente vis-à-vis de la nourriture.
5. En général, on boit un vin _____ avec le fromage et du vin _____ avec le dessert.

> *Les gourmands creusent leur tombe avec leur fourchette.*

La tradition gastronomique

En France, la tradition d'excellence gastronomique date de l'époque romaine (premier siècle avant Jésus-Christ) et se retrouve dans maints° aspects de la civilisation française: l'art, la littérature, la politique et l'histoire. Voici quelques anecdotes de l'histoire gastronomique.

many

52 avant J.-C. Le célèbre fromage de Roquefort a été découvert d'une façon tout à fait fortuite° il y a deux mille ans. Un jeune berger cache un bout de fromage dans une grotte° pour aller chercher une brebis° perdue. Quand il revient après plusieurs jours, son fromage est tout moisi,° couvert de taches vertes. Le pauvre berger, mourant de faim, le mange quand même et il le trouve délicieux.

accidental
cave / sheep
moldy

Le XVIe siècle Catherine de Médicis transforme la cuisine française en ramenant des cuisiniers d'Italie et en introduisant la fourchette! A la même époque, de nouveaux produits arrivent d'Amérique: la tomate, la pomme de terre, le haricot, la courge,° la citrouille,° et la dinde.°

squash / pumpkin / turkey

Le XVIIe siècle Louis XIV est aussi gourmand que gourmet; il a un appétit prodigieux et se nourrit presque uniquement de gibier.° Son secrétaire, Louis de Béchamel, invente la sauce qui porte son nom. A la même époque, Mme de Maintenon fonde une école pour orphelines de militaires. Celles qui se distinguent en cuisine reçoivent un cordon° bleu, devenu depuis symbole de l'excellence culinaire.

game

ribbon

Les XVIIIe–XIXe siècles La culture de la pomme de terre devient un problème politique. Pendant longtemps, les paysans refusent de la cultiver parce que son goût est trop fade° et qu'on ne peut pas en faire du pain. Cet humble tubercule est enfin accepté à la fin du dix-huitième siècle grâce aux efforts d'un prêtre, Antoine-Augustin Parmentier (1737–1813). Le hachis Parmentier° est maintenant un plat bien français.

bland

Le... Casserole of mashed potatoes and ground beef

C'est aussi au dix-huitième siècle que le pain joue un rôle politique de première importance. Le repas typique des paysans consiste en pain noir trempé° dans un potage de légumes. Une mauvaise récolte° en 1789 et la menace de famine contribuent à déclencher° la Révolution française. Depuis la Révolution et jusqu'à 1978, le prix du pain reste sous le contrôle du gouvernement.

dipped
harvest
to unleash

La France moderne On dit que dans la France contemporaine cet attachement aux plaisirs de la table se perd un peu, surtout dans les grandes villes.

On n'a plus le temps de préparer des repas exquis tous les jours; les femmes refusent de passer la majeure partie de leur journée dans la cuisine. De plus en plus, on mange en vitesse dans un snack ou un self-service, ou on ouvre des boîtes de conserve° et on utilise des produits surgelés.° Et pourtant, la tradition des très longs repas à l'occasion des baptêmes, communions et mariages reste la même; on passe parfois plus de cinq heures à table. A la campagne, on fête toujours la moisson° et les vendanges de façon traditionnelle; et le visiteur étranger goûtera toujours en France les spécialités régionales qui ont contribué à la glorieuse réputation de la cuisine française.

boîtes... *canned goods / frozen*

harvest

A la crémerie: «Combien en voulez-vous? Comme ça?» PETER MENZEL/STOCK, BOSTON

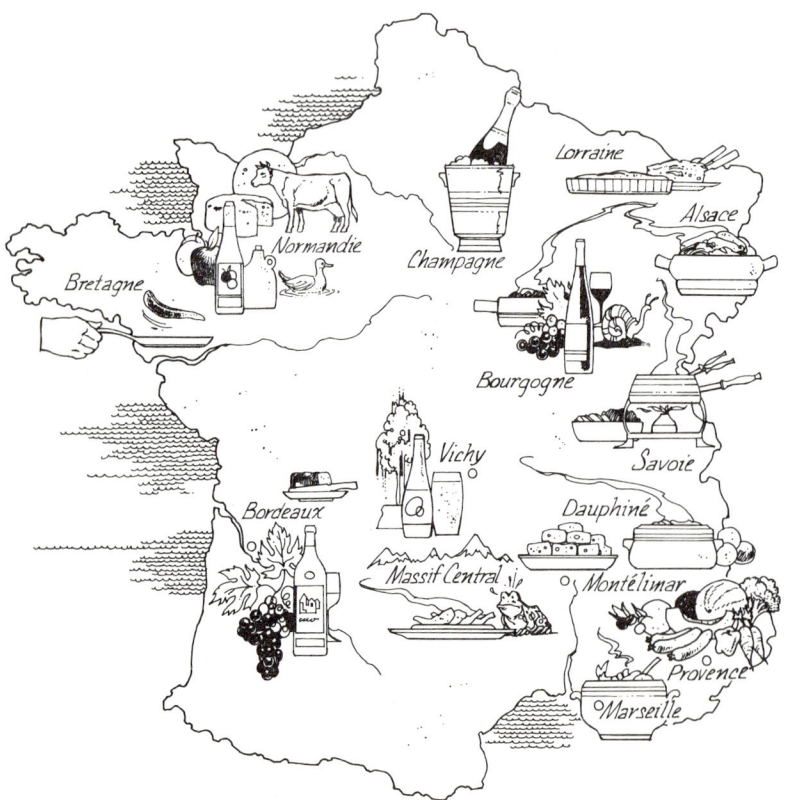

> *Il ne faut pas tant regarder ce que l'on mange qu'avec qui on le mange.*

Devinez un peu

Choisissez la bonne réponse.

1. Le roquefort est un fromage découvert par
   a. une brebis
   b. un berger
   c. une grotte
   d. les Romains
2. Au seizième siècle, la cuisine française
   a. ne change pas
   b. devient végétarienne
   c. est influencée par la cuisine italienne
   d. refuse les produits américains
3. Le Cordon Bleu devient célèbre
   a. à l'époque de Louis XVI
   b. à cause de Louis de Béchamel
   c. parce que Louis XIV a un appétit prodigieux
   d. au dix-septième siècle
4. Au dix-huitième siècle, le pain
   a. est fait de pommes de terre
   b. est remplacé par la pomme de terre
   c. est découvert par Antoine-Augustin Parmentier
   d. est symbole de vie pour les paysans
5. Dans la France contemporaine
   a. personne ne fait plus la cuisine
   b. il y a toujours une tradition de longs repas à l'occasion des fêtes
   c. les spécialités régionales disparaissent
   d. on mange dans un self-service pour fêter un mariage

A votre avis

1. On dit que l'on se souvient toujours de la cuisine d'un pays étranger; est-ce vrai? Avez-vous rapporté des souvenirs culinaires d'un pays que vous avez visité? Commentez.
2. On dit qu'un repas en France ressemble à une pièce de théâtre, c'est-à-dire qu'il a cinq actes: les hors-d'œuvre, l'entrée, le plat de résistance, la salade, le fromage ou le dessert. Comment peut-on décrire un repas américain?

Faisons maintenant une promenade gastronomique à travers quelques provinces françaises. Cette excursion vous réservera sans doute bien des surprises!

La Normandie

Vous vous trouvez en ce moment à Rouen, grande ville normande située au bord de la Seine et où s'élève une cathédrale magnifique. En vous promenant dans le marché en plein air à midi, vous êtes surpris de voir de véritables montagnes de beurre et de succulents fromages. Vous reconnaissez peut-être un camembert. Vous remarquez aussi de nombreuses poissonneries avec une variété prodigieuse de poissons et de fruits de mer:° des crabes, des coquilles Saint-Jacques,° des soles, des crevettes,° des moules° que l'on fait cuire à la crème fraîche.° Vous vous souvenez d'avoir vu sur le menu d'un hôtel quatorze variétés de plats de canard°! Vous êtes tenté(e) d'essayer le restaurant, mais vous n'avez pas d'argent. Vous devez d'abord passer à la banque pour y retirer de l'argent mais vous vous rappelez que le repas de midi est le plus important de la journée et que souvent, surtout en province, beaucoup de magasins et de banques sont fermés entre midi et deux heures. Zut! Enfin, vous avez quelques chèques de voyage; peut-être que le restaurant les acceptera.

fruits... shellfish
coquilles... scallops / shrimp mussels
crème... thick cream
duck

Vous entrez et très vite le canard est oublié, parce que vous voulez goûter les tripes à la mode° de Caen. Il vous faut un peu de courage pour les commander. Mais enfin, vous les trouvez excellentes, ces fameuses tripes. Vous pensez peut-être que le repas est fini, mais on vous annonce que vous arrivez seulement au «trou normand», c'est-à-dire à la dégustation d'un calvados° au milieu du repas. Il paraît que cela facilite la digestion! Ensuite on vous apporte du gigot,° puis de la salade, des fromages et de la tarte aux pommes, le tout arrosé° d'un bon cidre alcoolisé. Vous quittez le restaurant un peu grisé° mais très heureux de votre découverte et sachant très bien que personne en Amérique ne croira à ce repas extraordinaire.

style, manner

liqueur forte de cidre

leg of lamb
washed down / tipsy

Quels fromages reconnaissez-vous sur cette photo? OWEN FRANKEN/STOCK, BOSTON

Avez-vous compris?

1. Quelles variétés de poissons et de fruits de mer trouve-t-on en Normandie?
2. Nommez au moins cinq spécialités normandes.
3. Est-ce que le repas au restaurant décrit dans le texte comporte les cinq «actes» traditionnels? Expliquez.
4. Qu'est-ce que le «trou normand»?

A votre avis

1. Connaissez-vous d'autres fromages français? Lesquels?
2. Comparez les heures d'ouverture des banques et des magasins français à celles pratiquées aux Etats-Unis. Lesquelles préférez-vous?

> *Le vin de Bourgogne pour les rois,*
> *le vin de Bordeaux pour les gentilshommes,*
> *le vin de Champagne pour les duchesses.*
>
> Proverbe de Champagne

La région bordelaise

Vous descendez maintenant la côte atlantique vers le port maritime de Bordeaux, certain qu'après la Normandie, plus rien ne vous surprendra en matière de cuisine. Quand on a mangé des intestins, on a tout essayé, non? D'ailleurs, vous avez entendu parler des célèbres vignobles° bordelais et vous voulez déguster ces vins de réputation mondiale comme le Médoc ou le Saint-Emilion, certains d'entre eux coûtant des sommes astronomiques.

vineyards

Après quelques dégustations au château, vous n'êtes certainement pas déçu et vous commencez à comprendre pourquoi les gens sont prêts à payer très cher une bonne bouteille. Mais pour l'instant, vous n'êtes pas encore assez connaisseur pour saisir la différence entre les divers vins de la région. Vous apprenez ce que veut dire «appellation contrôlée». Ce label garantit que le vin de

Une cave près de Bordeaux, région de grands vins BERYL GOLDBERG

ce nom provient d'une région bien précise, d'un cépage° bien particulier, et se fabrique selon des procédés réglementés. Pas d'imitation.

    On vous suggère une visite au château d'Yquem où l'on fait du Sauternes, un vin blanc doux. On vous raconte que pendant des siècles, l'ordre de vendanger° est donné uniquement par le propriétaire du château quand il juge le moment propice.° Or, en 1847, le propriétaire ne peut vendanger que très tard dans la saison; les raisins, trop mûrs,° sont entièrement contaminés par un champignon° parasite de la vigne. Il faut quand même vendanger et, surprise!, le vin est d'une si haute qualité que la Chambre de Commerce de Bordeaux le classe Premier Cru Supérieur.° Aujourd'hui, ce vin extraordinaire est toujours fabriqué de la même façon et doit sa qualité au terroir° où la vigne est plantée, au climat qui favorise l'apparition du champignon appelé «noble pourriture°» et aux soins méticuleux apportés à la vendange et à la préparation du vin.

    Votre curiosité satisfaite, vous décidez de continuer votre voyage, mais non sans goûter la célèbre entrecôte° à la bordelaise. C'est un steak grillé avec des échalotes,° de la moelle° et du persil° sur un feu de sarments de vigne.° Vous commandez un vin rouge pour l'accompagner et vous quittez Bordeaux convaincu que vous n'avez plus rien à apprendre sur les délices° culinaires français.

    variété de raisin

    to harvest the grapes
    appropriate
    overripe
    fungus

    Premier... *First Class*
    soil
    rot

    rib steak
    shallots / marrow / parsley /
      sarments... grapevine branches
    delights

Avez-vous compris?

1. Quels sont les vins de la région bordelaise?
2. Que veut dire «appellation contrôlée»?
3. Le Sauternes est-il un vin doux ou un vin sec? Racontez l'histoire du Sauternes du château d'Yquem.
4. Comment fait-on l'entrecôte à la bordelaise?

A votre avis
1. Connaissez-vous d'autres vins français? Quand les boit-on et avec quels plats? Quels sont vos vins favoris?
2. Avez-vous jamais comparé les vins français aux vins californiens? Qu'en pensez-vous?
3. Aux Etats-Unis, que boit-on aux différents repas de la journée, en famille et au restaurant?

La Provence

Vous arrivez en Provence. Vous êtes immédiatement enchanté par les petits villages ensoleillés, par l'abondance de fruits et de fleurs qui vous semblent exotiques, par l'accueil° chaleureux des gens qui ont certainement conservé leur joie de vivre. Si les Parisiens mènent une vie frénétique pareille à celle des Américains, ici au moins, en Provence, le terme «savoir-vivre» trouve son véritable sens.

Il fait chaud en ce moment et vous préférez manger quelque chose de léger pour votre déjeuner. Vous vous installez à la terrasse d'un restaurant et on vous recommande un verre de pastis° que vous trouvez rafraîchissant par cette chaleur. Vous commandez des crudités° et on vous apporte un plat de légumes froids: des olives noires, des tomates, des carottes, des fonds° d'artichauts. On a ajouté du saucisson° d'Arles (ville célébrée par Van Gogh), une tranche° de

reception

anise drink
raw fruits or vegetables
hearts
sausage / slice

Beaucoup de Français préfèrent encore les petits commerces aux grandes surfaces. HUGH ROGERS/MONKMEYER

Tranches de poisson à la Provençale

4 cuillères à soupe d'huile d'olive
2 oignons coupés en tranches fines
1 gousse d'ail écrasé
1 poivron vert coupé en rondelles
4 grosses tomates pelées et coupées en rondelles
Basilic
Sel et poivre
4 tranches de poisson blanc
2 cuillères à café de jus de citron
6 cuillères à soupe de vin blanc sec

Faites chauffer l'huile dans une poêle ; faites revenir l'oignon et l'ail, puis le poivron 3 minutes. Otez du feu et disposez la moitié du mélange dans une cocotte.

Disposez dessus la moitié des rondelles de tomate, la moitié du basilic, salez et poivrez. Posez ensuite les tranches de poisson que vous arroserez du jus de citron. Ajoutez le reste de tomate, de basilic et du mélange oignon-poivron. Versez le vin blanc. Couvrez et faites cuire 45 minutes dans un four préchauffé à 180° ; le poisson doit être tendre.
Pour 4 personnes

---

melon et des figues. Les légumes sont accompagnés d'une sauce vinaigrette° que vous trouvez particulièrement bonne. Pour l'instant, cela vous suffit; vous vous promettez de goûter des plats plus recherchés une autre fois: la bouillabaisse° ou la ratatouille,° par exemple.

Vous passez l'après-midi à vous promener tranquillement le long des avenues bordées de cyprès, à admirer les jardins et les cours où poussent° des fleurs de toutes sortes; c'est une véritable explosion de couleurs. A six heures, vous avez déjà faim mais vous savez que les Français dînent vers huit heures et il vous faut attendre jusque-là. Vous avez déjà décidé de votre menu du soir: une salade niçoise, spécialité de la région, faite de thon,° d'œufs durs, d'olives, de tomates, d'oignons, d'ail, de poivrons° et de laitue et pour finir, du fromage de chèvre.° Quel délice!

Après quelques jours, vous commencez à vous familiariser avec ces excellents produits et vous pensez que vous allez peut-être finir vos jours dans le Midi.° Mais le vent commence à souffler,° ce vent violent qu'on appelle le mistral, et les habitants vous disent que cela peut durer trois jours ou trois semaines. Vous décidez alors de remonter vers le nord-est, mais vous vous promettez de faire très vite un nouveau séjour en Provence.

sauce... vinegar and oil-based dressing

fish soup / vegetable casserole of eggplant, tomatoes, zucchini, etc.
grow

tuna
green peppers
fromage... goat cheese

Provence, Côte d'Azur / to blow

Avez-vous compris?

1. Quelles sont les spécialités de la Provence?
2. Que veut dire le mot «crudités»?
3. Comment fait-on la salade niçoise? En avez-vous déjà mangé?
4. Quels sont les légumes préférés de la cuisine provençale?
5. Arles est connu pour une spécialité gourmande. Laquelle est-ce?

6. Regardez la recette, Tranches de Poisson à la Provençale. Quels ingrédients vous semblent typiques de la cuisine provençale? Connaissez-vous d'autres plats préparés à la Provençale?

À votre avis

1. Quels sont les produits de Provence que l'on peut cultiver aux Etats-Unis?
2. Quelles sont les heures des repas aux Etats-Unis? Comparez avec l'horaire français. Laquelle de ces deux façons de vivre vous convient?
3. Qu'est-ce que vous pensez des spécialités de Provence? Lesquelles vous tentent? Pourquoi? Y a-t-il des plats que vous ne mangeriez pas? Lesquels? Pourquoi?

L'actualité

Un grand repas commandé dans un restaurant français se compose traditionnellement de cinq plats différents:

1. le hors-d'œuvre, un petit plat léger qui sert à mettre en appétit
2. l'entrée, normalement une soupe, un poisson ou des œufs, qui sert comme entrée au repas
3. le plat de résistance qui est souvent la spécialité de la maison, c'est-à-dire de la viande, de la volaille ou du gibier garni de légumes en saison ou de pommes de terre
4. la salade, généralement une salade verte
5. du fromage ou un dessert.

Lorsque vous avez un petit creux au fond de l'estomac, il est agréable d'aller dans un bon petit restaurant de quartier que vous ne trouverez pas mentionné dans votre guide. Deux formules vous sont alors proposées dans le menu que l'on vous remet. Le menu du jour ou autre, à prix fixe, vous suggère un choix de hors-d'œuvre, de plat principal et de dessert ou fromage. La carte vous donne un éventail plus important de spécialités, mais est nettement moins avantageuse quant au prix. Les boissons sont généralement comptées en plus. Regardez attentivement ce menu d'un restaurant de province, puis répondez aux questions.

```
" LE PETIT GOURMET DE LA ROTONDE"
           ---:oOo:---

    QUENELLE DE BROCHET[a]
        SAUCE NANTUA
             OU
        QUICHE LORRAINE
           --oOo--

   GIGOT D'AGNEAU DES ALPES RÔTI
     AUX SENTEURS[b] DE THYM
        GRATIN DAUPHINOIS[c]
     SALADE VERTE DE SAISON
             OU
        PINTADEAU[d] BRAISÉ
        AU POIVRE VERT
   COURGETTES[e] SAUTÉES PROVENÇALE
        POMMES RISSOLÉES[f]
           --oOo--

    DESSERT AU CHOIX
    ----------------
       PLATEAU DE FROMAGES
       FROMAGE BLANC FRAIS
     GLACE OU SORBET MAISON
       PÂTISSERIE ROTONDE
       MACÉDOINE DE FRUITS[g]

 FRAISES AU SUCRE, en place
 du dessert du menu
 Supplément :    10 fr
 FRAISES MELBA OU CHANTILLY
 en place du dessert du menu
 Supplément :    15 Fr

           ---:oOo:---
 LE 25 MAI 1980
                 MENU    56 FR 53
            SERVICE 15%   8 FR 47
        MENU SERVICE COMPRIS 65 FR 00
 "Une carafe d'eau est mise
  gratuitement à la disposition
  de notre aimable clientèle"
 Info n°5 du 25.3.1979 E;
```

[a] *pike (type of fish)* [b] *aroma*
[c] *scalloped potatoes* [d] *game hen*
[e] *zucchini* [f] *oven-browned*
[g] *fruit salad*

A vous la parole

1. La quiche lorraine est-elle une entrée ou un plat principal? Comment le savez-vous? Quelle est la différence entre "entrée" et "plat principal"? Faisons-nous la même distinction aux Etats-Unis?
2. Quels plats régionaux reconnaissez-vous sur la carte?
3. Quel plat de résistance allez-vous choisir? Pourquoi?
4. Si vous prenez les Fraises Melba comme dessert, combien coûtera le repas? N'oubliez pas de compter le service.
5. Quelle boisson allez-vous prendre avec votre repas? Commentez votre choix.
6. Dans un restaurant français est-ce que l'on sert de l'eau automatiquement comme dans un restaurant américain?
7. D'après tout ce que vous avez lu et vu dans ce chapitre, quelles sont les différences principales entre un restaurant français et un restaurant américain?

C'est une ennuyeuse maladie que de conserver sa santé par un trop grand régime.

La Rochefoucauld

Echos

Activités

1. Mettez-vous en groupes de quatre étudiants et composez un menu français original. Attention, vous devez avoir au moins cinq catégories: hors-d'œuvre, entrée, plat de résistance, salade, fromage ou dessert. N'oubliez pas de conseiller les vins d'accompagnement.

   Ensuite donnez au reste de la classe la recette d'un des plats inscrit à votre menu.

2. Il fait très froid, il pleut, et vous vous promenez depuis une heure. Vous découvrez le restaurant dont le menu se trouve à la page suivante. Qu'allez-vous commander? Quels sont les desserts que vous reconnaissez? Laquelle des boissons chaudes vous tente le plus? Pourquoi? Préférez-vous une boisson froide? Laquelle? Désirez-vous une boisson qui n'est pas inscrite sur ce menu? Laquelle?

FROMAGES

Fromages (la portion)	20,00	Fromage Blanc	20,00
Yoghourt	13,00	Beurre (la portion)	2,50

DESSERTS

Gâteau du Jour (voir notre formule)		Mousse au Café	25,00
Pâtisseries "Café de la Paix"	28,00	Crème Caramel	25,00
Fruits Rafraîchis	25,00	Coupe de Chantilly	18,00
Ananas Frais	32,00	Ile Flottante	28,00
Mousse au Chocolat	25,00	Fruits (voir notre formule)	

BOISSONS FROIDES

Coca-Cola (19 cl), Orangina (25 cl), Schweppes (19 cl), Gini (19 cl)	19,00
Jus de Fruits (Ananas, Orange, Tomate, Pamplemousse, Raisin - 12,5 cl)	19,00
Brut de Pomme (20 cl), Canada Dry (19 cl)	19,00
Café ou Thé Glacé	19,00
Orange ou Citron Pressé	28,00
Eaux Minérales la 1/2	15,00

BOISSONS CHAUDES

Café Espresso	9,00	Thé de Ceylan - Infusions	20,00
Double Espresso	16,00	Thé Earl Grey	22,00
Café Espresso décaféiné	9,00	Thé des Indes	22,00
Café Parisien (grande tasse)	17,00	Chocolat	20,00
Café Soluble (décaféiné)	9,00	Lait Chaud ou Froid	19,00
Café Américain	9,00	Grog	33,00
Lait	0,70	Irish Coffee (Sour Cream)	39,00

PRIX SERVICE COMPRIS (15 % SUR H.T.)
Prices Include Service

La grammaire à l'œuvre

Etes-vous gourmand(e) ou gourmet? Quelles sont vos préférences en cuisine? En faisant bien attention à l'usage correct de l'article partitif et de l'article défini, faites votre «portrait culinaire». Par exemple, aimez-vous la viande ou le poisson? Mangez-vous beaucoup de «hamburgers»? Préférez-vous le pain blanc ou le pain complet? Utilisez-vous beaucoup de conserves et de produits surgelés? Qu'est-ce que vous en utilisez comme épices? Essayez-vous de varier vos légumes? Achetez-vous souvent des fromages européens ou préférez-vous le Velveeta? Aimez-vous les fruits? Lesquels? Que buvez-vous avec vos repas? Du vin? De la bière? Des boissons non-alcoolisées? Allez-vous souvent dans les «self-services»? Qu'est-ce que vous en pensez? Aimez-vous dépenser beaucoup d'argent en préparant un repas vraiment gastronomique? Aimez-vous manger seul(e)? Si oui, préférez-vous un bistro, un restaurant ou mangez-vous chez vous?

Etalage de pains dans une boulangerie
MIKE MAZZASCHI/
STOCK, BOSTON

Rédaction ou discussion

Choisissez un sujet.

1. Y-a-t-il vraiment une «cuisine américaine»? Si un visiteur français vous demande de lui préparer quelque chose de typiquement américain, quels plats allez-vous lui faire goûter?
2. Pourquoi tant d'Américains sont-ils au régime? Il y a des régimes végétariens, sans cholestérol, naturels, macrobiotiques, etc. Suivez-vous un régime? Lequel et pourquoi?
3. Pendant vos voyages en Amérique, peut-être avez-vous fréquenté un restaurant français dont vous vous souvenez le nom, la location et ce que vous avez mangé ou bu. Discutez-en avec (un)e camarade de classe.

Jeu culturel

Le code de la table En France, les gens observent des règles strictes concernant la nourriture. Essayez de deviner l'attitude ou l'action typiquement française.

1. En France, on mange du pain
    a. à tous les repas
    b. seulement au petit déjeuner
    c. en sandwich uniquement
2. Le petit déjeuner français se compose de
    a. café et tartines
    b. céréales et fruits
    c. œufs et bacon
3. L'apéritif est presque un rite en France. C'est

a. un repas pris avant d'aller se coucher
   b. une boisson alcoolisée que l'on prend avant un bon repas pour s'ouvrir l'appétit
   c. une boisson que l'on prend après le repas pour mieux digérer
4. Lorsque les Français mangent, ils mettent
   a. les coudes sur la table
   b. les mains sur la table
   c. une main sur la table, l'autre sur le genou
5. En France, on sert la salade verte
   a. au début du repas
   b. avec le plat principal
   c. avant le fromage
6. La «bûche» est le gâteau traditionnel
   a. d'un mariage
   b. d'un anniversaire
   c. de Noël
7. Les jeunes en France peuvent boire de l'alcool dans un endroit public à
   a. seize ans
   b. dix-huit ans
   c. vingt et un ans
8. Si l'on a envie de boire de l'eau en France, on
   a. cherche une fontaine publique
   b. entre dans un café ou on achète une bouteille d'eau minérale dans une épicerie
   c. va dans des toilettes publiques
9. Dans un grand restaurant, qui vous sert le vin?
   a. le chef
   b. le sommelier
   c. le garçon
10. S'il vous donne le bouchon, vous devez
    a. le garder comme porte-bonheur
    b. le jeter par-dessus votre épaule gauche
    c. le sentir pour savoir si le vin est bon

L'actualité

Dans un magazine pour femmes on donne chaque semaine des idées pour composer un menu de la semaine comme celui-ci. Regardez bien le menu à la page suivante. Faites-vous chaque semaine un planning pour vos repas? Même si vous ne le faites pas d'habitude, écrivez un menu typique de votre repas principal montrant ce que vous mangez chaque jour. En répondant aux questions suivantes, comparez toujours votre menu avec celui que l'on vous présente ici.

Collaboration : Brigitte Brigante

MENUS

Lundi

- Moules[a] à la grecque +
- Steack aux trois poivres +
- Frites
- Compote[b] au fromage blanc

Conseil : faites une compote de fruits de saison. Battez le fromage blanc avec le même volume de compote. Goûtez : il faut parfois rajouter un peu de sucre. Servez dans une large coupe en ajoutant quelques fruits frais qui apportent la couleur et un supplément de saveur.

Mardi

- Soufflés d'artichauts au cerfeuil[c]*
- Cailles[d] au citron
- Tagliatelles
- Sorbet aux fraises

Conseil : la veille, arrosez les cailles (4) avec le jus de trois citrons. Poivrez. Egouttez avant de faire dorer dans un peu d'huile. Salez. Couvrez et laissez cuire doucement 15 mn. Mettez à réduire à part la marinade, avec 1 cuil. de moutarde forte. Hors du feu, incorporez en fouettant 2 cuil. de crème fraîche et 2 noix de beurre. Présentez les cailles sur canapé, nappées de sauce.

Mercredi

- Tomates mozzarelle
- Carré de porc au cidre et aux pommes fruit *
- Choux Chantilly[e] +

Jeudi

- Salade de gambas aux artichauts *
- Tripes à la provencale +
- Pommes vapeur
- Café liégeois

Vendredi

- Crème à l'oseille[f]
- Sandre farci *[g]
- Epinards
- Camembert
- Gâteau de carottes +

Conseil : en cette saison, l'oseille est fraîche et particulièrement tendre. Faites-la fondre directement au beurre dans une casserole épaisse. Ajoutez 3 pommes de terre. Assaisonnez. Mouillez avec du bouillon (tablettes) et faites cuire 20 mn. Passez à la moulinette et fouettez l'ensemble avec un jaune d'œuf délayé dans 100 g de crème fraîche.

Samedi

- Avocat au crabe
- Rognons[h] aux petits oignons +
- Riz créole
- Tourte de cerises *

Dimanche

- Consommé aux champignons
- Beignets[i] de crevettes
- Suki yaki *
- Soufflé au citron +

* Indique que cette recette figure dans ce numéro.
+ Indique que cette recette a été donnée dans un numéro précédent.

[a] mussels
[b] stewed fruit
[c] chervil (herb)
[d] quail
[e] whipped cream with vanilla
[f] sorrel
[g] stuffed fish
[h] kidneys
[i] fritters

1. Combien de nationalités différentes se retrouvent dans ce menu? Lesquelles? Dans votre menu, y a-t-il plusieurs plats provenant de pays étrangers. Lesquels?
2. Dans ce menu français, faites attention aux sources de protéine: combien de variétés y a-t-il? Aux Etats-Unis, est-ce que l'on conseille de manger de la viande tous les jours? Le faites-vous? Que faites-vous pour varier les sources de protéine?
3. Regardez la composition de ces repas. Pensez-vous qu'ils soient bien équilibrés? Justifiez votre réponse. Vos repas le sont-ils? Commentez.
4. Ces repas vous semblent-ils simples ou difficiles à faire? Et les vôtres? Combien de temps prenez-vous en général pour préparer un repas?

CHAPITRE 4
La France d'autrefois

Les arènes d'Arles: vestiges de la civilisation romaine RAPHO/PHOTO RESEARCHERS, INC.

La France d'autrefois ■ 47

> *Ceux qui ne peuvent se rappeler le passé sont condamnés à le répéter.*
>
> George Santayana, *Vie de Raison*

Vu son emplacement géographique et la variété de ses terres, la France a souvent été obligée de se défendre des pays qui l'entourent: l'Angleterre, l'Espagne et, plus récemment, l'Allemagne pendant deux guerres mondiales.

L'influence de ces cultures étrangères cependant, n'a pas toujours été négative. Dans le Midi, par exemple, de nombreux vestiges romains—les arènes de Nîmes, le théâtre antique d'Arles, le «Pont» du Gard, aqueduc construit avant l'ère chrétienne—ne forment qu'un faible et silencieux témoignage des plus grands moments de l'histoire de France. Plusieurs siècles plus tard, les guerres avec l'Italie ont fait connaître à la France le renouveau culturel et intellectuel de ce pays et ont été à la base de la Renaissance française. Nous aurions tort de ne pas mentionner aussi l'influence de l'Angleterre en France, et celle de la France même sur le Nouveau Monde à l'époque des explorations.

Mais il ne serait pas possible de vous décrire toute l'histoire de la France en ces quelques pages. Limitons-nous à quatre périodes, du Moyen Age à l'Empire de Napoléon I. Certains aspects de ces époques sont présentés ci-dessous à travers des extraits d'un document intitulé *Chronique de la France et des Français,* racontant «...d'abord et avant tout l'histoire *des Français* [nous soulignons]: véritable gazette du passé, avec ses drames, ses tragédies, ses folies, ses amours, ses gloires, ses exploits, ses spectacles...»

Mots et expressions

agrandir to enlarge
à la fois at the same time
appartenir to belong
attirer to attract
la chute fall
digne de worthy of
empêcher to prevent
engager to hire
épuiser to exhaust

48 ■ Chapitre 4

l'étendue the extent
être en vie to be alive
éviter to avoid
fréquenter to go somewhere (see someone) regularly

fuir to escape
grâce à thanks to
s'installer to get settled
lointain far away
la parenté relationship; kinship

(re)mettre en question to question
le souci worry
soutenir to hold up/to give moral support to

Emplois

A. Trouvez l'équivalent de chaque expression.

1. embaucher
2. fatiguer
3. l'inquiétude
4. s'échapper
5. sortir avec quelqu'un

B. Trouvez le contraire de chaque expression.

1. proche
2. indigne de
3. rétrécir
4. aller à la rencontre de
5. favoriser

C. Complétez les phrases avec les mots qui conviennent.

1. Nous sommes _____ heureux et tristes d'être rentrés.
2. L'Alsace-Lorraine _____ maintenant à la France; autrefois elle _____ à l'Allemagne.
3. La cour de François Ier _____ beaucoup d'artistes.
4. La _____ de Louis XVI et de Marie-Antoinette a eu lieu à la suite de la Révolution française.
5. Quand il a été accusé de trahison, personne ne l'a _____.
6. Les révolutionnaires de 1789 _____ le droit divin des rois de France.
7. Napoléon Bonaparte n'avait aucune _____ avec les anciens rois de France.
8. Les protestants sont allés _____ en Amérique.
9. C'est _____ Jacques Cartier que la France a pris possession du Canada.
10. L' _____ de l'empire de Napoléon est légendaire.

Le Moyen Age

Le Moyen Age est une époque intermédiaire, que l'on situe soit entre l'Antiquité et le début de la Renaissance, soit entre la chute de l'Empire romain (Ve siècle) et la prise° de Constantinople, capitale de l'Empire byzantin, par les Turcs en 1453. La fin du Moyen Age a été marquée par deux événements monumentaux: la Guerre de cent ans (1339–1453) entre la France et

° conquête

l'Angleterre, ayant pour origine le mariage d'Henri II d'Angleterre avec Aliénor d'Aquitaine, et la Peste° noire. Antérieurement, les XIIe et XIIIe siècles, caractérisés par une profonde spiritualité, étaient également une période d'équilibre—équilibre social autant qu'économique, qui ne touchait cependant guère que les classes supérieures.

plague

Grâce à ce calme relatif, l'aristocratie française a vécu une période d'épanouissement° artistique et littéraire. Mais si le Moyen Age annonçait les débuts de la société moderne, la France ne pouvait pas encore être considérée comme une nation. Le système féodal divisait le pays en divers domaines. Les ducs, comtes ou barons avaient prêté serment de loyauté au roi mais ne lui obéissaient pas toujours. Ils avaient leur propre armée et la richesse de leur territoire, ce qui leur permettaient de tenir tête° au roi au lieu de le soutenir. Ils raffermissaient ainsi leur pouvoir en se faisant la guerre, ou encore des mariages politiques, afin d'agrandir leurs fiefs. C'est ainsi que pendant le Moyen Age, le roi de France régnait sur un territoire assez restreint° autour de l'Ile de France (aujourd'hui la région parisienne); les autres domaines restaient dans les mains des nobles.

fleurissement

résister

petit

Au XIIe siècle, une grande partie du sud-ouest de la France appartenait à la duchesse d'Aquitaine, Aliénor. Après avoir acquis° ces terres en épousant Aliénor, le roi de France, Louis VII, les avait perdues à la suite de leur divorce. C'est alors qu'elles sont devenues anglaises, quand Aliénor s'est remariée avec Henri Plantagenêt, duc de Normandie et comte d'Anjou, futur roi d'Angleterre.

obtenu

Aliénor d'Aquitaine ROGER-VIOLLET

Henri II Plantagenêt, roi d'Angleterre
ROGER-VIOLLET

Riche héritière et petite-fille de Guillaume IX, l'un des premiers troubadours, Aliénor a fait connaître à la France le charme et l'allégresse° du Midi. C'est grâce à Aliénor, qui avait amené avec elle artistes et poètes, qu'une nouvelle appréciation des arts s'est fait ressentir à la cour. Alors que dans le Nord, les trouvères° exaltaient les exploits des héros légendaires, tel Roland, neveu de Charlemagne, dans le Sud, les troubadours chantaient l'amour et surtout les prouesses° des chevaliers faites en l'honneur de leur dame. Le chevalier attribuait à sa souveraine toutes les caractéristiques d'un amour divin. Pour s'ennoblir à ses yeux, il lui fallait gagner son cœur et en être digne, par des actes héroïques, ingénieux et discrets à la fois. Voici l'origine du thème principal de la littérature courtoise: l'Amour idéal, souvent non-réciproque, platonique, lointain, ou perdu à jamais.

joie

poètes

exploits

Répudiée, Aliénor épouse un Plantagenêt

Lisieux, mai 1152
A la suite du mariage d'Aliénor avec un géant roux de dix-neuf ans dont elle s'est éprise,[a] plus de la moitié du territoire français tombe sous contrôle anglais. A trente-quatre ans, la duchesse d'Aquitaine et de Gascogne, comtesse de Poitou, vient d'épouser en secondes noces Henri Plantagenêt. Duc de Normandie et comte d'Anjou, il est l'héritier de la couronne d'Angleterre. Le premier mariage d'Aliénor avec le roi de France Louis VII (→ 1er août 1137) a été annulé il y a juste trois semaines au concile de Beaugency. Le prétexte officiel est la trop proche parenté entre les époux. Mais leur mésentente était notoire, d'autant que l'ex-reine de France n'avait donné que des filles à la couronne. Tant qu'il était en vie, Suger, précieux conseiller de Louis VII, s'était opposé de toutes ses forces à une telle séparation. Lui mort, rien n'a pu empêcher le roi de répudier Aliénor. Louis VII peut maintenant mesurer les dégâts[b] causés par cette rupture. Ayant dû restituer sa dot[c] à Aliénor, il perd une très grande partie du Sud-Ouest du royaume, qui passe à la maison Plantagenêt et à la couronne d'Angleterre.

[a] s'est... est tombée amoureuse

[b] conséquences déstructrices
[c] dowry

BULLOZ

Plus tard, trompée° par son jeune époux, Henri II d'Angleterre (Henri Plantagenêt), Aliénor est retournée en France, où elle s'est à nouveau entourée de musiciens et de troubadours, dont Bernard de Ventadour, qui a écrit pour elle un grand nombre de «Chansons» dans lesquelles il lamente et glorifie la passion des «fous amants».°

deceived

amoureux

Aliénor revient à Poitiers avec sa cour

Poitiers, vers 1170

A la cour d'Aliénor, la vie est un tourbillon[a] de plaisirs. Déçue par l'infidélité de son époux Henri Plantagenêt, la reine Aliénor est revenue à Poitiers tenir avec ses enfants les rênes[b] du duché d'Aquitaine. A l'abri des hauts remparts,[c] sa cour, fréquentée par les meilleurs troubadours, est devenue un centre de la vie courtoise et chevaleresque. On y rencontre des poètes célèbres comme Bernard de Ventadour, Rigaud de Barbezieux, Gaucelm Faïdit. A leur contact, le second fils de la reine, Richard Cœur de Lion lui-même, s'essaie avec talent à la poésie. Aux « cours d'amour » sont débattus avec passion les subtils problèmes posés par les sentiments. Dans ce milieu fastueux[d] et fécond, toute une jeunesse chante et danse au son de la viole, du luth et de la cithare. Aliénor règne sur sa *maisnie* (maisonnée) avec cet amour du beau langage, qui en fait incontestablement la « reine des troubadours ».

[a] courant irrésistible [b] la direction [c] A... Protégée par les murs du château [d] Luxueux

Non es meravelha s'eu chan
Melhs de nul autre chantador
Que plus me tra'l cors vas amor
E melhs sui faihz a so coman.

Bernard de Ventadour

Ce n'est point merveille si je chante
Mieux que tout autre troubadour,
Car plus fortement le cœur m'attire vers l'amour
Et je suis bien mieux soumis à ses commandements.

La France ravagée par la Peste

Vers le milieu du XIVè siècle, la Peste noire ou Mort noire, qui devait son nom à la couleur noirâtre de ses victimes, a envahi l'Europe. On la croyait pourtant disparue, car elle n'avait plus affecté l'Occident depuis huit siècles. Venue d'Asie, où des millions avaient péri, elle a atteint la France, dont le Sud a été une des régions les plus touchées d'Europe. La chronique suivante vous donnera une idée de l'étendue de cette terrible maladie, telle qu'elle se manifestait, moins d'un an après son irruption.

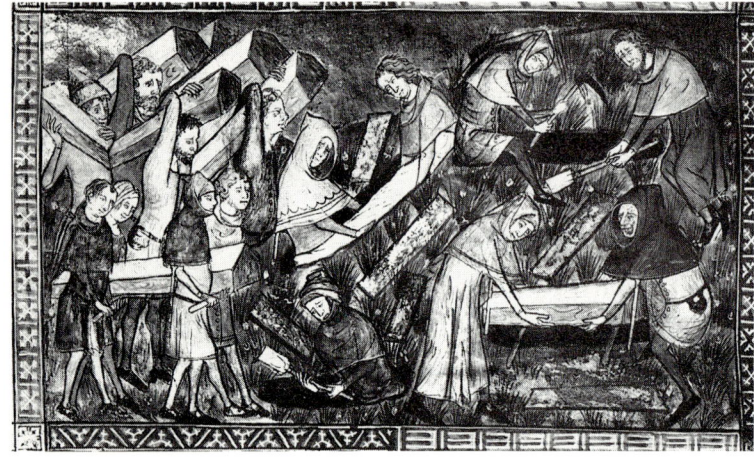

Gilles le Muisit: La peste à Tournai en 1349 GIRAUDON

Narbonne perd un habitant sur deux

Narbonne, août 1348

Après dix mois de peste, le bilan[a] est effroyable: la maladie a tué la moitié de la population de la ville. Pas moins de trente mille morts! Beaucoup de Narbonnais sains[b] ont fui la ville pour échapper à la mort et cela aggrave encore la dépopulation. Dans la ville, c'est un spectacle de désolation. Les rues se sont vidées et les cadavres s'entassent:[c] il y a trop peu d'hommes pour les enterrer. Alors les criminels ont été sortis de la prison pour charger les corps dans les charrettes[d] et vider ce macabre chargement dans de grandes fosses[e] creusées à la hâte. Mais, avec la contagion, s'est installée la terreur. Lorsqu'on apprend qu'une maison a été touchée, les voisins viennent en clouer[f] les portes, pensant ainsi enrayer[g] le mal. Toute la famille est alors condamnée à périr. Pour éviter un pareil sort,[h] on cache les malades et on se débarrasse furtivement des morts. Le fléau a également durci les cœurs au point que le père et la mère fuient leurs enfants. Terrifiés, les Narbonnais ne savent comment se prémunir[i] d'un mal dont ils ignorent les causes.

[a]compte [b]en bonne santé [c]s'accumulent [d]carts [e]excavations [f]nail [g]éliminer [h]destin [i]se protéger

Avez-vous compris?

1. Nommez quelques caractéristiques du Moyen Age.
2. Pourquoi le premier mariage d'Aliénor a-t-il été annulé?
3. Quelle était la conséquence pour la France du mariage d'Aliénor avec Louis VII? avec Henri Plantagenêt?
4. Décrivez la cour d'Aliénor à Poitiers. Quel mouvement littéraire a fleuri pendant son règne?
5. Qui est Richard Cœur de Lion? Que savez-vous de lui?
6. A quoi faut-il attribuer l'adjectif «noire», dans «Peste noire»?

7. D'où provenait l'épidémie? Depuis quand ne l'avait-on plus vue?
8. Quels facteurs ont contribué à la dépopulation massive de la ville de Narbonne?
9. Qu'a-t-on fait faire aux criminels? Pourquoi?
10. Comment certains habitants essayaient-ils de se protéger quand ils apprenaient que leurs voisins avaient été atteints? Que faisaient d'autres dans l'espoir d'éviter une telle incarcération?
11. D'après la chronique que vous venez de lire, dans quel sens la peste «durcissait-elle les cœurs»?

A votre avis

1. En quoi la France médiévale était-elle différente de la France moderne?
2. Imaginez que vous avez vécu pendant le Moyen Age et racontez votre vie. Aidez-vous des questions suivantes.
   Etiez-vous noble ou roturier (*a commoner*) ou serf? Où avez-vous vécu, à la ville ou à la campagne? dans une forteresse, dans un château ou dans un logement modeste? Décrivez-le. Comment avez-vous gagné votre vie? Quelles étaient vos activités quotidiennes? Avec quels membres de votre famille avez-vous vécu? Comment étaient vos voisins? Quelles sortes de rapport aviez-vous avec eux? Etiez-vous croyant? Comment avez-vous manifesté votre foi religieuse? Quelles étaient vos distractions principales? La chasse? La musique? Les tournois? La lecture? Commentez. Quelles valeurs ont dominé votre vie et votre comportement?
3. De nos jours une nouvelle épidémie, celle du SIDA (*AIDS*), se répand dans le monde entier. Quelles mesures pensez-vous qu'il soit nécessaire de prendre pour la contrôler? Etes-vous, par exemple, de ceux qui pensent que les personnes atteintes devraient être isolées? Quel est votre avis en ce qui concerne les tests de dépistage? Devraient-ils être obligatoires? Commentez vos réponses.

a Renaissance

Au début de son règne en 1515 François Ier a continué les guerres d'Italie entreprises par ses prédécesseurs. Si l'on peut attribuer quelque valeur rédemptrice à ces guerres largement inutiles, c'est d'avoir permis à la France de connaître les merveilles de la Renaissance italienne. L'influence des savants et artistes de l'Empire byzantin qui avaient fui l'invasion turque et étaient venus s'installer en Italie, et les bienfaits° des princes italiens, protecteurs des arts, avaient déjà favorisé la résurrection de l'héritage de l'Antiquité grecque. Des inventions telle que l'imprimerie,° des découvertes comme celle du Nouveau

les... la générosité

printing

Monde par Christophe Colomb en 1492, avaient également suscité° un renou-   provoqué
veau dans la pensée. Le peuple même s'était enrichi grâce au commerce apporté par les découvertes.

Les nouvelles manières de table

Le repas d'une famille aisée au XVIe siècle.

Il y a environ quinze ans, aux premières noces[a] de François Ier, étaient apparus des instruments étranges : les assiettes. Depuis, elles ont remplacé les écuelles[b]. En étain[c] ou en faïence[d], elles voisinent avec des gobelets, des hanaps[e], pots à boire que l'on se repasse, le temps d'une lampée[f] de vin. A côté du couteau, on trouve la cuiller. La table devient un rituel très compliqué!

[a]mariage   [b]bols   [c]pewter   [d]porcelaine   [e]des... de grandes tasses   [f]d'une... de boire un peu

François Clouet: François Ier, roi de France 1515–1547 THE GRANGER COLLECTION

Eblouis° par une telle splendeur et un raffinement absents dans la société féodale, les Français prenaient goût aux vêtements de luxe, aux fêtes somptueuses et à la célébration des arts, en un vaste mouvement culturel qui caractérisait la Renaissance française. On a abandonné les valeurs médiévales: les châteaux, plus grands, plus somptueux et plus élégants comme ceux de la Loire ont remplacé les forteresses féodales; on a construit et transformé les plus beaux monuments de l'époque dont le Louvre et les Tuileries à Paris. Le catholicisme devenait moins important face à un nouvel intérêt pour la vie mondaine. C'était dans ce cadre raffiné que la cour de France s'entourait d'érudits et d'artistes dont Léonard de Vinci.

°fascinés

> *La peinture est une poésie qui se voit au lieu de se sentir et la poésie est une peinture qui se sent au lieu de se voir.*
>
> Léonard de Vinci

Léonard de Vinci: La Joconde
MARBURG/ART RESOURCE

Léonard de Vinci présenté au roi

Italie, décembre

Au cours de ses négociations de paix avec le pape,[a] François Ier n'a pas manqué de joindre l'utile à l'agréable. Il s'est fait présenter l'hôte[b] de Léon X, Léonard de Vinci, considéré comme le plus grand esprit de son temps. Bien qu'on affirme que le roi soit plus porté sur les[c] plaisirs de la chair[d] que sur les délices de la pensée, il n'en a pas moins été fasciné par cet homme dont les travaux artistiques ne représentent qu'une part des activités. Biologie, botanique, mathématique, urbanisme : il transforme en or tout ce qu'il touche. François Ier lui a proposé de venir s'installer en France. Pour mieux le flatter, il l'a engagé en tant que[e] peintre mais aussi au titre de « maître en toutes sciences et arts ». Léonard de Vinci emportera avec lui quelques toiles,[f] dont le portrait souriant d'une certaine Mona Lisa.

[a] chef de l'Eglise catholique

[b] l'invité

[c] soit... s'intéresse plus aux
[d] de... érotiques

[e] en... comme

[f] tableaux

Le château de Blois et l'escalier François Ier
THE BETTMANN ARCHIVE

Le château de Blois mis au goût italien

Blois
Jusqu'où ira-t-on? Blois fait table rase du[a] passé pour se livrer[b] aux séductions italiennes. Ainsi, le roi a fait ajouter au vieux château médiéval une aile[c] dont la construction a duré neuf ans. Sa décoration exubérante, ses frontons[d] triangulaires et son vaste escalier à cage octogonale sont tout à fait au goût du jour. Le roi a décidé de rassembler dans ce château tout ce qui lui a plu[e] à Rome.

[a] fait... détruit le
[b] s'abandonner
[c] partie latérale
[d] gables
[e] plaire: participe passé

Jacques Cartier, explorateur français, en érigeant un crucifix à Gaspé, Québec, le 24 juillet 1534 THE GRANGER COLLECTION

Jacques Cartier explore le Labrador

Gaspé, 24 juillet
Les matelots[a] de Cartier ont donné aux Indiens un étrange spectacle. Ils ont en effet élevé à l'entrée de la baie un crucifix de neuf mètres. Puis, à genoux, ils ont prié et chanté des cantiques. Quand cette cérémonie de prise de possession a été terminée, le chef indien Donnacona est venu en barque[b] exprimer son indignation. Il s'était vêtu[c] pour la circonstance d'une peau d'ours[d] noir. A distance respectable du galion[e], il a interpellé[f] le capitaine en lui demandant de quel droit il plantait un calvaire[g] sur ses terres sans son accord. Le Malouin[h], pour apaiser cette juste colère, a offert d'emmener deux de ses fils en France et lui a expliqué que cette croix[i] l'aiderait à retrouver la baie quand il les ramènerait. Le vieux chef a accepté et promis qu'il ne toucherait pas à l'objet sacré.

[a] marins
[b] petit bateau
[c] habillé
[d] *bear*
[e] bateau
[f] appelé
[g] crucifix
[h] natif de St. Malo (Cartier)
[i] crucifix

Avez-vous compris?

1. De quel pays la Renaissance française s'est-elle inspirée? Pendant quel siècle a-t-elle commencé en France?
2. Qu'est-ce que la Renaissance a apporté à la civilisation occidentale?
3. En quoi la Renaissance française différait-elle de l'époque médiévale?
4. Les grands esprits de la Renaissance avaient une connaissance encyclopédique. Quels sont les sujets dans lesquels Léonard de Vinci avait une expertise particulière?
5. D'après la chronique, décrivez le caractère du roi François Ier.
6. Donnez trois ou quatre adjectifs qui caractérisent l'architecture typique de la Renaissance française.
7. Qu'est-ce qui vous frappe quand vous regardez l'illustration qui accompagne la chronique, *Les nouvelles manières de table*? Et dans le texte même?
8. Qui est Jacques Cartier? Qu'a-t-il découvert? Pourquoi le chef indien Donnacona était-il en colère contre Cartier? Qu'est-ce que Cartier a fait pour apaiser le vieux chef? Comment a réagi Donnacona? D'après vous, a-t-il pris une décision sage?

A votre avis

1. L'homme de la Renaissance voulait posséder un «savoir encyclopédique». Cela est-il encore possible aujourd'hui? Expliquez votre réponse. Que faut-il connaître pour être une personne cultivée aujourd'hui?
2. A l'époque de la Renaissance les Français ont suivi la mode italienne. Quels sont les pays aujourd'hui les plus à la mode en ce qui concerne la haute couture? La cuisine? L'architecture? La musique pop? Pourquoi certains pays exercent-ils tant d'influence?
3. La Renaissance était une des plus grandes époques de la découverte scientifique, une époque d'aventures intellectuelles et de voyages dangereux pour explorer la planète. Aujourd'hui quelles sont les frontières qui nous restent à dépasser? Quels domaines voudriez-vous explorer personnellement?

L'époque de Louis XIV

L'époque de Louis XIV, le Grand (1643–1715), a été marquée d'un contraste frappant: la grande misère du peuple face au luxe éclatant de la cour de Versailles, où habitait le roi entouré de dix mille personnes. Pour divertir° les nobles qu'il surveillait étroitement° dans l'espoir d'empêcher une rébellion contre la couronne, le Roi-Soleil organisait des fêtes splendides et enviées dans le magnifique palais qu'il s'était fait construire.

°amuser
°de près

C'était l'époque du classicisme avec de grands auteurs, des critiques, des moralistes et des savants comme Descartes et Pascal. Ayant hérité de son père,

Louis XIV THE BETTMANN ARCHIVE

Louis XIII, non seulement le goût pour le «bon gouvernement», mais encore celui de la musique, et de sa mère, Anne d'Autriche, celui des arts plastiques, Louis XIV, roi mécène,° avait fait de Boileau et de Racine ses auteurs préférés. Il avait réuni autour de lui un groupe remarquable de promoteurs d'art, de jardiniers, d'architectes, de peintres, de sculpteurs, d'ébénistes.° Aidé par son ministre Colbert, il développait les finances, l'industrie et le commerce.

protecteur des arts

spécialistes dans la fabrication de meubles de luxe

Souverain de droit divin, le Roi-Soleil entendait régner d'un pouvoir absolu et étendre son royaume au reste de l'Europe et au monde entier. Pendant son règne, la France consolidait ses frontières et agrandissait son empire colonial. Mais les dépenses extravagantes de la cour pesaient lourdement sur le peuple. Paysans et travailleurs manuels payaient divers impôts et arrivaient difficilement à vendre leurs produits, vu la situation économique. Louis XIV avait annulé l'Edit de Nantes légalisant le protestantisme en France. Les protestants avaient été obligés alors de se convertir au catholicisme ou de fuir la France. C'est ce que beaucoup ont fait, emportant leur argent avec eux vers des pays plus accueillants, tel l'Amérique.

La France a connu l'apogée de sa gloire au XVIIe siècle, mais les abus de l'absolutisme ont préparé le terrain pour la Révolution française de 1789. Les opinions sur Louis XIV sont contradictoires: monarque exceptionnel, personnage purement décoratif, souverain intolérant... Il reste incontestablement parmi les plus grands.

L'état, c'est moi!
Louis XIV

Le roi fait arrêter le mari de sa favorite

Versailles, 30 septembre

Grand émoi^a à la cour. Ce matin, le roi a fait arrêter et mener à la prison de Fort-L'Evêque M. de Montespan, mari de sa favorite. Il est vrai que le marquis s'est conduit de façon scandaleuse. Au lieu d'être flatté de voir sa femme distinguée par Sa Majesté, il a protesté, fait une colère et s'est livré à des actes extravagants. Il alla d'abord clamer^b dans tout le palais qu'il voulait attraper une mauvaise maladie pour la donner au roi par l'intermédiaire de sa femme. Et hier, on le vit arriver à Saint-Germain dans un carrosse orné de voiles funèbres. Il était lui-même habillé de noir. Le roi s'étonna : « De qui êtes-vous en deuil,^c M. de Montespan? » Le marquis fit une révérence et hurla :^d « De ma femme, sire! » Une telle attitude, on en conviendra, n'était plus supportable.

^aémotion
^bproclamer
^cmourning
^da crié

Françoise Athénais de Rochechouart, marquise de Montespan et maîtresse de Louis XIV BULLOZ

Une journée à Versailles

La journée commence officiellement à huit heures par la cérémonie du lever du Roi. Sa chambre est située au milieu du palais, pour rappeler à tous que le Roi est le centre de son royaume. Y entrent d'abord l'horloger royal qui remonte° la montre du roi, puis le perruquier° royal, le premier médecin et le premier chirurgien, les courtisans privilégiés par séries de six entrées. Le roi se lave parfois le visage avec un mélange d'eau et de vin et se sèche sans aucune assistance! Ensuite, il se fait habiller en grande pompe devant des centaines de «privilégiés».

Après la messe, Louis XIV se réunit avec ses ministres et conseillers. C'est l'après-midi que commencent les réjouissances.° Une foule de nobles en habits resplendissants se promène au milieu des parterres° «à la française»; ou bien le roi organise une partie de chasse à courre° (personne n'est aussi bon cavalier ni aussi adroit tireur° que le Roi!). Le soir, on donne une tragédie de Racine ou une comédie-ballet de Molière. On écoute une œuvre de Lulli, le musicien favori du Roi. Puis on montre ses plus belles toilettes au bal, on joue aux cartes...

winds / wig maker

distractions
jardins
chasse... stag, fox hunting
adroit... fine marksman

La soirée s'achève comme il se doit par la cérémonie du coucher du Roi. L'étiquette décide des plus petits gestes de chaque participant: qui sert l'eau ou le vin, qui goûte quel plat, qui tient la manche droite de la chemise, la manche gauche du manteau. Songez que le seul service de «La Bouche° du Roi» compte 498 personnes! — °*cuisine*

Pour conserver leur place au cœur de la cour la plus brillante de leur temps, les nobles dépensent des fortunes pour leurs domestiques, leurs habits, leurs carrosses; mais il est de leur devoir de se montrer à cette cour, car Louis XIV remarque tout le monde... même les absents, qui tombent immédiatement en disgrâce! En maintenant° la noblesse dans cette servitude fastueuse et oisive,° Louis XIV a pu s'entourer de courtisans assidus, sinon honnêtes, et ainsi mieux contrôler les puissants de son royaume. — °*maintaining* °*idle*

Avez-vous compris?

1. Quelles étaient les caractéristiques principales du dix-septième siècle en France?
2. Pourquoi dit-on que Louis XIV a favorisé les arts? Donnez des exemples.
3. Qu'est-ce que l'Edit de Nantes? Quelles conséquences a eu sa révocation?
4. A quoi faut-il attribuer le mécontentement du peuple au moment de la Révolution française?
5. Décrivez en quelques mots les activités de la cour de Louis XIV.
6. Pourquoi Louis XIV a-t-il fait mettre en prison M. de Montespan?

A votre avis

1. Au dix-septième siècle, beaucoup de Français (et d'Européens) sont venus en Amérique pour échapper à la persécution religieuse et politique. Comment ces émigrés ont-ils marqué la société américaine?
2. Louis XIV a été un monarque absolu avec une cour fastueuse. Existe-t-il dans le monde aujourd'hui de tels exemples d'absolutisme? Y a-t-il au 20e siècle des cours aussi brillantes? Commentez vos réponses.
3. Imaginez que vous êtes monarque absolu au 20e siècle et que vous régnez sur les Etats-Unis. Comment vivez-vous? Comment voulez-vous gouverner? Quels changements voulez-vous faire? Serez-vous tenté d'abuser de votre pouvoir? Expliquez votre réponse.

La Révolution et l'Empire

Le 14 juillet 1789, avec la prise de la Bastille, forteresse symbolisant le pouvoir absolu et arbitraire du roi, le peuple parisien a mis fin au despotisme. Deux mois plus tard une Assemblée constitutionnelle adoptait la *Déclaration des droits de l'homme et du citoyen.* En voici les premiers mots: «Les hommes naissent et demeurent libres et égaux en droits...» Ces droits sont les fondements de la démocratie. Les Français n'étaient plus les sujets du roi, mais des citoyens. Ces débuts prometteurs de la Révolution ont été troublés par des affrontements entre révolutionnaires. C'était le règne de la Terreur. Des extrémistes ont voté la mort du roi et de la reine; Louis XVI et Marie-Antoinette ont été guillotinés en plein Paris. Par la suite, les extrémistes ont fait périr des milliers «d'ennemis de la Révolution» dont les biens° ont été distribués au peuple. Outrés° par ce fanatisme, beaucoup de citoyens ont remis en question leurs espoirs en la République. L'instabilité politique caractérisait cette époque, jusqu'en 1799, année où la force a eu raison du° régime.

possessions
choqués

a... vaincu le

La Bastille est prise!

Paris, 14 juillet, 1789

Au bout de sept heures de siège qui ont causé une centaine de morts parmi les assaillants, le gouverneur de Launay a capitulé contre la promesse de vie sauve pour lui et sa faible garnison. Après avoir pillé l'Arsenal et les Invalides, les émeutiers[a] ont pénétré dans la Bastille. Car si la forteresse, avec ses murs imposants, symbolisait l'arbitraire royal, elle était surtout un dépôt de poudre.[b] Or les Parisiens en cherchaient pour se défendre contre les troupes royales qu'ils croyaient prêtes à les massacrer. Les têtes coupées des gardes suisses et du gouverneur ont été promenées toute la journée à travers la capitale au bout de piques. Dans la soirée on a enfin songé à libérer les «victimes du despotisme» des cachors[c] de la forteresse: deux fous, un débauché et quatre faussaires...[d]

[a]révoltés [b]*gunpowder* [c]cellules de la prison [d]fraudeurs

Claude Cholat: La prise de la Bastille, le 14 juillet 1789 (détail) BULLOZ

Bonjour, citoyen!

Paris, 21 août 1792

Il est désormais interdit, sous peine d'amende,[a] d'utiliser les appellations « Monsieur » et « Madame ». La Commune de Paris a rendu un arrêté[b] qui supprime ces mots et leur substitue les appellations de « Citoyen » et de « Citoyenne ». De même, le tutoiement devient obligatoire. « Considérant, précise le texte officiel, que les principes de l'égalité ne peuvent souffrir qu'un citoyen dise *vous* à un autre citoyen qui lui répond par *toi*; considérant enfin que le mot *vous* adressé à un particulier[c] choque les règles de la raison, du bon sens et même de la vérité rigoureuse puisqu'un particulier n'est pas plusieurs (sic), il est arrêté : Article premier et unique : le mot *vous*, quand il n'est question que d'un seul individu, est banni de la langue française. »

[a] financière
[b] règlement
[c] individu

Grâce à son coup d'état, Napoléon Bonaparte a réussi à faire tomber le pouvoir de la noblesse. Ambitieux et ingénieux, le général s'est fait couronner Empereur (1804). Pendant son règne, Napoléon Ier a achevé l'unité de la France. Il a décidé de nombreuses réformes qui existent encore de nos jours: il a institué le lycée; il a mis en place un nouveau système financier favorisant le commerce. Il a fait composer des recueils° de loi, comme le Code Civil. Ses rêves expansionnistes ont réussi à redorer le blason° de la France en Europe, dont il aura été le maître pendant dix ans. Sa défaite cinglante° à Waterloo (1815) a laissé la France au pouvoir des Prussiens qui ont restauré la monarchie. Louis XVIII est monté sur le trône° la même année et Napoléon est mort en exil. La Révolution a-t-elle vraiment eu lieu? On se le demande encore aujourd'hui.

anthologies
redorer... rétablir la dignité
sévère

est... a commencé son règne

Napoléon Bonaparte

Jacques-Louis David: Le sacre de Napoléon *(détail)* HARLINGUE-VIOLLET

Napoléon sacré empereur

Paris, 2 décembre

En présence d'une nombreuse assemblée et surtout du pape Pie VII qui est venu présider l'office[a] à Notre-Dame, selon un cérémonial établi par Portalis et Bernier, plusieurs fois répété, et sur les accents d'une musique de Lesueur, Napoléon pose la couronne impériale sur sa tête. Il couronne ensuite Joséphine qu'il a épousée au temps du Directoire. La cérémonie est grandiose : après le sénatus-consulte qui lui a reconnu la dignité impériale héréditaire et confié « le gouvernement de la France avec le titre d'empereur des Français », Napoléon pense ainsi renforcer avec éclat et confirmer aux yeux de tous sa légitimité de souverain « de droit divin, par la grâce de Dieu ».

[a] la cérémonie

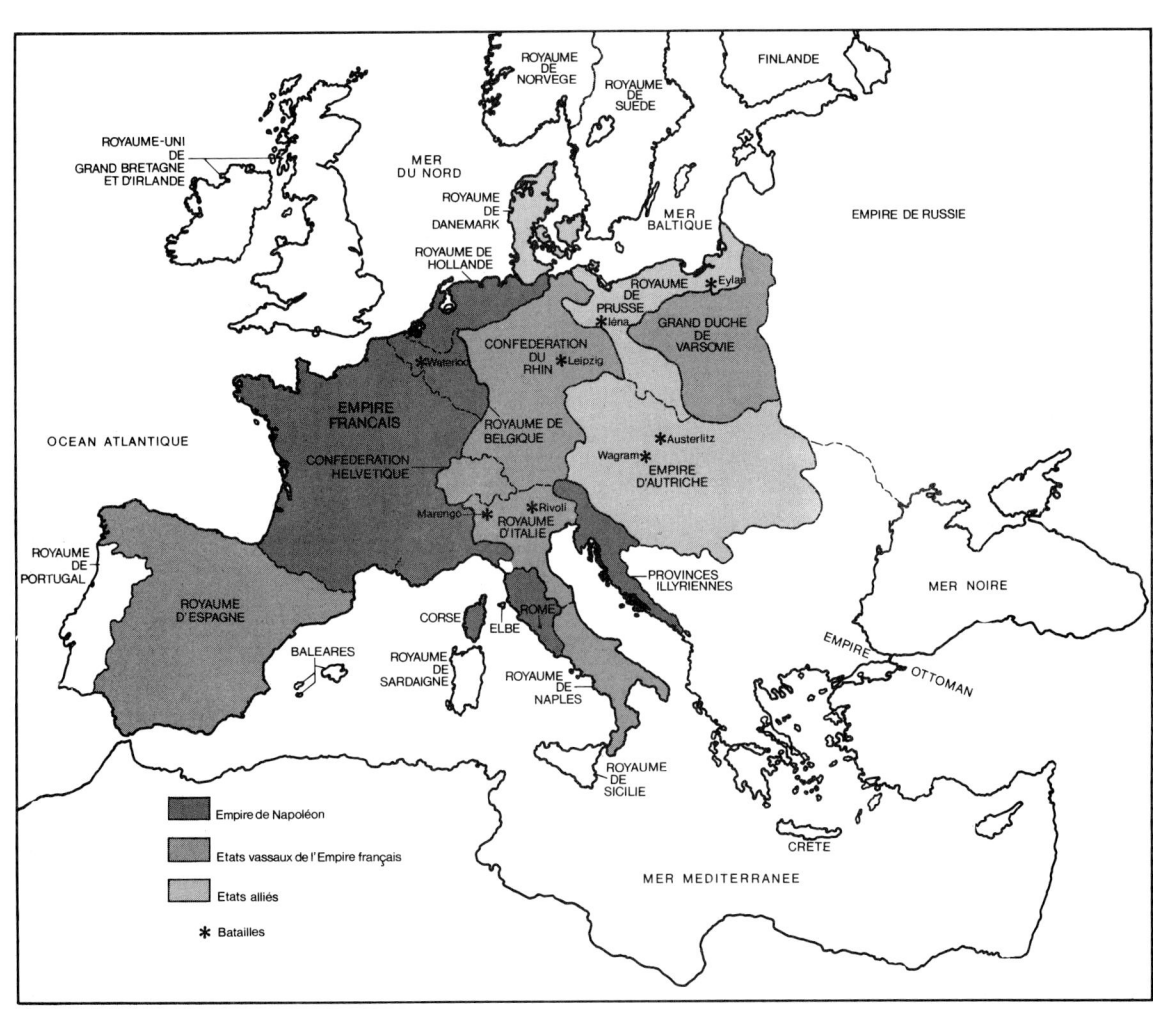

> *Dans les révolutions il y a deux sortes de gens: ceux qui les font et ceux qui en profitent.*
>
> Napoléon Bonaparte

Avez-vous compris?

1. Qu'est-ce que la *Déclaration des droits de l'homme et du citoyen?* Vous rappellez-vous les premiers mots?
2. Qui était Robespierre?
3. Les Parisiens ont attaqué la Bastille pour deux raisons principales: lesquelles? Combien de prisonniers politiques ont-ils libérés? Pouvez-vous les décrire?
4. Pourquoi la Commune de Paris a-t-elle interdit l'utilisation des appellations «Monsieur» et «Madame» en 1792? Par quels termes ont-elles été remplacées?
5. Pourquoi le tutoiement est-il devenu obligatoire en France pendant la Révolution?
6. Pourquoi Napoléon s'est-il fait couronner empereur? Où a eu lieu la cérémonie? Qui a placé la couronne sur la tête de Napoléon?
7. Combien de temps Napoléon a-t-il régné en France? Quelles ont été ses principales réformes?
8. Quelle était l'importance de la bataille de Waterloo? Qu'est-ce que les Prussiens ont effectué après Waterloo?
9. Qui a été le successeur de Napoléon?
10. Pourquoi se demande-t-on encore aujourd'hui si la Révolution a vraiment eu lieu?

A votre avis

1. Quel épisode dans l'histoire de la Révolution américaine peut être comparé à la prise de la Bastille?
2. Pour la France comme pour les Etats-Unis, la Révolution a instauré la notion de patriotisme. Que veut dire aujourd'hui ce concept? Vous considérez-vous comme patriotique? Croyez-vous qu'un jour l'idée de patriotisme n'ait plus de sens? Justifiez vos réponses.
3. Au dix-huitième siècle les gens ont fait des révolutions en Amérique et en France au nom de l'égalité. Que voulait dire égalité à cette époque? Quel sens attribuez-vous à ce mot aujourd'hui?
4. Pensez-vous qu'une nouvelle révolution soit possible en France ou en Amérique? Expliquez votre réponse.

Echos

Rédaction ou discussion

Choisissez un sujet.

1. Les femmes n'ont jamais contribué à faire l'histoire.
2. Napoléon a conquis de vastes territoires. Peut-on admirer une telle politique d'expansionnisme? Prenez divers exemples: Hitler, l'URSS, les Etats-Unis, etc.
3. Peut-on comparer le faste en France au dix-septième siècle à d'autres époques ailleurs? Lesquelles? Où?

La grammaire à l'œuvre

Décrivez la cérémonie grandiose qu'a été le sacre de Napoléon telle que vous l'imaginez. Aidez-vous de la chronique intitulée «Napoléon sacré empereur» ainsi que de la reproduction qui l'accompagne. Prenez soin d'employer, autant que possible, le passé composé.

Quand la cérémonie a-t-elle eu lieu? Où? Combien de temps a-t-elle duré? Qui y a-t-on invité? Qui s'est fait remarquer par son absence? Qui a présidé l'office? Quelle a été la réaction de l'assemblée quand Napoléon a pris la couronne pour la mettre lui-même sur sa tête, puis ensuite sur celle de Joséphine? Quelle a été la réaction de l'impératrice? Quelle musique a-t-on choisie pour accompagner la cérémonie? Imaginez la réception qui a suivi.

Jeu culturel

Voici quelques-uns des traits caractéristiques des quatre grandes périodes de l'histoire de France présentées dans ce chapitre. Bien que l'on associe ceux-ci au passé de la France, on les retrouve aujourd'hui sous la forme de traditions, monuments, ou documents de loi. Il s'agit donc pour vous d'identifier l'époque d'origine des aspects culturels dont nous faisons ici la liste. Attention: certains de ces traits sont nés pendant une période intermédiaire, ou sur la fin de l'une et le début de l'autre.

1. Les débuts d'une riche tradition littéraire.
2. La participation des femmes dans la vie politique, artistique, et sociale de la France.
3. La Fête nationale, le 14 juillet.
4. L'influence classique dans l'architecture (Versailles, par exemple).
5. L'égalité de chaque citoyen devant la loi.
6. L'architecture gothique, dont la cathédrale Notre-Dame de Paris.
7. L'esprit profondément individualiste du tempérament français.
8. La France comme centre culturel européen.
9. L'Académie française.
10. Les bonnes manières à table.

L'actualité

Voici quelques extraits d'un sondage effectué par le *Figaro-Magazine* à l'occasion du bicentenaire de la Révolution française en 1989. (Le total des pourcentages est parfois supérieur à 100.) Lisez les questions et essayez d'y répondre vous-même avant de regarder les réponses. Comparez vos résultats avec ceux de vos camarades de classe.

2. Avec le recul du temps, pensez-vous qu'il fallait...

	OUI	NON	SANS OPINION
... exécuter Louis XVI .... 100 %	14	61	**25**
... exécuter Marie-Antoinette .... 100 %	8	**68**	24
... abolir la monarchie .... 100 %	75	10	15
... abolir les privilèges ...... 100 %	**81**	7	12

FIGARO-MAGAZINE - 23 JANVIER 1988

1. Pour vous, quels sont les événements qui symbolisent le mieux la Révolution française ?

	ENSEMBLE DES FRANÇAIS	PRÉFÉRENCE PARTISANE	
		GAUCHE	DROITE
La Déclaration des droits de l'homme et du citoyen	**74**	**79**	**72**
La prise de la Bastille...	55	58	56
La nuit du 4-Août (l'abolition des privilèges)............................	27	30	25
Les Etats Généraux.......	20	22	22
L'exécution de Louis XVI..	13	12	16
La vente des biens du clergé............................	8	11	5
La Terreur et les massacres de septembre	6	5	8
Le soulèvement de la Vendée..........................	5	5	7
La victoire de Valmy	4	3	6
La Fête de la Fédération en 1790	4	4	3
Sans opinion	8	6	5
	%	%	% (1)

(1) Le total des pourcentages est supérieur à 100, les personnes interrogées ayant pu donner trois réponses.

3. Pensez-vous que les exécutions pendant la Révolution française par la guillotine, les fusillades, etc. ont été une nécessité ou une abomination ?

	ENSEMBLE DES FRANÇAIS	PRÉFÉRENCE PARTISANE	
		GAUCHE	DROITE
Une nécessité	19	23	16
Une abomination	**68**	**64**	**73**
Sans opinion	13	13	11
	100 %	100 %	100 %

L'abolition des privilèges

4. Des trois grandes révolutions — la Révolution américaine, la Révolution française et la Révolution soviétique —, quelle est celle qui au bout du compte, a eu les effets les plus positifs ?
Et quelle est celle qui a eu les effets les plus négatifs ?

	LA RÉVOLUTION QUI A EU LES EFFETS LES PLUS POSITIFS	LA RÉVOLUTION QUI A EU LES EFFETS LES PLUS NÉGATIFS
- La Révolution américaine..	16	7
- La Révolution française	**52**	4
- La Révolution soviétique....	7	**46**
Sans opinion....................	25	43
	100 %	100 %

8. A vos yeux, dans l'héritage de la Révolution française, quels sont les trois points les plus importants ?

	ENSEMBLE DES FRANÇAIS	PRÉFÉRENCE PARTISANE	
		GAUCHE	DROITE
L'égalité des citoyens devant la loi..................	**69**	**72**	**71**
L'idéal de « Liberté-Egalité-Fraternité ».......	47	47	47
L'instruction publique....	42	46	35
La Constitution	25	25	30
Un Etat laïc, indépendant de la religion.........	24	32	19
« La Marseillaise » et le drapeau bleu-blanc-rouge............................	21	18	23
L'idée d'une mission de la France dans le monde...........................	11	9	13
L'appauvrissement de la France......................	6	4	6
Les divisions entre les Français.......................	5	4	5
Le recrutement des fonctionnaires sur concours	4	3	4
Sans opinion	4	4	4
	%	%	% (1)

(1) Le total des pourcentages est supérieur à 100, les personnes interrogées ayant pu donner trois réponses.

5. Diriez-vous que la Révolution de 1789 a eu une portée plutôt nationale, plutôt européenne ou plutôt mondiale ?

	ENSEMBLE DES FRANÇAIS	PRÉFÉRENCE PARTISANE	
		GAUCHE	DROITE
Plutôt nationale	31	29	33
Plutôt européenne.........	20	22	20
Plutôt mondiale	**35**	**36**	**36**
Sans opinion	14	13	11
	100 %	100 %	100 %

FIGARO-MAGAZINE - 23 JANVIER 1988

Si un pareil sondage devait être effectué auprès des Américains, pour la Révolution américaine, quelles questions et quelles réponses faudrait-il inclure? Groupez-vous par six et formulez deux questions, avec quatre ou cinq possibilités de réponses. Comparez-les à celles des autres étudiants et créez ensemble un sondage comprenant sept ou huit questions. Interrogez ensuite la classe entière.

CHAPITRE 5
La vie scolaire

Quelle note as-tu reçue?
OWEN FRANKEN/
STOCK, BOSTON

La vie scolaire ■ 69

> *Il faut avoir beaucoup étudié pour savoir peu.*
> Montesquieu

Susan Jones, âgée de dix-sept ans, a passé quatre mois en France avec ses parents. Pendant son séjour, elle a fait des études dans un lycée français. En rentrant aux Etats-Unis, son professeur de français américain lui a demandé de faire un exposé oral (*report*) sur le lycée français, et aussi d'ajouter quelques renseignements sur l'université en France. Voici ce qu'elle a dit.

Mots et expressions

s'attendre à to expect
le bonheur happiness
se demander to wonder
faire des bêtises to do foolish things, act silly
gratuit(e) free of charge
s'habituer à to get used to
le lieu place
la manifestation demonstration

le niveau level
se rendre compte (de) to realize
taquiner to tease

LE VOCABULAIRE FAMILIER

boire un pot = prendre un verre

bosser = travailler, étudier
le boulot = le travail
le bouquin = le livre
drôlement = vraiment
faire les magasins = faire les courses
marrant(e) = amusant(e)
super = formidable

Emplois

A. Trouvez l'équivalent de chaque expression.

1. réaliser
2. prendre l'habitude de
3. un endroit

B. Trouvez le contraire de chaque expression.

1. payant
2. le malheur
3. être surpris par

C. Complétez le paragraphe avec les mots qui conviennent.

Au lycée, Jacques n'était pas un élève très sérieux. Il ____ sans arrêt ses camarades et il les poussait à ____ : fumer en cachette, poursuivre les filles dans la cour... il avait le plus grand ____ à faire punir les autres à sa place. Les profs se ____ rarement ____ qu'il était responsable et ils ne ____ pas à voir Jacques désobéir au règlement du lycée; Jacques recevait toujours de bonnes notes et il avait toujours l'air très attentif. En effet, Jacques avait un ____ de connaissances très élevé pour son âge... mais je ____ encore pourquoi il aimait tant les plaisanteries stupides.

Les jeunes au lycée

Pendant mon séjour en France, j'ai assisté aux cours de la classe de première au lycée mixte[1] Jeanne d'Arc à Orléans. D'abord, je me suis rendu compte qu'il fallait beaucoup travailler, bien plus qu'aux Etats-Unis. La journée était longue; nous étions en cours de huit heures du matin à cinq heures de l'après-midi. Par contre, nous avions deux heures pour le repas de midi; ça, c'était vachement° bien! Ceux qui habitaient loin (comme moi) ne rentraient pas chez eux pour le déjeuner; on se retrouvait dans la cour du lycée après le repas; on jouait aux cartes ou on faisait des bêtises: on se poursuivait, on se taquinait; parfois on fumait en cachette.° C'était sympa.°

En général, je sortais de classe vers cinq heures et j'avais une heure à tuer avant de prendre le bus de six heures. C'était le meilleur moment de la journée. Avec des copains, j'allais boire un pot au café du coin (toujours le même) et on discutait des problèmes du monde. Le café en France est une véritable institution. Pour les lycéens, le lieu de rencontre par excellence, c'est le café. Nous discutions, nous faisions nos devoirs ensemble ou nous nous détendions tout simplement dans une atmosphère de camaraderie. La patronne nous connaissait bien; elle était toujours contente de nous voir. La discussion pouvait porter sur n'importe quel sujet: nous parlions des cours, parfois nous imitions nos profs, c'était marrant; nous échangions nos idées sur des bouquins, nous faisions de la philosophie, nous partions dans des discussions très animées sur l'avenir, les possibilités de travail, le bonheur, le mariage, enfin tous les sujets possibles et imaginables.

On peut penser qu'avec tout le travail que nous avions en classe, nous aurions moins de boulot à la maison. Pas du tout! J'avais des devoirs à préparer tous les soirs, même le vendredi, parce qu'en France, on a aussi des cours le samedi matin. Au début, j'ai trouvé ça drôlement difficile d'aller à l'école le samedi, mais je m'y suis habituée, et, pour compenser, on était libre le mer-

° (*fam.*) très

° en... se cachant / agréable

---

[1] Jusqu'à une époque assez récente, il y avait des lycées de filles et des lycées de garçons mais très peu de lycées mixtes.

Un match de volley: On ne peut pas toujours étudier.
STUART COHEN/COMSTOCK

Des lycéens s'amusent à jouer au babyfoot.
MIKE MAZZASCHI/STOCK, BOSTON

credi après-midi. Le week-end, mes amis faisaient souvent quelque chose en famille; donc on ne se voyait pas, mais le mercredi, c'était l'après-midi des copains: nous allions en ville, nous faisions les magasins, quelques achats, nous nous rencontrions au café ou nous allions au cinéma.

Les lycéens à qui j'ai parlé se plaignaient pas mal du fait qu'ils avaient très peu de temps libre. Ils arrivaient quand même à organiser des soirées de temps en temps où ils avaient la possibilité de se détendre en dansant, en buvant, de flirter un peu et de faire de nouvelles connaissances.

> *L'éducation développe les facultés mais ne les crée pas.*
>
> Voltaire

Avez-vous compris?

1. Comment Susan connaît-elle le système d'éducation en France?
2. Comment sont organisés les cours dans un lycée français? Quand va-t-on en classe?
3. Que faisaient les lycéens à l'heure du déjeuner?
4. Que faisaient Susan et ses copains après les cours? Quel rôle jouent les cafés dans la vie des lycéens?

A votre avis

1. Susan raconte comment il faut aller en cours le samedi matin mais, pour compenser, on est libre le mercredi après-midi. Que pensez-vous de cet

emploi du temps? Est-ce qu'il vous conviendrait? Discutez de cette différence avec vos camarades de classe.

2. En général, que font les élèves américains après les cours de l'après-midi?
3. Lorsque les jeunes Français font une boum, ils aiment danser. Où allez-vous lorsque vous avez envie de danser? Que font les jeunes de votre pays lorsqu'ils passent une soirée ensemble?
4. Quand vous étiez à la *high school,* où vous réunissiez-vous avec vos amis? chez vous? au café? en ville? Comment passiez-vous votre temps? De quoi parliez-vous? Comparez vos réponses avec le récit de Susan.

Le lycée[2]

*E*n France, les lycéens s'inscrivent° dans la section menant° au bac qu'ils veulent passer (ex: C=maths/physique; A=littérature...). Les élèves d'une même classe ont le même emploi du temps, c'est-à-dire qu'ils assistent aux mêmes cours avec les mêmes professeurs pendant toute la semaine. Les choix individuels se limitent aux langues étrangères:

suivent des cours / qui les prépare

- première langue: anglais ou allemand
- deuxième langue: allemand, espagnol, italien, russe (Si l'allemand est la première langue, l'anglais doit être la seconde.)
- troisième langue: facultative

Voici l'emploi du temps d'un(e) élève de seconde.

	Lundi	Mardi	Mercredi	Jeudi	Vendredi	Samedi
8-9	sciences	éducation physique	français	sciences		maths
9-10	français	éducation physique	français	physique/maths		sciences
10-11	français	allemand	histoire	maths	maths	russe
11-12	anglais	russe	géographie	anglais	français	allemand
2-3				économie	économie	
3-4	maths			russe	anglais	
4-5	histoire			allemand	allemand	

---

[2] Les jeunes qui arrivent au lycée représentent une certaine élite; seulement quarante pourcent des élèves entrent au lycée. Les autres sont orientés vers les classes préprofessionelles, entrent dans un centre d'apprentissage (*vocational schools*) ou abandonnent leurs études.

Chaque classe est un groupe solidaire qui a le plus souvent sa propre salle (en général, ce sont les profs qui se déplacent, pas les élèves) et son professeur principal; il (elle) a la charge de la classe et les parents s'adressent à lui (elle) en cas de problème.

Il y a en France trois sortes d'élèves:

- les externes: ils ne viennent au lycée que pour leurs cours
- les internes: ils vivent à l'école et ne peuvent sortir que le mercredi après-midi et le week-end
- les demi-pensionnaires: ils prennent leur déjeuner à la cantine du lycée. Quand le repas est terminé (puisqu'il y a un arrêt de deux heures entre les cours du matin et ceux de l'après-midi), les élèves peuvent faire leurs devoirs dans des «études» ou discuter, jouer au volley dans la cour, surveillés° par des «pions» (ou surveillants) et des «sur-gé» (ou surveillants généraux) à qui il vaut mieux ne pas avoir à faire°!!!

observés, contrôlés

à... qu'il est préférable d'éviter

La préparation au «Bac»

La chose qui m'a le plus impressionnée dans ce lycée était le programme d'études. Chacun de mes camarades préparait le baccalauréat, le diplôme qui marque la fin des études secondaires et permet l'entrée à l'université. Tous les élèves étudiaient les mêmes matières, mais dans des proportions différentes selon la section choisie: littéraire, scientifique ou économique.

En première, on faisait du français tous les jours; on étudiait la littérature du Moyen Age au vingtième siècle. Certains de mes camarades avaient des connaissances étonnantes de la littérature française depuis le Moyen Age. Ils avaient appris par cœur des passages importants, des répliques° de théâtre, des poèmes. Leurs examens consistaient en interrogations écrites et orales. (J'ai failli mourir° de peur lors de mon premier examen oral!) Ils devaient écrire des dissertations littéraires[3] et faire des «explications de texte», c'est-à-dire une analyse en détail d'un passage, montrant la structure grammaticale, le sens du passage, le style de l'auteur: vocabulaire, images, rythme de la phrase, etc.

rôles

J'... Je suis presque morte

Dans le domaine des sciences et des mathématiques j'ai eu moins de difficultés parce que j'avais reçu une bonne formation dans mon école aux Etats-Unis. Les sujets les plus difficiles pour moi étaient ceux que les Français considèrent comme important mais que les Américains prennent moins au sérieux. En histoire, par exemple, mes camarades avaient déjà appris l'histoire ancienne, ainsi que l'histoire française et européenne; en terminale, on étudie le vingtième siècle en détail à partir de la Première Guerre mondiale. Dans cette

---

[3] Un devoir de plusieurs pages dans lequel l'élève traite un sujet donné selon une formule assez rigide: introduction, développement, conclusion.

A la Bibliothèque nationale, Paris. HUGH ROGERS/MONKMEYER

dernière classe, on faisait aussi de la géographie, et—chose incroyable—on faisait de la philosophie. De plus, tous les étudiants doivent apprendre une ou deux langues étrangères. Il y avait donc au moins une matière dans laquelle j'avais des notes exceptionnelles: l'anglais!

Comme je vous l'ai déjà dit, j'ai passé avec mes copains français des moments super. Mais ceux qui préparaient le bac étaient drôlement sérieux quand ils arrivaient en terminale. Le mot «bachoter»° n'a pas été inventé pour rien! Le bac n'est pas une petite affaire et les parents tiennent beaucoup à° la réussite° de leurs enfants. La réussite au bac dépend d'un niveau général de connaissances acquises au cours des ans dans plusieurs domaines. Ce système d'examen n'existe vraiment aux Etats-Unis qu'à partir de la maîtrise.

En plus, les lycéens aujourd'hui ont pris conscience du chômage existant, du manque de débouchés et de la nécessité de réussir coûte que coûte. La France est devenue un pays de «surdiplômés»; par conséquent, même ceux qui réussissent au bac ne trouvent pas toujours du travail, bien qu'ils aient une meilleure chance que les autres. A cause du marché de l'emploi restreint, de plus en plus d'élèves suivent des cours scientifiques et techniques où le rythme du travail est même plus intense (entre trente-deux et quarante heures de cours par semaine). Voilà pourquoi les lycéens se préoccupent moins de politique qu'ils ne le faisaient il y a quelques années. Je me demande si cela va durer ou s'ils redeviendront très politisés comme ils l'étaient par le passé...

de «bac»: étudier intensément
tiennent... veulent absolument / de «réussir»: le succès

> *U*ne tête bien faite est mieux qu'une tête bien pleine.
>
> Montaigne

Avez-vous compris?

1. Qu'est-ce que c'est que le «bac»?
2. Quel est le programme d'études dans un lycée français? Comparez-le avec celui d'une *high school* américaine, ainsi qu'avec celui d'une *prep school*.
3. Qu'est-ce qu'une explication de texte?
4. L'étude d'une langue étrangère, est-elle obligatoire? Combien faut-il en étudier?
5. Quelles méthodes les professeurs de lycée utilisent-ils pour enseigner la littérature?
6. Pourquoi les camarades de Susan étaient-ils si sérieux dans leurs études?
7. Que signifie «bachoter»?
8. Aujourd'hui, les lycéens se préoccupent-ils plus ou moins de politique qu'ils ne le faisaient avant? Pourquoi?

A votre avis

1. Quelles matières avez-vous étudiées à la *high school* qui ne sont pas au programme d'un lycée français? Quels genres de devoirs aviez-vous? Quels genres d'examens?
2. Est-il bon d'avoir, à la fin des études secondaires, un examen portant sur toutes les matières étudiées? Justifiez votre réponse.
3. Que pensez-vous des interrogations orales?
4. Les élèves américains sont-ils également préoccupés par «le manque de débouchés» aux Etats-Unis? Expliquez.

L'actualité

Nous avons interviewé quelques lycéens afin de savoir quels étaient, pour eux, les joies et les chagrins de leur vie au lycée. Voici ce qu'ils ont répondu concernant les joies:

1. La fierté d'être au lycée
2. Les histoires d'amour
3. Les sorties le soir
4. Le fait de se sentir libéré de la dictature parentale
5. Les vraies amitiés
6. La sonnerie (qui marque la fin des cours)
7. L'activité et le mouvement qui font qu'on ne s'ennuie pas
8. Les profs qui s'absentent
9. Les profs sympa avec qui on peut parler
10. Les bonnes notes
11. Les blagues qu'on fait aux profs

Voici ce qu'ils ont répondu concernant les chagrins:

1. Les interro (*exams*)
2. La peur d'être obligé de redoubler (*to retake a class*), même son eventualité!
3. L'incompréhension entre profs et élèves
4. Les journées, les soirées et les weekends passés à bosser (à étudier)
5. L'angoisse en attendant le résultat des conseils de classe[4]
6. La pression des parents, de la societé et des profs
7. La trouille (*fear*), parce que tout l'avenir dépend de cet examen (baccalauréat)
8. Les histoires d'amour
9. Les profs qui vous sacquent (*fail, flunk*)
10. La désapprobation, ou pire, la méconnaissance de la part des autres
11. Les soucis (*concerns, worries*) pour l'avenir

A vous la parole

1. Faites une liste des joies et des chagrins que vous avez éprouvés à la *high school* et comparez-la avec celle des lycéens français. Jusqu'à quel point sont-elles semblables? différentes? Discutez-en avec vos camarades de classe.
2. Avez-vous choisi votre *high school*? Etiez-vous content(e) du programme scolaire? Y étiez-vous bien préparé(e) pour vos études à l'université? Justifiez vos réponses. Si vous aviez des enfants, les enverriez-vous à la même école? Pourquoi ou pourquoi pas?
3. Les problèmes au niveau de l'école secondaire ont changé dramatiquement dans les quarante dernières années. Voici les trois problèmes les plus graves dans les *high schools* américaines pendant les années quarante:
   a. le bruit
   b. le chewing gum
   c. l'habitude de jaser (*to chatter*) au lieu d'écouter le professeur

   Voici les problèmes les plus graves pendant les années quatre-vingts:
   a. le vol (*theft*)
   b. le viol (*rape*)
   c. la violence
   d. l'abus de l'alcool
   e. la drogue

   Quels étaient les problèmes les plus graves quand vous étiez à la *high school*? Quels sont les problèmes actuellement? Quels seront les problèmes dans dix ans?
4. D'après le Ministère d'éducation, voici actuellement les grands problèmes dans les écoles secondaires françaises:
   a. le racket (*extortion*)
   b. l'abus de l'alcool, du tabac, etc.

---

[4]Le conseil de classe a lieu chaque trimestre pour déterminer si l'élève continuera ou redoublera sa classe.

c. la drogue
d. les symptômes de la dépression nerveuse: anorexie, tentative de suicide, fugue (*running away from home*)

Pourquoi, à votre avis, les problèmes à l'école secondaire sont-ils devenus aussi graves? Que faut-il faire pour améliorer la situation?

L'enseignement supérieur

Pendant que j'étais en France, j'ai fait une petite enquête° sur les universités.   investigation
Voici ce que j'ai pu apprendre sur l'enseignement supérieur.

La vie de l'étudiant à l'université m'a semblé très différente de celle du lycéen, beaucoup plus libre. D'abord, le programme d'études est bien moins

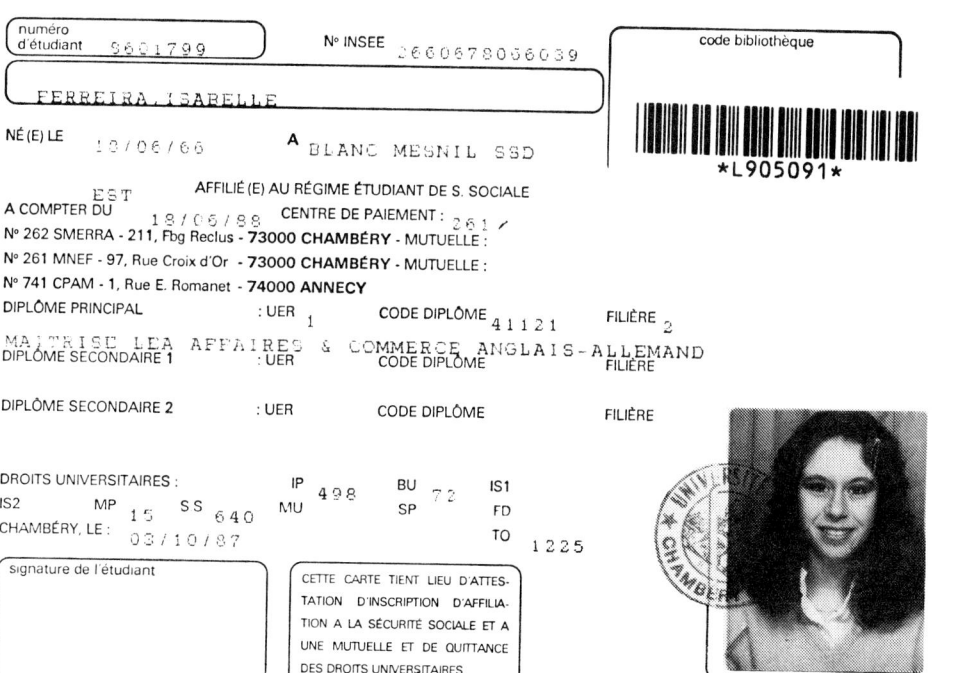

chargé,° et en même temps, plus spécialisé. J'ai parlé avec une jeune fille qui suivait des cours à l'Institut des Sciences Politiques (Sciences Po) à Paris. Elle avait un maximum de douze heures de cours par semaine, plus trois heures de «travaux dirigés»; c'est-à-dire de petites classes dirigées par un professeur ou un assistant et dans lesquelles on discute des idées principales présentées lors du° cours, on écrit des dissertations et on fait des exposés oraux. Les douze heures de cours magistraux° ne sont pas obligatoires—il n'y a aucun contrôle— et mon amie m'a dit qu'elle les séchait° souvent. Par contre, les travaux dirigés sont obligatoires, et selon le professeur, on peut avoir pas mal° de travail. D'après ce que j'ai compris, l'étudiant en France ne reçoit pas beaucoup de directives de la part des professeurs. Il n'a pas de devoirs réguliers et il prépare ses examens à son propre rythme. Ces examens de fin d'année sont très difficiles, beaucoup d'étudiants échouent et doivent redoubler.

rempli

lors... pendant le
cours... *lecture courses*
les... n'y allait pas
pas... beaucoup

Il paraît que ce système marche bien pour les étudiants très motivés et consciencieux, mais beaucoup d'entre eux ont tendance à travailler le moins possible jusqu'après Noël, puis ils se mettent à bosser comme des fous pour les examens finals. A Sciences Po, il faut avoir une moyenne de dix sur vingt dans les travaux dirigés et réussir cinq interrogations orales à la fin de la première année pour pouvoir passer en deuxième année; souvent les étudiants mal préparés se présentent à sept ou huit examens dans l'espoir d'être reçus au moins à cinq.

D'après ce que j'ai pu comprendre, ce système est le même pendant tout le premier cycle[5] de l'enseignement supérieur. Quand on arrive au niveau de la Licence ou de la Maîtrise, le travail devient plus sérieux et plus difficile. De plus, dans les Grandes Ecoles,[6] les cours sont organisés un peu comme aux Etats-Unis, avec un rythme de travail plus accéléré. Là, l'obstacle principal est le concours° d'entrée. Pour entrer à l'université, il suffit d'avoir le baccalauréat, mais l'entrée aux Grandes Ecoles est réservée à ceux (ou celles) qui ont eu les meilleures notes au concours.

examen

Ce qui est vraiment formidable en France, c'est que l'enseignement est gratuit à tous les niveaux. Cependant, aujourd'hui il y a de plus en plus d'écoles privées; les frais de scolarité y sont nettement moins élevés que dans les écoles privées américaines. Ce n'est quand même pas facile pour les familles désavantagées d'y envoyer leurs enfants, bien que de nombreuses bourses° soient octroyées° par le gouvernement français aux étudiants de familles défavorisées.

sommes d'argent
données

---

[5] **Le premier cycle** d'études à l'université comprend deux années préparatoires et se termine par le Diplôme d'Etudes Universitaires Générales (D.E.U.G.). Le deuxième cycle comprend la Licence, la Maîtrise et l'Agrégation. Le troisième cycle comprend trois doctorats de valeur différente. Le doctorat d'Etat est le plus difficile à obtenir—il faut sept à dix années d'étude pour écrire une thèse.

[6] **Les Grandes Ecoles** sont des écoles très spécialisées, qui forment les ingénieurs, les cadres (*upper-level administrators*), les professeurs les plus prestigieux de France. Pour y être admis, il faut passer des concours très difficiles qui demandent souvent deux à trois années de préparation. Voici les plus célèbres: Sciences-Po, ENA (Ecole Nationale d'Administration), H.E.C. (Hautes Etudes Commerciales) Polytechnique, Normale Supérieure, Centrale, Les Mines, Ecoles Militaires (Navale, Saint-Cyr, etc.).

LE SYSTEME EDUCATIF EN FRANCE

ETUDES SECONDAIRES

COLLEGE D'ENSEIGNEMENT SECONDAIRE dit «moderne» ou *1er cycle* 6e (1ère langue) 5e 4e (2è langue) 3e	COLLEGE D'ENSEIGNEMENT TECHNIQUE dit «pratique» Apprentissage professionnel

LYCEE
2è cycle

2nde
1ère
Terminale
BACCALAUREAT

ETUDES SUPERIEURES

GRANDES ECOLES	UNIVERSITE	I.U.T.
(Entrée par concours, après deux ans d'études préparatoires) Diplômes et titres divers.	*1er cycle* (deux ans) D.E.U.G. (Etudes Universitaires Générales) *2e cycle* LICENCE (un an) MAITRISE (deux ans) *3e cycle* (deux–sept ans) DOCTORAT D'ETAT DOCTORAT D'UNIVERSITE DOCTORAT DE 3e CYCLE	(Institut Universitaire Technique—deux ans) D.U.T. *ou* LYCEE TECHNIQUE (deux ans) B.T.S. (Brevet de Technicien Supérieur)

Avez-vous compris?

1. Comment les cours universitaires sont-ils organisés en France? Quelles différences y a-t-il entre les «cours magistraux» et les «travaux dirigés»?
2. Comment l'étudiant français doit-il organiser son travail?
3. La Licence est-elle un diplôme plus ou moins élevé que le D.E.U.G?

A votre avis

4. Quelles sont les Grandes Ecoles les plus célèbres en France? Que faut-il faire pour y entrer? Et pour entrer à l'université?
5. Pourquoi les Grandes Ecoles restent-elles «le domaine des classes privilégiées»?

1. Les Européens étudient sérieusement la géographie et l'histoire. Aux Etats-Unis ces sujets semblent moins importants. Pourquoi?
2. Que faut-il faire pour être admis à l'université en France et aux Etats-Unis? Quel système préférez-vous et pourquoi?
3. On dit souvent que beaucoup d'étudiants américains vont à l'université parce qu'ils ne savent pas quoi faire d'autre. Souvent ils ne profitent pas assez de leurs études. Etes-vous d'accord avec cette opinion? Expliquez votre réponse. D'après le texte, avez-vous l'impression que ce problème existe en France? Expliquez.
4. L'enseignement supérieur aux Etats-Unis sera-t-il réservé un jour à l'élite?

La vie de l'étudiant

J'ai aussi appris que tout étudiant français peut profiter de nombreux services subventionnés par l'état. Mon amie à Sciences Po m'a dit qu'elle mangeait régulièrement au restaurant universitaire, ce qui est toujours très avantageux. Elle avait des réductions pour le métro et pour le train, ainsi que pour le cinéma et le théâtre. Les étudiants qui ont des problèmes financiers peuvent loger en résidence universitaire en payant un loyer° assez bas, mais malheureusement, les chambres y sont rares.

  prix (de la chambre)

  J'ai eu l'occasion de visiter une cité universitaire quand j'étais à Paris. Elle était un peu comme nos «dorms» américains: de petites chambres avec un lit, un bureau, un placard,° un lavabo, mais avec des salles de bains communes. Contrairement aux universités américaines, ces résidences étaient situées assez loin des bâtiments universitaires (qui sont parfois en pleine ville et assez éloignés° les uns des autres); les étudiants que j'ai rencontrés prenaient le métro pour aller en cours; le week-end, ils rentraient souvent chez leurs parents. Il n'y avait pas de vraie «vie de campus» comme aux Etats-Unis.

  pour ranger les vêtements

  loin

  Les étudiants que j'ai rencontrés à Paris s'intéressaient à un tas de choses: politique, musique, art, théâtre, littérature. Ils s'engageaient invariablement dans des discussions animées et parfois interminables sur un ou plusieurs de ces sujets—au café, chez des amis ou dans la rue en marchant. La discussion sem-

Une manifestation anti-nucléaire à Paris PETER MENZEL

ble être un des passe-temps favoris des Français. Si ce n'était pour discuter, ils se retrouvaient au café pour étudier, pour lire ou tout simplement pour regarder les passants et passer un moment ensemble. Ils allaient surtout au cinéma quand ils sortaient, car c'est relativement moins cher que d'aller au restaurant ou dans les boîtes de nuit. Les activités extra-scolaires n'étaient pas organisées par l'université. Pour faire de la natation, par exemple, il fallait se rendre° à une des piscines municipales. C'était aussi la ville qui organisait des cours de gymnastique ou de danse. En fait, il y avait beaucoup de choses à faire; il fallait tout simplement se renseigner en parlant avec des amis.

  Il y a énormément d'étudiants étrangers à Paris: certains suivent les cours normaux, mais beaucoup d'autres suivent des «cours pour étrangers» en civilisation, culture et phonétique française; très souvent ce sont des cours organisés par la Sorbonne. Je crois que j'aimerais m'inscrire à un programme de Licence, mais je me demande si j'aurais assez de courage pour travailler régulièrement et résister à toutes les tentations d'une grande ville comme Paris.

se... aller

> *Il est plus nécessaire d'étudier les hommes que les livres.*
>
> La Rochefoucauld

Avez-vous compris?

1. A quelles réductions les étudiants français ont-ils droit?
2. Pourquoi n'y a-t-il pas de vie de campus en France?
3. Comment les étudiants français organisent-ils leurs activités sportives et culturelles?
4. Décrivez la vie universitaire à Paris.
5. Est-ce qu'un(e) étudiant(e) américain(e) peut s'inscrire à une université française?

A votre avis

1. En quoi consiste la vie de campus dans les universités américaines?
2. Si vous alliez passer une année dans une école française, que feriez-vous pour bien profiter de votre temps libre?
3. Croyez-vous qu'il soit plus facile de faire des études dans une université française que dans une université américaine? Commentez.

Echos

Activité

Par groupes de quatre étudiants, imaginez que vous venez de passer un an dans une école ou une université française. D'après ce que vous avez appris en lisant le texte, comment avez-vous réagi? Quels problèmes avez-vous dû résoudre? Qu'avez-vous fait pour rencontrer des Français de votre âge?

Faites une liste de ce que vous avez aimé et de ce que vous n'avez pas aimé et expliquez pourquoi, puis comparez vos listes avec celles des autres groupes.

La grammaire à l'œuvre

En utilisant des verbes à l'imparfait, décrivez vos meilleurs souvenirs de *high school:* les cours, les profs, les copains (copines), les boums, les *proms,* les sports, les pièces de théâtre.

Rédaction ou discussion

Choisissez un sujet.

1. Quels buts l'enseignement doit-il chercher à atteindre (culture générale, esprit critique, bien-être social, etc.)? Lequel des deux systèmes d'enseignement—français ou américain—est le mieux adapté à atteindre ces buts?

2. Préféreriez-vous un enseignement sans système de notation ou pensez-vous que les notes sont indispensables? Croyez-vous que l'on peut vraiment apprendre sans passer d'examens? Expliquez.

Jeu culturel

«Casse-tête éducatif» Voici un petit test pour évaluer vos connaissances sur la vie scolaire en France. Si vous ne connaissez pas la réponse, essayez de la deviner en vous aidant de ce que vous avez appris.

1. Tous les lycéens sont obligés de suivre des cours
    a. d'anglais
    b. d'espagnol
    c. d'allemand
2. A Noël, les écoles ferment
    a. une semaine
    b. quinze jours
    c. un mois
3. Les Français reçoivent des notes en
    a. lettres comme aux Etats-Unis
    b. chiffres de zéro à vingt
    c. pourcentages
4. Pour être admis dans les Grandes Ecoles, il faut
    a. d'abord aller à l'Université
    b. passer un concours
    c. faire deux ans dans un lycée de préparation
5. En général, les étudiants, pendant l'année scolaire, habitent
    a. chez un membre de leur famille
    b. à l'hôtel
    c. avec des «camarades de chambre»
6. Les étudiants français choisissent souvent une université
    a. proche de leur domicile familial
    b. à l'autre bout du pays pour voyager
    c. à l'étranger
7. A l'université, on
    a. développe son esprit d'analyse dans une matière choisie
    b. étudie des sujets très différents
    c. prépare le bac
8. Les profs
    a. sont très proches de leurs étudiants sur le campus
    b. invitent leurs étudiants chez eux
    c. ont peu de contact avec leurs étudiants en dehors des cours et des examens
9. Pour pouvoir manger au Restau-U, il faut
    a. payer à l'entrée, tout simplement
    b. être parent d'élève
    c. avoir des tickets de repas achetés avec la carte d'étudiant
10. Pour enseigner à l'université, il faut
    a. l'agrégation
    b. le bac
    c. la licence

L'actualité

Voici une publicité pour une école privée qui prépare l'élève à passer le bac dans une section scientifique ou technique. Si l'élève réussit à son examen, il (elle) pourra s'inscrire dans un I.U.T (Institut Universitaire Technique) pour préparer un B.T.S (Brevet de Technicien Supérieur), un des diplômes les plus côtés en France actuellement. Regardez la publicité et répondez aux questions suivantes.

1. D'après la publicité, quelle sorte d'avenir E.P.E.C. promet-elle?
2. Quels élèves l'école veut-elle attirer?
3. Pensez-vous que tous ceux ayant un diplôme d'école secondaire devraient avoir droit à une formation universitaire? Justifiez votre réponse.
4. A votre avis, quels sont les avantages de l'enseignement universitaire par rapport à l'enseignement technique? Quels en sont les inconvénients?

CHAPITRE 6
Villes, villages, provinces

Bretagne: la pêche aux huîtres dans un village côtier
OWEN FRANKEN/ STOCK, BOSTON

> *L'univers est une espèce de livre dont on n'a lu que la première page quand on n'a vu que son pays.*

Mary Ann Murphy est secrétaire dans la section de français d'une grande université américaine. A la suite de contacts avec les étudiants français à l'université et avec les professeurs de français, elle a pris un intérêt grandissant à tout ce qui concerne la France; elle a donc décidé d'y faire un long voyage pendant l'été. Pour mieux profiter de son séjour, elle demande aux Français qu'elle connaît de lui parler de leurs régions et de lui recommander les endroits les plus intéressants.

Mots et expressions

aborder to approach
l'amant(e) lover
l'âme (*f.*) soul
au sujet de about
l'auberge (*f.*) inn
avouer to admit
la banlieue suburbs, outskirts
la concurrence competition
la couverture blanket
la demeure residence
éprouver to feel; to experience
flâner to stroll
s'inquiéter to worry
quelque part somewhere
les renseignements (*m.*) information
le sac à dos backpack
unique only
la vague wave

LE VOCABULAIRE FAMILIER

se balader = **se promener**

Emplois

A. Trouvez l'équivalent de chaque expression.

1. s'alarmer
2. la rivalité
3. les informations
4. une résidence
5. en ce qui concerne

B. Trouvez le contraire de chaque expression.

1. nulle part
2. courir
3. le corps
4. cacher

C. Complétez les phrases avec les mots qui conviennent.

1. J'ai le mal de mer quand les _____ sont trop hautes.
2. Il va être héritier de son père car il est fils _____.
3. Quand il fait froid, je mets toujours plusieurs _____ sur mon lit.
4. Pour faire une promenade à la montagne, il est commode de mettre les provisions dans un _____.
5. Les _____ à la campagne sont généralement très sympa.

La Bretagne

Deux étudiants de l'Université de la Bretagne occidentale° (à Brest), Serge et Danielle, répondent aux questions de Mary Ann sur la Bretagne.

    de l'ouest

MARY ANN: J'ai lu quelque part une référence à la «sombre et mystique Bretagne»; cela m'intrigue. Pourquoi sombre et mystique?

SERGE: Ne t'inquiète pas; le mot «sombre» décrit peut-être le temps à l'intérieur du pays; il peut devenir assez rude° parfois. Mais la côte est très agréable, surtout en été. C'est vrai que les Bretons manifestent une certaine tendance au mysticisme, mais ça ajoute au charme de la province.

    sévère

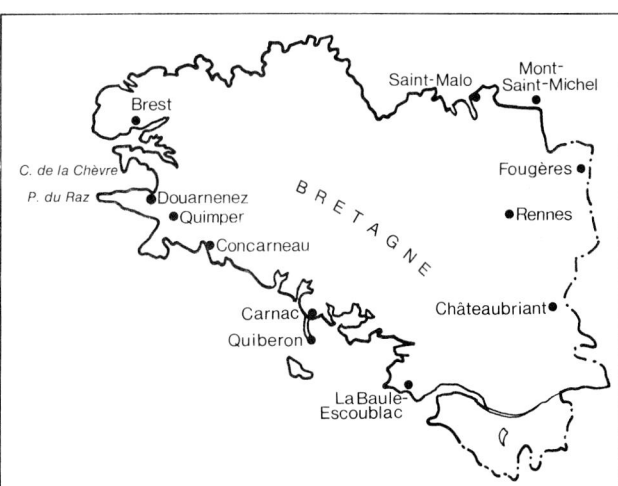

DANIELLE: La Bretagne est vraiment spéciale: c'est une péninsule à l'extrême ouest de la France, où les gens se considèrent, par leur langue et leurs traditions, plus proches de leurs «cousins» du pays de Galles° que du reste de la France. Leurs ancêtres étaient des Celtes, venus d'Angleterre au cinquième siècle, et dans la partie occidentale de la Bretagne, près d'un million de personnes parlent encore breton aujourd'hui.

pays... Wales

MARY ANN: Eh bien, parlez-moi un peu des légendes et des traditions de cette région.

DANIELLE: Etant américaine, tu en connais sans doute un certain nombre puisque nous, les Bretons, nous les partageons° avec l'Angleterre. Tu connais le Roi Arthur et les chevaliers de la Table ronde? Tu dois avoir entendu parler de la légende de Tristan et Iseult; ce sont des légendes celtes et les héros viennent souvent de Bretagne. Tu peux même visiter la forêt de Paimpont où vivaient l'enchanteur Merlin et la fée° Vivianne.

les... en avons plusieurs en commun

fairy

SERGE: Il y a également beaucoup de légendes liées à° la mer. Le nom celtique pour la Bretagne est l'Armorique; Ar-Mor veut dire «le pays de la mer». La mer est source de vie, d'aventures et de danger pour les Bretons; chaque ville côtière° a une légende au sujet de la mer.

liées... à propos de

sur la mer

MARY ANN: Est-ce que vous en connaissez?

SERGE: J'en connais une sur l'ancienne ville d'Ys qui a été engloutie° par une vague gigantesque au sixième siècle. C'est à partir de cet événement historique que les Bretons ont inventé un récit° sinistre: la fille unique du roi d'Ys n'était pas un modèle de chasteté. Au contraire, elle avait d'innombrables amants qu'elle faisait périr dans la baie de Douarnenez quand elle ne voulait plus d'eux. Un jour elle a rencontré un beau jeune homme. Il lui a promis qu'il deviendrait son amant à condition qu'elle lui livre° les clefs de la digue° qui protégeait la ville. Insatiable, la princesse a volé° les clefs à son père pour les donner à son nouvel amant, qui n'était autre que le diable. C'est donc lui qui a ouvert la digue, lâchant° les eaux sur la ville.

submergée

une histoire

donne

barrière contre la mer / pris

de «lâcher»: laisser aller

MARY ANN: J'adore ce genre de folklore et ton récit me fait penser que la Bretagne doit être assez sauvage.°

déserte, naturelle, primitive

DANIELLE: C'est vrai qu'il y a des endroits sauvages qui sont d'ailleurs très beaux. Mais arrête-toi aussi dans des villages côtiers. La plupart vivent de la pêche, l'industrie principale de la Bretagne. Certains ports, comme Concarneau et Douarnenez, sont renommés pour leur charme. Beaucoup d'artistes y viennent pour essayer de saisir la qualité remarquable de la lumière, ou le spectacle toujours changeant de la mer et du ciel.

SERGE: Tu peux aussi visiter Saint-Malo, d'où Jacques Cartier est parti pour le Canada au seizième siècle. Si tu y vas, promène-toi sur les remparts médiévaux qui longent la côte. De là, on peut voir le

Bretagne: la côte sauvage
MIKE MAZZASCHI/STOCK, BOSTON

Mont-Saint-Michel. C'est une vieille abbaye, perchée sur un îlot rocheux, qui attire des foules de touristes.

MARY ANN: Oui, j'en ai vu des photos. Ça a l'air magnifique! Et quel est le meilleur moment pour aller en Bretagne?

SERGE: Puisque tu t'intéresses au folklore, vas-y vers la fin juillet et assiste au «pardon» de Sainte-Anne d'Auray.

MARY ANN: Qu'est-ce que c'est?

SERGE: C'est une fête où l'on honore les saints et les morts et où l'on demande pardon à Dieu des fautes commises. Les Bretons croient que les âmes des morts reviennent sur terre et se manifestent aux vivants. Il faut prier pour ces âmes afin de les apaiser°—mais on n'en a pas vraiment peur. Ce sont des revenants° plutôt gentils. Alors, pendant le pardon, l'évêque° vient célébrer la messe. Ensuite, les gens en costumes traditionnels se rendent en procession au cimetière pour la cérémonie des morts.

calmer

fantômes

dignitaire écclésiastique

Les menhirs à Carnac
SCHWARZ/TOPHAM/THE IMAGE WORKS

MARY ANN: Quel spectacle! Mais, n'est-ce pas un peu morbide, cette cérémonie des morts?
DANIELLE: Absolument pas. Les dévotions bretonnes sont souvent bien arrosées de° cidre; elles ont plutôt tendance à être joyeuses.

arrosées... accompagnées de

SERGE: Dis, Danielle, n'oublie pas de lui parler des menhirs.
DANIELLE: Ah, oui. Si tu veux voir quelque chose de fascinant et d'étrange à la fois, va voir les menhirs de Carnac. Ce sont d'énormes pierres dressées° verticalement qui datent de la période néolithique;° elles avaient probablement une signification religieuse mais personne ne sait comment on les a transportées, car elles peuvent peser jusqu'à 350 000 kilos et certaines mesurent de 20 à 30 mètres de haut.

placées / 5000–2500 av. J.-C. (avant Jésus-Christ)

MARY ANN: Incroyable! Il faut absolument que je les voie.

> *La société serait une chose charmante si l'on s'intéressait les uns aux autres.*

Avez-vous compris?

1. Que veut dire Ar-Mor? Que représente la mer pour les Bretons?
2. D'après la légende, comment la ville d'Ys a-t-elle été submergée?
3. Décrivez la côte bretonne. Quelle est la qualité particulière des villages?
4. Qu'est-ce qu'un «pardon»? Pourquoi les Bretons célèbrent-ils ce genre de fête?

A votre avis

1. Qu'est-ce que les mots «Armorique» et «Amérique» ont en commun?
2. Connaissez-vous une région en Amérique sombre, mystique et sauvage comme la Bretagne? Décrivez-la à un(e) camarade de classe.
3. Que savez-vous des chevaliers de la Table ronde? Pourquoi Tristan et Iseult sont-ils célèbres?
4. Merlin était un enchanteur. Y a-t-il des personnages comme lui dans le folklore américain? Connaissez-vous des légendes de la région où vous habitez? Racontez-les.
5. Croyez-vous aux revenants? A quel genre de superstition êtes-vous sensible? Et votre famille?

aris

Isabelle et André, deux étudiants parisiens qui préparent une licence d'anglais, donnent à Mary Ann des renseignements sur Paris.

ISABELLE: Qu'est-ce qui t'intéresse particulièrement à Paris? Les musées? Les spectacles? Les monuments? Les attractions touristiques?

MARY ANN: Je ne veux pas faire la touriste typique qui saute d'un monument à l'autre sans rater° un seul site historique. J'ai un très bon guide pour me renseigner sur «ce qu'il faut voir» et on m'a dit que *Pariscope*° me donnerait tous les renseignements sur les spectacles. Mais j'aurai à peu près une semaine, et si possible, j'aimerais connaître un peu l'atmosphère des quartiers les plus intéressants. Qu'est-ce que vous me proposez?

ISABELLE: En une semaine, ce n'est pas facile. Enfin, tu peux toujours commencer par la rive gauche et le Quartier latin puisque tu connais déjà les habitudes des étudiants français. Une promenade sur le Boulevard Saint-Michel te donnera une bonne idée de l'ambiance électrique de cette partie de la ville et de son côté cosmopolite.

manquer

guide hebdomadaire des spectacles

Paris: le forum des Halles avec le Centre Pompidou et l'Eglise St. Eustache derrière
HUGH ROGERS/MONKMEYER

MARY ANN: Tu veux dire à cause des touristes?

ANDRE: Non, plutôt à cause des étudiants. Quand l'Université de Paris a été fondée au Moyen Age, des gens sont venus de partout en Europe pour y enseigner et y étudier. C'est encore le cas aujourd'hui; les étudiants viennent même de tous les pays du monde.

ISABELLE: Oui. La Sorbonne est la partie la plus ancienne de l'Université de Paris. Dans le quartier, il y a encore beaucoup de petites rues étroites qui n'ont pas changé depuis des siècles.

ANDRE: Le «Boul' Mich»° et le Boulevard Saint-Germain sont toujours très animés. Assieds-toi au Café de Flore, par exemple, pour regarder passer les gens. Tu sais que c'est là que les philosophes Sartre et Camus discutaient de leurs idées sur l'existentialisme, et ce café attire toujours beaucoup de monde. Si la foule et le bruit te fatiguent, repose-toi un peu au Jardin du Luxembourg. Mais fais attention. Ne t'allonge° pas sur l'herbe, «Ne marchez pas sur la pelouse»—c'est interdit dans beaucoup de jardins publics en France. Flâne dans les rues du quartier, car il y a beaucoup de librairies, de cafés et de boutiques d'antiquités.

«Boul'...» Boulevard Saint-Michel

te couche

MARY ANN: Je sais déjà que si je ne fais pas attention, j'y dépenserai tout mon argent.

ISABELLE: Tu peux en être sûre! Alors, pour te distraire sans trop dépenser, va jusqu'à la rue Mouffetard. Tu seras charmée par l'ambiance un peu bohème de ce quartier. Prends ton temps et promène-toi au marché en plein air. C'est encore un des endroits les plus pittoresques de Paris. Malheureusement, les vieilles gens du quartier ne peuvent plus se permettre d'y habiter comme avant. Plusieurs entrepreneurs ont acheté les maisons qui étaient en très mauvais état et les ont transformées en appartements modernes «tout confort».°

«tout...» tout équipé d'appareils ménagers

MARY ANN: Attendez, j'ai l'impression que je pourrais bien passer toute ma semaine dans ce quartier!

ISABELLE: C'est vrai. Dépêche-toi donc d'aller sur la rive droite; c'est un monde très différent. Prends le premier métro en direction de la Place Charles de Gaulle où se trouve l'Arc de Triomphe. Montes-y pour avoir une vue splendide de la ville et des douze avenues qui rayonnent dans toutes les directions comme une étoile. Prends le passage souterrain pour éviter la circulation intense. Ensuite, sors Avenue des Champs-Elysées et balade-toi le long de cette avenue magnifique pour admirer les cafés et les restaurants élégants et même la version française d'un drugstore.

MARY ANN: C'est vrai qu'il y a aussi un *Burger King* sur les Champs-Elysées?

ISABELLE: Il y en a plusieurs à Paris! Des *McDonalds* aussi. Il y a même *Pizza Hut*. Mais tout ça, tu connais déjà. Va plutôt prendre un sandwich ou un croissant à *La Pomme de Pin* ou à *La Brioche Dorée*. Ce sont des restaurants "fast-food" à la française. Tu en trouveras en descendant les Champs-Elysées. Et prends ton courage à deux mains pour passer quelques instants au milieu de l'Avenue...

MARY ANN: Au milieu de toutes ces voitures?!

ISABELLE: Oui! Si tu restes dans la file des taxis, tu ne risques pas grand chose. Tu verras à quel point la perspective de l'Etoile jusqu'à la Pyramide du Louvre est belle et impressionnante.

ANDRE: Tu as entendu parler de la Pyramide, non? Voilà un autre aspect du Paris modernisé qui a été grandement contesté. Enfin... Et la Place de la Concorde. Elle est magnifique depuis qu'elle a été restaurée à l'occasion du bicentenaire de la Révolution française. Le soir, et surtout quand il a plu, c'est un merveilleux spectacle de lumières! Et tu peux imaginer le vacarme à la Saint-Sylvestre,° avec les voitures klaxonnant partout et les gens célébrant jusqu'aux premières heures!

New Year's Eve

ISABELLE: Et le Musée d'Orsay—tu ne peux pas quitter Paris sans y aller. C'est une ancienne gare qui a été entièrement rénovée. Toute la collection des Impressionnistes est là. Il y a une autre place à voir, si tu as le temps. C'est la Place des Vosges, dans le Marais, un quartier rempli de souvenirs historiques et littéraires. Visite la maison de Victor Hugo, cela t'aidera à comprendre le monde d'un des plus grands écrivains romantiques français. Fais le tour de la Place des Vosges, tu y verras de belles demeures aristocratiques qui remontent au dix-septième siècle. Il y a d'autres maisons anciennes dans le quartier. Ces «hôtels particuliers»° servent maintenant de cadre° au Festival du Marais. En été, on y joue des pièces classiques, on y donne des concerts et des spectacles de danse.

«hôtels...» résidences de grand luxe
décor

ANDRE: Mais le Marais a les mêmes problèmes que la rue Mouffetard. Il n'est plus habité par les petites gens qui lui donnaient tout son caractère. On a restauré beaucoup de vieilles maisons qui sont maintenant louées aux gens riches et aux étrangers.

ISABELLE: Mais moi, je l'aime quand même. Il garde toujours son charme d'autrefois.

ANDRE: Par contraste avec le Paris du passé, aux alentours mêmes du Marais, se sont construits des ensembles architecturaux des plus modernes. Le Centre Pompidou, aussi appelé Beaubourg, abrite des expositions d'art contemporain, des librairies et une bibliothèque publique spécialisée dans tous les aspects de la vie actuelle.

MARY ANN: J'ai entendu dire que beaucoup de gens étaient contre tous ces bâtiments ultra-modernes au cœur du vieux Paris.

ISABELLE: C'est vrai. Cependant, le même phénomène s'est produit au moment de la construction de la tour Eiffel au siècle dernier et maintenant elle est devenue le symbole de Paris. Aujourd'hui, Beaubourg attire chaque année plus de visiteurs que la tour Eiffel.

ANDRE: Non loin de là, sur l'ancien emplacement des Halles, se trouve le Forum, un nouveau centre commercial souterrain à quatre étages. C'est le premier élément d'un plan de rénovation de toute cette esplanade. Chaque niveau a une fonction particulière: la mode, la maison et la gastronomie régionale, les loisirs (théâtres, cinémas, boutiques d'articles de sport, restaurants exotiques) et les services publics (transports, renseignements touristiques et banques). C'est le plus vaste centre piétonnier° d'Europe. Par ses diverses activités culturelles et son architecture, le Forum des Halles établit un lien entre le passé et le présent dans l'histoire de la capitale.

<small>° de "piéton"; où on se déplace à pied</small>

MARY ANN: A vous écouter, une semaine à Paris, c'est trop peu pour tout ce que vous me conseillez de voir. J'espère pouvoir y revenir après mon séjour dans le Berry et en Savoie.

ISABELLE: Mais, j'ai cours dans vingt minutes! Passe-moi un coup de fil ce soir et nous en parlerons davantage. Je cours!

MARY ANN: C'est vachement sympa! Je t'appelle ce soir. Au revoir. Et merci.

ANDRE: Attends-moi, Isabelle. Je t'accompagne. Au revoir, Mary Ann. Tu viens à la fac jeudi?

MARY ANN: Mais oui.

ANDRE: Nous irons prendre un pot. D'accord?

> *Si vous voulez être connu sans connaître, vivez dans un village. Si vous voulez connaître sans être connu, vivez à la ville.*

Avez-vous compris?

1. Comparez le Quartier latin et le Marais.
2. Quand la Place de la Concorde a-t-elle été restaurée?
3. Qu'est-ce qui attire les visiteurs au Centre Pompidou? Au Forum des Halles?
4. En quoi est-ce que le Paris américanisé s'oppose au Paris traditionnel?
5. Que trouve-t-on au Musée d'Orsay?

A votre avis

1. D'après le texte, quel aspect de Paris vous attire le plus et pourquoi?
2. Avez-vous déjà visité Paris? Qu'est-ce qui vous a plu? Qu'est-ce que vous n'avez pas aimé? Si vous n'êtes jamais allé à Paris, en avez-vous vu des photos ou des films? Quelles impressions vous ont-ils faites?
3. Comparez Paris avec une grande ville que vous connaissez. Les deux villes se ressemblent-elles? Qu'est-ce qui les différencie? Commentez.

Bourges

Daniel Chotard, un Berrichon qui rend visite à des amis américains, parle de son pays natal.

MARY ANN: Bourges, c'est un nom que beaucoup de monde connaît, mais on ne sait pas exactement où ça se trouve ni ce qu'il faut y voir.

DANIEL: C'est parce que Bourges n'est pas sur les grandes routes qui relient Paris aux sites touristiques des Alpes, de la Méditerranée et de la côte atlantique. Bourges se trouve au centre de la France. On dit que le Berry est le cœur de la France.

MARY ANN: Et ça vaut la peine d'y aller?

DANIEL: Ah ça, oui. Bourges, voyez-vous, c'est la vieille ville provinciale typique, pleine de charme, riche en art et en architecture. Pour commencer, visitez la cathédrale Saint-Etienne. Lorsqu'on s'approche de la ville, on la voit tout de suite car elle est située sur une petite colline. Elle a été construite à la fin du douzième siècle à l'emplacement d'une basilique romane. Sa façade gothique à cinq portails° est unique en France. Ses vitraux° sont aussi beaux que ceux de la cathédrale de Chartres. Après la visite, montez au clocher° et vous aurez une vue remarquable de la ville et de ses environs.

<small>grandes portes / *stained-glass windows*</small>

<small>tour où sont les cloches</small>

MARY ANN: Est-ce qu'il y a d'autres monuments?

DANIEL: Bien sûr. Ne manquez surtout pas de visiter le palais Jacques Cœur. Au quinzième siècle, ce célèbre financier de Charles VII, qui avait amassé une fortune immense dans le commerce, a fait bâtir une résidence très moderne pour cette époque. Il y avait même un véritable cabinet de toilette, chose rare en ce temps-là (à Versailles au dix-septième siècle, il n'y en avait pas). C'est un bâtiment intéressant, car une partie rappelle une forteresse médiévale avec ses tours et ses murs épais, et l'autre partie annonce déjà l'architecture de la Renaissance par la finesse de sa décoration.

MARY ANN: Et comment sont les gens à Bourges?

DANIEL: Vous savez, on dit que les Berrichons sont un peu fermés, mais vous verrez qu'à Bourges, au contraire, les gens sont très accueillants. Ils sont toujours prêts à vous rendre service. Ce sont des gens assez détendus,° qui aiment bien la vie. Notez que le vieux quartier de la ville est très animé; il se trouve au milieu de petites rues et de passages «casse-cou»,° comme on dit. Aux premiers beaux jours du printemps, on met des haut-parleurs° dans les rues et la musique accompagne les promeneurs.

<small>calmes</small>

<small>dangereux (parce qu'ils sont petits et étroits)
appareils qui amplifient le son</small>

MARY ANN: Quel est le meilleur moment pour faire un petit séjour à Bourges?

DANIEL: Tâchez d'y être pour le «Printemps de Bourges». Vous savez, les villes de province se font un peu de concurrence entre elles et depuis quelques années la municipalité de Bourges organise un festival. Des groupes folkloriques et autres viennent de tous les pays pour donner des spectacles. Alors, pendant une semaine Bourges est à la fête: les rues se remplissent de gens, de couleurs et de musique. C'est un vrai festival populaire pour ceux qui aiment le rock, le blues, le café-théâtre et les chansons françaises et étrangères.

Bourges: les portails de la cathédrale RAPHO/PHOTO RESEARCHERS, INC.

MARY ANN: Malheureusement, je ne serai en France que pendant l'été et je vais manquer ce festival. C'est incroyable de penser à tout ce qu'il y a à voir et à faire en France!

> *Dieu a fait la campagne, l'homme a fait la ville et le diable la petite ville.*

Avez-vous compris?

1. Où se trouve Bourges? Quelle sorte de ville est-ce?
2. Pourquoi la cathédrale Saint-Etienne est-elle si intéressante?
3. Qu'est-ce que le palais Jacques Cœur? Du point de vue architectural, il représente deux époques. Lesquelles? Décrivez le palais.
4. Décrivez ce qui se passe au «Printemps de Bourges».

A votre avis

1. Quand vous visitez une ville pour la première fois, qu'est-ce qui vous attire? Les monuments? Les habitants? Autre chose?
2. Y a-t-il des festivals populaires dans la région où vous habitez? Décrivez-les.
3. Y a-t-il dans votre pays des villes provinciales typiques? Expliquez. Comparez l'une d'elles avec une ville française comme Bourges.
4. Etes-vous allé à un festival traditionnel? Aux Etats-Unis ou à l'étranger? Décrivez-le à un(e) camarade de classe.
5. Etes-vous allé à un festival de rock? Décrivez l'ambiance et la musique.

L'actualité

La géographie d'un pays a-t-elle une influence sur la mentalité de ses habitants? L'auteur de l'article suivant prétend que les gens de Bourges, pays du milieu, pays plat, ont un tempérament ressemblant à ce pays. Ils sont fatalistes, résignés, tranquilles et n'aiment pas les conflits. Résultat: deux mille fois moins de divorces que dans les villes de Marseille ou de Paris. Lisez l'article et amusez-vous à répondre aux questions suivantes.

Bonheur conjugal : Bourges[a]

Le Berrichon est-il un homme d'habitudes ?

Il y a 2 000 fois moins de divorces devant le tribunal de Bourges que devant celui de Marseille ou de Paris ! Alors, les Berrichons sont-ils plus amoureux, plus fidèles, moins chamailleurs[b] ? Jean Rovinski, juge aux Affaires matrimoniales du tribunal de Bourges, a vu passer devant son bureau la plupart des contentieux.[c] Ce magistrat de 29 ans est justement originaire des Bouches-du-Rhône,[d] il peut d'autant mieux comparer les mentalités des deux départements records en maximum et minimum de divorces.

« Alors que, sur la Côte d'Azur, j'ai toujours vu "des grandes gueules"[e] qui parlaient haut et fort, ici c'est le contraire. Le Berrichon est fataliste, attentiste, résigné, difficile à bouger, travailleur, très conciliant. Nous sommes ici en pleine terre du milieu. Les gens sont habitués à mettre de l'eau dans leur vin. »

Jean Rovinski cite d'autres éléments pouvant expliquer ce phénomène. Le Cher est un département peu peuplé. Il est essentiellement rural : or le divorce est le résultat d'un comportement de citadin.[f] Le Cher est un pays plat où il fait bon vivre. Il y a très peu de migration, on naît, on se marie, on divorce et on meurt souvent dans la même ville. « Même si Bourges est à deux heures de Paris, de Lyon ou de Bordeaux, ici on est loin de tout, replié sur[g] le passé. On prétend parfois que le Berry est toujours en retard d'une révolution ou d'une élection... C'est peut-être le prix de la tranquillité. » Le Berrichon n'est pas contre les conflits et les violences... du moment que cela se passe ailleurs.

[a]Bourges est la ville principale du Berry. [b]querelleurs [c]disputes [d]département du S.-E. dont Marseille est la ville principale [e]personnes qui parlent toujours [f]quelqu'un qui habite en ville [g]tourné vers

Avez-vous compris?

1. Qui est Jean Rovinsky? Est-il Berrichon?
2. Dans quel département se trouve Bourges? Marseille?
3. Où y a-t-il le maximum de divorces en France? Le minimum?
4. Décrivez la mentalité du Berrichon.
5. Expliquez l'expression «mettre de l'eau dans son vin».
6. Que dit Jean Rovinsky du Cher? Comment cela expliquerait-il le nombre de divorces dans cette région par rapport à l'incidence de ce même phénomène dans les grandes villes?

A vous la parole

1. L'auteur de cet article a choisi un phénomène social peu commun dans le Berry: le taux de divorce. Il l'explique en analysant les caractéristiques des gens de cette région. Croyez-vous en un «caractère national» ou en un «caractère régional»? Donnez-en des exemples. Quels sont les facteurs d'influence sur le caractère des gens?
2. Choisissez une région ou une ville que vous connaissez bien et décrivez les habitants. Ensuite, comparez-les avec ceux choisis par vos camarades de classe. Décidez dans quelle région vous aimeriez mieux vivre et expliquez pourquoi.

La Savoie

Mary Ann pose des questions à Mme Garneau, professeur au Centre Universitaire de Savoie à Chambéry, qui enseigne cette année aux Etats-Unis.

MARY ANN: Je sais très peu de choses sur la Savoie. Mes connaissances se limitent aux affiches publicitaires de ski dans les Alpes.

MME G.: Certainement, le ski est un des grands atouts° de la Savoie. Nous avons beaucoup de stations renommées, comme Chamonix et Val d'Isère.

charmes

MARY ANN: Quel dommage, j'y serai en été.

MME G.: Oh, pas du tout. Allez au lac de Tignes, c'est un des endroits où l'on peut faire du ski toute l'année; et puis, si vous aimez les promenades, il y a d'innombrables excursions à faire en montagne. Si vous êtes amateur de photographie, inscrivez-vous aux photo-safaris du parc de la Vanoise. C'est un parc national un peu sur le modèle des parcs nationaux aux Etats-Unis.

MARY ANN: J'ai fait un peu de *backpacking* aux Etats-Unis et j'avoue que l'idée de me promener quelques jours avec un sac à dos me décourage un peu.

MME G.: Je vous comprends très bien, mais en Europe, c'est différent, vous verrez. Faites une excursion de deux ou trois jours, même d'une semaine, et arrangez-vous pour passer la nuit dans les refuges. Ils

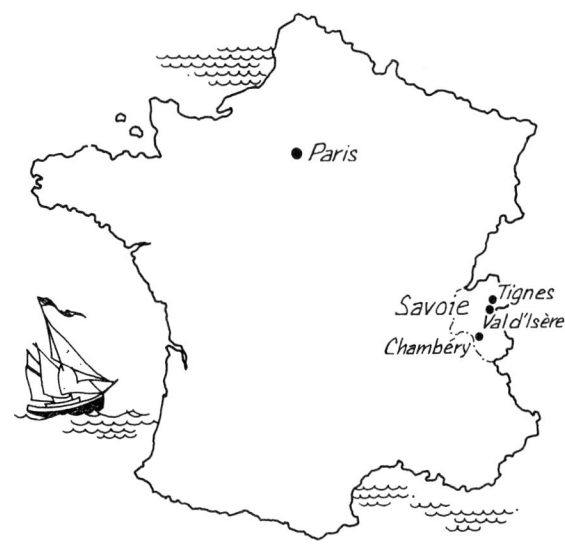

Une randonnée dans les Alpes françaises
HUGH ROGERS/MONKMEYER

	sont entretenus° par le gouvernement et par le Club Alpin Français, et ils sont équipés de lits et de couvertures. Prenez seulement de la nourriture, des vêtements, une carte, une boussole,° etc., c'est tout ce qu'il vous faut.	maintenus instrument qui indique le Nord
MARY ANN:	Ça, c'est chouette.° C'est mieux que de tout porter sur le dos.	super
MME G.:	La Vanoise est extraordinaire: en plein parc vous trouverez de petits villages accueillants. Promenez-vous un peu plus loin et écoutez bien: on peut souvent entendre le tintement des clarines° des moutons ou des vaches que l'on mène aux alpages.°	le… le son des cloches pâturages de haute montagne
MARY ANN:	Quelles villes me conseillez-vous de visiter en Savoie?	
MME G.:	Moi, j'aime beaucoup Chambéry. Promenez-vous dans la vieille ville où l'on a fait une rue piétonnière. Visitez le château des ducs de Savoie; perdez-vous dans de vieilles ruelles qui n'ont pas changé depuis bien des siècles. Renseignez-vous aussi à la Chambre de Commerce pour arranger une visite dans les caves coopératives des vignerons° savoyards, et pour déguster le vin blanc de Savoie: il est exquis et il n'est pas connu aux Etats-Unis.	propriétaires et cultivateurs des vignes
MARY ANN:	A propos de bonnes choses, n'est-ce pas de Savoie qu'est originaire le fameux gruyère qui a une si bonne réputation?	
MME G.:	Si, justement. Et je vous propose un petit tour que vous pourrez faire en une journée, si vous avez une voiture. En partant de Chambéry, allez à Beaufort—c'est là où l'on fabrique le fromage de ce nom—essayez d'arriver vers onze heures et vous pourrez observer tout le processus de la fabrication. Après, sur la route du col° des Aravis, arrêtez-vous dans une auberge et commandez une raclette: c'est une espèce de fromage fondu sur des pommes de terre.	passage entre les sommets des montagnes
MARY ANN:	Ça me semble une journée bien remplie.	
MME G.:	Vous n'en avez pas encore fini! Prenez le temps de vous arrêter aussi au lac du Bourget. C'est le plus grand lac de France. Et si par hasard vous vous y trouvez un dimanche, rendez-vous à l'abbaye de Hautecombe; c'est un monastère qui abrite les tombeaux des ducs de Savoie. On y chante encore la messe en chants grégoriens; même si l'on n'est pas croyant, c'est quelque chose de très émouvant.	
MARY ANN:	Encore une semaine qui va passer bien vite.	
MME G.:	Vous savez, la France est comme ça. Dans chaque province, vous trouverez une variété inimaginable de paysages, de coutumes, de traditions, de monuments historiques, d'œuvres d'art et de manifestations culturelles de toutes sortes.	
MARY ANN:	J'étais loin de me douter qu'il y avait tant à découvrir! Je me demande si je pourrai attendre jusqu'à cet été…	

Avez-vous compris?

1. Quel est un des plus grands attraits de la Savoie?
2. Qu'est-ce que le parc de la Vanoise?

3. En quoi les excursions en montagne aux Etats-Unis sont-elles différentes de celles dans les Alpes?
4. Qu'est-ce qu'on peut visiter à Chambéry et dans ses environs?
5. Qu'est-ce que le gruyère?

A votre avis

1. Y a-t-il dans votre pays des régions de montagne comme la Savoie? Expliquez.
2. Connaissez-vous des fromages français? Savez-vous où et comment ils sont fabriqués?
3. Renseignez-vous sur l'histoire de la Savoie. A-t-elle toujours été française? Qui étaient les ducs de Savoie? Utilisez une encyclopédie si nécessaire.

Echos

Activité

En groupes de quatre, vous allez choisir une région ou une ville des Etats-Unis. Vous devez convaincre un étranger qu'il doit absolument visiter cet endroit. Préparez une brochure publicitaire pour en décrire la géographie, l'histoire, les manifestations culturelles ou sportives, etc., puis présentez-la à la classe. (La classe décidera quel endroit a été le mieux mis en valeur.)

La grammaire à l'œuvre

Renseignez-vous sur une des régions mentionnées dans ce texte, ou sur une autre région que vous connaissez ou dont vous avez entendu parler. Trouvez toutes les informations que vous pouvez sur la région, surtout les particularismes locaux: langue, dialecte ou patois, traditions particulières, légendes, histoire, mentalité des gens, façon de vivre, spécialités culinaires, etc. Ensuite, faites une lettre à un(e) ami(e) pour lui conseiller de visiter la région que vous avez choisie. Présentez-lui les informations que vous avez trouvées de la façon la plus intéressante possible. Utilisez le futur ou le conditionnel.

Rédaction ou discussion

Choisissez un sujet.

1. Les Français sont en général très conscients de l'histoire de la région où ils habitent: ils en connaissent les légendes, le rôle historique, les personnages célèbres qui y ont vécu, etc. Est-ce vrai des Américains? Pourquoi?

2. Est-ce que les états des Etats-Unis sont très différents les uns des autres? Si vous deviez décrire les quatre états les plus typiquement américains, lesquels choisiriez-vous? En quoi représentent-ils ce qu'il y a d'unique dans la civilisation américaine? Pourquoi ne pourraient-ils pas faire partie d'un pays autre que les Etats-Unis?

Jeu culturel

«Allons faire quelques achats!» Voici une liste de choses que vous devez acheter pendant votre séjour dans une ville de province. Il n'y a que des commerces spécialisés, pas une seule grande surface (*shopping center*). Faites correspondre les objets de la colonne de gauche avec les magasins où vous allez pouvoir les trouver. (Attention! Certains objets s'achètent dans le même magasin.)

VOUS DEVEZ ACHETER:	VOUS ALLEZ:
des timbres	à la papeterie
de l'aspirine et du shampooing	au tabac
des disques et des cassettes	à la pharmacie
des cigarettes	au drugstore
du fil et des boutons	à la mercerie
un petit dictionnaire	à l'épicerie
un couteau suisse	à la quincaillerie
un journal	à la librairie
une bouteille de pastis	
des enveloppes et un cahier	

*L'*actualité

Les Français sont très attachés à leur «terre», c'est à dire qu'ils éprouvent souvent un lien affectif à tous les aspects du pays où ils sont nés et où ils ont grandi. Bien souvent ils en connaissent à fond la géographie, les légendes et l'histoire. Le chapitre 3 vous a déjà donné un aperçu des diversités culinaires de chaque région française. Celui-ci vous présente Paris et les provinces: richesses que vous découvrez en parcourant la France.

Lisez l'extrait à la page 103. François Mitterrand exprime poétiquement ses sentiments vis-à-vis de son pays. Il parle de son «corps» (la terre, la géographie, le paysage, etc.) et de son «âme» (le peuple, l'histoire, les traditions et le modernisme). Lisez ce passage plusieurs fois, puis répondez aux questions qui suivent.

La France, je la vis. J'ai une conscience instinctive, profonde de la France, de la France physique. J'ai la passion de sa géographie, de son corps vivant. Là ont poussé mes racines. L'âme de la France, je n'ai pas besoin de la chercher : elle m'habite comme elle habite notre peuple tout entier. Un peuple qui colle[a] à sa terre n'en est plus séparable.

Je suis né dans la France en demi-teinte,[b] en Saintonge, et j'ai vécu mon enfance au point de rencontre de l'Angoumois, du Périgord et de la Guyenne.[c] Je n'ai pas besoin qu'on me raconte d'histoires sur la France. Ce que j'éprouve d'elle se dispense d'éloquence. J'ai vécu des saisons entières en pleine nature dans une famille nombreuse et solitaire. Elles reviennent toujours, les saisons, sauf le jour de la mort. Plus tard, il a fallu que je m'habitue à d'autres aspects de la France, celui de la montagne, de l'industrie, des corons,[d] des banlieues. Je les ai abordés[e] avec le même goût de connaître ce pays, le mien, si divers, si varié et pourtant semblable à lui-même, un. Mais j'avoue que j'ai besoin pour ne pas m'égarer[f] de garder le rythme des jours avec un soleil qui se lève, qui se couche, le ciel par-dessus la tête, l'odeur du blé,[g] l'odeur du chêne,[h] la suite des heures. D'où le mal que j'ai à retrouver mes pistes[i] dans la France anonyme du béton.[j] Mais là encore, il est des chemins où je retrouverai la trace.

François Mitterrand
Jarnac (Charente)
Président de la République

[a]adhère [b]transition [c]Saintonge... Angoumois... provinces françaises [d]villages de mineurs [e]les... m'en suis approché [f]me perdre [g]*wheat* [h]*oak tree* [i]mon chemin [j]ciment

Avez-vous compris?

1. Qui est François Mitterrand? De quel aspect de la France parle-t-il dans ce texte?
2. Où M. Mitterrand est-il né? Dans quelle sorte de famille? Comment était la région où il a passé sa jeunesse?
3. A quels autres aspects de la France a-t-il fallu que Mitterrand s'habitue en tant qu'adulte? Comment y a-t-il réagi?
4. François Mitterrand constate qu'il a besoin de «garder le rythme des jours pour ne pas m'égarer.» Que veut-il dire? Utilise-t-il l'expression «s'égarer» au sens strict ou au sens large?
5. Quand Mitterrand écrit qu'il a du mal à «retrouver mes pistes dans la France anonyme du béton», à quel aspect de la France se réfère-t-il? Comment interprétez-vous l'expression «retrouver mes pistes»?

A vous la parole

1. La France, comme tout pays industrialisé du vingtième siècle, a une population principalement urbaine. La grande majorité vit dans les villes. Mais M. Mitterrand

parle d'un peuple qui «colle à sa terre». A votre avis, qu'est-ce que cela implique? Diriez-vous que les Américains sont aussi très attachés à leur terre? Justifiez votre réponse.
2. Dans le deuxième paragraphe M. Mitterrand juxtapose la France rurale avec la France urbaine et se montre disposé à connaître aussi profondément que possible le pays dans toute sa diversité. Il a pourtant plus de mal à se retrouver dans la France urbaine, la banlieue, le béton, l'industrie. Et vous? Est-ce que vous êtes plus à l'aise en ville ou à la campagne? Pourquoi? Quels sont les attraits des villes américaines (ou des grandes villes d'autres pays que vous connaissez)? Quels sont les avantages et les inconvénients de vivre à la campagne?
3. Imaginez que vous êtes un personnage politique important. Ecrivez un court paragraphe, un peu comme celui de M. Mitterrand, sur votre pays et l'attachement que vous éprouvez pour lui.

François Mitterrand photographié à sa maison de campagne FRANÇOISE POINCET/SYGMA

CHAPITRE 7
Le vingtième siècle

La géode à la Cité des Sciences et de l'Industrie de la Villette STUART COHEN/STOCK BOSTON

> *Du moment que je suis Français, je suis Européen.*
> de Gaulle

Parler de la France au vingtième siècle, c'est parler du monde entier, car les événements principaux de cette époque ont profondément changé les rapports entre toutes les nations de la terre. Des empires coloniaux ont disparu et de nouvelles nations indépendantes sont nées. Au cours des deux guerres mondiales, l'Europe a été occupée par les soldats allemands et les Etats-Unis lui sont venus en aide. Malgré la destruction causée par ces deux conflits, la France a réussi à développer son industrie, à faire des réformes sociales et à se placer parmi les plus grandes puissances occidentales. De nos jours les Français, avec onze autres pays européens, essaient de créer une Europe unifiée, laquelle sera une expérience sans précédent. Le rêve du Général de Gaulle, esquissé dans les années cinquante, devient-il enfin réel?

Afin de pouvoir répondre à cette question et de mieux comprendre la France contemporaine, nous avons interviewé des Français et des Françaises de divers milieux socio-culturels. Nous leur avons posé des questions sur les sujets suivants: la Deuxième Guerre mondiale, de Gaulle et la France actuelle. Vous allez trouver quels sont, pour eux, les problèmes de la France d'aujourd'hui, ce qui les en rend fiers et comment ils voient les «états unis d'Europe». Au cours de ces interviews peut-être en découvrirez-vous une redéfinition du mot «patriotisme».

Mots et expressions

accorder to grant
ainsi de suite and so on
l'amour-propre (*m.*) self-esteem, pride
l'atelier shop, workshop; artist's studio
la cave cellar
céder to give in, to yield
la cicatrice scar
la démission resignation
démissionner to resign

entraîner to bring about, to lead to
exiger to require, to demand
la force motrice motivation, driving force
le mandat term; money order; summons
par la suite afterwards, subsequently
provisoire temporary
la remise en cause calling into question
résoudre to resolve
le souffle breath, breathing
la tâche task; duty
le taux rate
le témoignage eyewitness account; evidence
la voie way, path, route; traffic lane

Emplois

A. Trouvez l'équivalent de chaque expression.

1. une attestation
2. ce qu'on est obligé de faire
3. etc.
4. le chemin
5. trouver une solution
6. le sous-sol

B. Trouvez le contraire de chaque expression.

1. précédemment
2. refuser
3. résister
4. l'acceptation
5. accepter un poste
6. permanent

C. Complétez les phrases avec les mots appropriés.

1. Dans la fable de La Fontaine, le renard a réussi à obtenir ce qu'il voulait du corbeau en flattant _____ de celui-ci.
2. Le _____ du franc a beaucoup monté récemment.
3. Les autoroutes à plusieurs _____ facilitent la circulation.
4. C'est grâce à la _____ que l'enfant avait au bras que sa mère l'a reconnu.
5. La SNCF (Société nationale des chemins de fer) _____ que les billets des voyageurs soient compostés (perforés) avant le départ.
6. La _____ derrière toute son ambition était l'argent.
7. La chute lui a coupé le _____, mais elle n'a été que légèrement blessée.
8. Nous voulons visiter l' _____ de Picasso à Saint-Paul de Vence.

> *L*a guerre! C'est une chose trop grave pour la confier à des militaires.
>
> Georges Clemenceau

108 ■ Chapitre 7

La Deuxième Guerre mondiale

Peu de jeunes Français et Françaises pourraient vous raconter les détails de la Deuxième Guerre mondiale. Bien qu'il s'agisse d'un conflit qui a engouffré le monde entier, cette guerre s'est passée pendant une époque trop lointaine pour avoir touché personnellement la plupart des jeunes d'aujourd'hui.

Les témoignages suivants vous permettront de vous en rapprocher. Vous verrez par la suite que malgré la destruction subie par la France, elle a réussi depuis à développer son industrie, à faire des réformes sociales et à se placer encore parmi les trois ou quatre plus grandes puissances occidentales.

Les grandes puissances ont émergé en état de choc après la Première Guerre mondiale. Elles étaient résolues qu'une telle catastrophe ne se répéterait jamais plus. Cependant lorsqu' Hitler, qui s'était proclamé Führer° dans le courant des années trente, a envahi la Tchécoslovaquie, puis est entré en Pologne le 1ᵉʳ septembre 1939, la France et l'Angleterre ont déclaré la guerre à l'Allemagne. Quelques mois plus tard Hitler a anéanti° les Pays-Bas et la Belgique pour ensuite se diriger vers Paris. L'occupation de la France par les Alle-

° allemand pour «guide»

° détruit

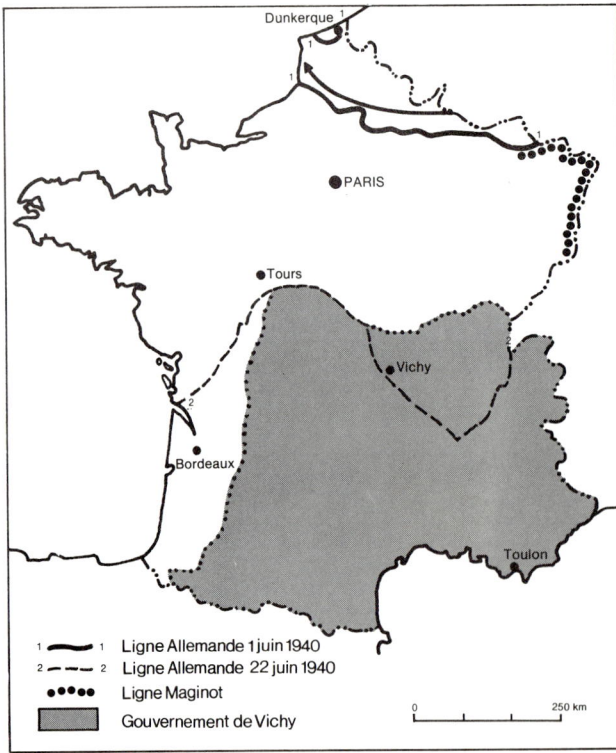

Les deux zones en 1940

mands a duré quatre ans (1940–44). La première personne que nous avons interviewé l'a vécue. Il s'agit de M. Roger Georges, soixante-sept ans, ancien professeur de français. M. Georges faisait des études de pharmacie à l'Université de Montpellier quand la zone dite «libre», sous le gouvernement collaborateur du Maréchal Pétain, a été à son tour occupée. Voici ce qu'il nous a dit de la vie quotidienne pendant cette «période noire»:

> La vie de tous les jours était celle d'un pays occupé, même dans la zone méridionale, dite libre. Des hommes sont morts par milliers au front après avoir été rappelés pour servir dans l'armée, alors que les femmes les avaient remplacés dans les ateliers des usines et dans les tâches administratives. Ensuite la période d'occupation a fait peser° sur la population: menaces, terreur et privation. Harcelée° par la Résistance française qui coupait les voies de communication ou attaquait les convois, l'armée allemande fusillait° des otages et incendiait° des villages par mesure de répression. Le prélèvement° des denrées,° des produits de l'industrie et aussi de nombreuses œuvres d'art par l'état allemand faisait régner un climat de privation sur la France. Il y avait des tickets de rationnement pour la nourriture et le marché noir s'est développé très rapidement.

to weigh
pressée

exécutait / mettait le feu à
la rétention / produits alimentaires

Mme Anne Monroig, soixante-quinze ans, était mère de famille. Elle a ressenti les privations de façon plus matérielle:

> Il fallait parfois faire la queue pendant deux ou trois heures, par tous les temps, pour apprendre qu'il ne restait plus rien quand arrivait votre tour. Et ceci dans l'espoir d'avoir un peu de viande, un peu de lait; mais il y en avait très peu…. Pas de beurre. Pas de café. Légumes rares. Il y avait un peu de rutabagas et de topinambours,° très peu de pain et très dur…

Jerusalem artichokes

Quant à Francisque Eymin qui habitait pourtant en Provence, il nous a longuement parlé de la peur qui régnait dans les familles:

> Les alertes étaient fréquentes et la sirène nous réveillait en pleine nuit. Nous descendions alors dans les caves de la maison et nous attendions la deuxième alerte, signe que le danger était passé, et ainsi de suite jusqu'à la prochaine… Après chaque bombardement, c'était à nous, les survivants, d'aller identifier les victimes dont les corps avaient été alignés sur le parvis° des églises par la Croix rouge.

place devant la façade

Mme Jacqueline Bouvier-Shukri se souvient d'Oradour-sur-Glane, où les Nazis ont massacré presque six cent cinquante personnes. Son enfance sera à jamais marquée par la lueur° de l'incendie de l'église où, après avoir fusillé tout homme valide,° les soldats allemands ont enfermé plus de cinq cents femmes et enfants. Ce sont les séquestrés° eux-mêmes qui y ont mis le feu et ont péri afin d'échapper à l'ennemi. «Tant de souvenirs,» dit Mme Bouvier, «de cicatrices qui restent gravées dans les mémoires familiales, comme sur les nombreux monuments aux morts qui ornent° les places de tous les villages français.»

lumière
sain
prisonniers

décorent

110 ■ *Chapitre 7*

Libération de Paris en 1944: Une jeune femme embrasse un soldat américain.
AP/WIDE WORLD PHOTOS

Quatre jours avant Oradour, le 6 juin 1944, les Américains dirigés par le Général Eisenhower ont débarqué en Normandie.

Avez-vous compris?

1. Quand on parle de la «Grande Guerre», de quelle guerre s'agit-il? Expliquez.
2. Dans quel sens peut-on dire qu'Hitler est responsable de la Deuxième Guerre mondiale?
3. La France entière a-t-elle été occupée? Expliquez. Référez-vous à la carte, p. 108.
4. Donnez des exemples de menaces, de terreur et de privation cités par M. Georges sous l'occupation.
5. Citez des observations de Mme Monroig quand elle faisait la queue pendant l'occupation.
6. Que signifiaient les alertes dont parle M. Eymin? Quel rôle a joué l'organisation internationale dont M. Eymin a parlé?
7. Qu'évoque le nom d' «Oradour» aux Français qui ont connu la Deuxième Guerre mondiale?
8. A quel moment l'incendie d'Oradour-sur-Glane a-t-il eu lieu? Quel événement important souligne ce fait?

A votre avis

1. Que savez-vous de la Deuxième Guerre mondiale, autre que ce que vous avez lu ci-dessus? Groupez-vous par quatre, et écrivez tout ce que vous avez appris dans vos cours d'histoire, à travers vos lectures, ou par le(s) témoignage(s) d'une ou plusieurs personnes que vous connaissez: dates,

pays alliés, pays ennemis, événements, etc. Comparez vos résultats avec ceux des autres groupes.

2. Avec vos camarades de classe, choisissez une ou deux parmi les personnalités suivantes et expliquez quel a été leur rôle pendant la Deuxième Guerre mondiale: Eisenhower, Anne Frank, Hitler, Churchill, Wallenberg, Bob Hope, Eva Braun, Pétain, MacArthur.
3. Que pensez-vous de la bombe atomique lancée sur Hiroshima? Discutez-en avec vos camarades de classe.
4. Pensez-vous que le service militaire devrait être obligatoire? Pour les hommes et les femmes? Justifiez votre réponse.
5. Racontez un événement malheureux de votre vie personnelle: un accident de voiture, une maladie, peut-être même une dispute avec un(e) ami(e).
6. Croyez-vous qu'il soit possible d'imaginer le traumatisme que cause une guerre sans en avoir vécu aucune? Commentez.

De Gaulle

Le Général de Gaulle a joué un rôle majeur dans l'histoire de France, et plus particulièrement dans la Résistance pendant la Deuxième Guerre mondiale. C'est de Londres, où il s'était réfugié, qu'il a lancé son fameux «appel du 18 juin» 1940 demandant aux Français de refuser la défaite, et de lutter contre les Allemands aux côtés de la Grande-Bretagne. A la fin de la guerre, il a pris la tête du gouvernement provisoire et a démissionné quand ses efforts pour renforcer le pouvoir exécutif se heurtait à° une opposition générale. Rappelé en 1958 à l'occasion de troubles dans les colonies françaises d'Afrique du Nord

° se... entrait en conflit avec

Le Général de Gaulle à Brazzaville, au Congo AP/WIDE WORLD PHOTOS

Mai, 1968: confrontation avec la police dans le Quartier latin MAGNUM

(Algérie, Maroc et Tunisie), c'est en tant que° président de la Ve République qu'il a accordé son indépendance à l'Algérie en 1962. Il est réélu à la fin de son mandat, a mis fin à la crise de mai 1968—une révolte générale des étudiants et des ouvriers—puis il s'est retiré peu avant sa mort en 1969.

comme

Grâce à sa politique extérieure et au pouvoir personnel que lui accordait la nouvelle constitution, de Gaulle, «le Grand», «la Légende», a su rendre à sa chère patrie l'amour-propre et le prestige qu'elle avait connus autrefois. «La France», disait-il, «ne peut être la France sans la grandeur.»

Si les Français reprochent quelque chose à de Gaulle, c'est de trop avoir aimé la France, au dépens même de° ses citoyens. Voyez ce qu'en dit Mme Bouvier-Shukri:

au... en sacrifiant

> Pour moi de Gaulle a terriblement aimé la France. Il la voulait grande, forte, puissante, rayonnante° dans le monde. Je dirais qu'il voulait la façonner° à son image, mais pourquoi n'a-t-il pas vu qu'elle était faite de millions d'hommes et de femmes et que ses rêves de grandeur ne faisaient pas leur pain quotidien?

brillante
former

L'on peut alors mieux comprendre le malaise économique, social, et culturel, c'est-à-dire les causes qui ont amené à mai 1968. Pierre Favier, quarante-deux ans, ouvrier, nous l'explique:

> Malgré son charisme, de Gaulle s'opposait à l'émergence d'idées nouvelles qu'il percevait comme des contre-pouvoirs potentiels. Même s'il avait donné le droit de vote aux femmes, il luttait obstinément contre les groupes politiques, les différentes cultures régionales, et les aspirations de la jeunesse d'après-guerre.

Roger Georges, qui reconnaît que l'éducation nationale était jusque là très hiérarchisée, conservatrice et encadrée,° ajoute:

limitée

Mai '68, c'est une crise d'adolescence vécue par toute une société. C'est à la fois° un refus général de l'omniprésence de de Gaulle, et la remise en cause de la notion du pouvoir politique, parental et pédagogique.

°à... en même temps

Le mouvement de contestation qui avait commencé dans les universités de Paris, s'adressait tout d'abord et principalement au système universitaire, mais bientôt il a gagné les° lycées et le milieu ouvrier. Une grève générale a paralysé le pays entier pendant des mois; pas de courrier, coupures de gaz et d'électricité, pas de bus ni de métro.

°a... est arrivé jusqu'aux

Bien que le président ait organisé un référendum sur la «participation» pour résoudre le conflit, et que tout soit par la suite rentré dans l'ordre, l'autoritarisme de de Gaulle avait été atteint.° C'est ce à quoi certains attribuent sa démission en 1969.

°été... souffert

> *Il faut, quand on gouverne, voir les hommes tels qu'ils sont et les choses telles qu'elles devraient être.*
>
> Proverbe

Avez-vous compris?

1. Qu'est-ce que «l'appel du 18 juin» 1940 du Général de Gaulle?
2. En quoi les années 1958 et 1962 étaient-elles importantes dans la carrière de de Gaulle?
3. Que reprochent certains Français à de Gaulle?
4. Selon Pierre Favier, à quoi s'opposait de Gaulle?
5. Que signifient pour Roger Georges les événements de mai 1968?
6. Dans quel milieu la crise de «mai '68» a-t-elle commencé? Pourquoi la crise s'est-elle par la suite généralisée?
7. De Gaulle a donné sa démission en tant que chef du gouvernement français à deux reprises. Quel semble en avoir été le motif chaque fois?

A votre avis

1. Le Général de Gaulle fait figure de héros de la France du XXe siècle. Qui aux Etats-Unis pourrait passer comme le héros (la héroïne) de ce siècle? Est-ce obligatoirement un personnage politique? Pensez-vous que la notion de «héros» («héroïne») soit démodée? Expliquez vos réponses.
2. Avez-vous jamais participé à une manifestation? Pour quelle(s) raison(s)? Croyez-vous que la population américaine entière puisse s'unir dans des manifestations anti-gouvernementales comme l'ont fait les Français en mai 1968? Commentez vos réponses.

3. Que pensez-vous des manifestations en Chine en mai–juin 1989? Est-ce que vous avez sympathisé avec les étudiants? Pourquoi?
4. Quelles sont pour vous les qualités essentielles d'un chef d'état? Cela varie-t-il d'un pays à l'autre? Qu'attendez-vous du président des Etats-Unis?
5. Discutez avec vos camarades de classe du pour et du contre des présidents des Etats-Unis depuis 1960. Lequel a été le meilleur? Le moins bon?

La France actuelle

La Ve République existe maintenant depuis plus de trente ans. La constitution n'a pas été changée depuis 1959. Trois présidents ont pourtant succédé à de Gaulle: Georges Pompidou, Valéry Giscard d'Estaing et, en 1981, François Mitterrand, socialiste, réélu pour un second mandat en 1988.

L'arrivée du parti socialiste au pouvoir, nous a dit Pascale Bresteau, vingt-huit ans, secrétaire bilingue:

> a favorisé la protection sociale et a responsabilisé des salariés dans l'entreprise. Elle a aussi créé un Ministère de la femme, et a réorganisé le marché financier, ce qui a revivifié la Bourse° de Paris, et a facilité le crédit aux entreprises. Le chômage, malheureusement, reste un des plus graves problèmes auxquels notre pays doit faire face, une des sources majeures du mécontentement des Français.

stock market

En effet, le manque de débouchés° inquiète les jeunes et leurs familles. Autre grave problème: la baisse du taux de natalité° qui vient compliquer celui du chômage. Pierre Favier le commente:

travail
taux... nombre de naissances

> Les gestionnaires° des caisses de retraite ne savent pas comment les générations creuses° vont pouvoir financer les retraités des classes d'âge antérieures. Les analystes de l'économie s'alarment devant les proportions, relativement basses, d'activités productives.

administrateurs
chômeuses

Encore faut-il ajouter la résurgence d'un mal sournois° comme le racisme. L'immigration incontrôlée d'une force ouvrière, en majorité maghrébine° en est largement responsable; d'où les commentaires vraisemblablement° chauvins,° tel celui d'un jeune père de famille, chômeur et qui a exigé l'anonymat:

dissimulé
qui vient de l'Afrique du Nord
qui semblent
nationalistes

> Ce dont les Français ont le plus grand besoin c'est de pouvoir travailler. Pourquoi, alors que le chômage est déjà important, continuer à permettre

aux immigrés de venir travailler chez nous? En un rien de temps, ils peuvent être naturalisés, avoir droit à la sécurité sociale, aux allocations familiales, etc.

Le chômage, la natalité, l'immigration, l'environnement, l'inflation, la crise de l'énergie, ne sont cependant pas des problèmes qui affligent la France uniquement. C'est donc de concert° avec les sociétés modernes, et plus particulièrement, avec celles d'autres pays d'Europe, qu'elle s'efforce° de les résoudre.

ensemble
s'... essaie

Mme Michelle Faure, traductrice au CNRS (Centre national de recherche scientifique) souligne que:

> dans le monde des sciences, de la recherche, et de la découverte, la France est bien présente—ainsi que dans le domaine de la recherche médicale, de la recherche scientifique et spatiale, des sous-marins nucléaires et des transports en commun. Comme dans le reste des pays occidentaux, ces dix dernières années ont été marquées par l'amélioration de découvertes antérieures; la technique ayant été mise au service de la communication et de la santé. Ainsi le développement du réseau° automatique de téléphone, du laser, des satellites, a offert des outils de connaissance et d'échange aussi importants que les Minitel, les nouvelles chaînes TV, et les scanners.

système

Quant au Minitel cité ci-dessus, c'est une sorte de petit ordinateur auquel ont droit ceux qui sont abonnés au téléphone pour un supplément. Il donne accès à l'annuaire électronique qui permet d'obtenir n'importe quel numéro (qui n'est pas sur la «liste rouge»°) n'importe où en France. Grâce au Minitel on peut également obtenir toutes sortes de renseignements: l'horaire des trains, la rentrée des classes, la réservation de places de théâtre, etc. On y trouve même des jeux informatiques.

unlisted

Quant à la création de l'Europe en 1992, les opinions se partagent: M. Hervé Vals, trente-six ans, directeur d'une société d'import-export, le voit de la façon suivante:

> Grâce à mon travail j'ai séjourné maintes° fois à l'étranger, surtout aux Etats-Unis. C'est d'ailleurs au contact des Américains que j'ai le plus réalisé combien nous Français, pour ne pas dire nous Européens, sommes nationalistes et individualistes. Imaginez un instant la tête° des Français si la direction des états-unis d'Europe tombait dans les mains d'une personne autre qu'un Français!

plusieurs

l'expression du visage

Il y en a bien sûr qui sont plus optimistes, dont Mme Monroig:

> L'unification de l'Europe, idée chère au Général de Gaulle, se fera. Elle se fera, car nous avons tous les mêmes besoins, que ce soit dans l'agriculture, le commerce, les transports, l'énergie, etc.

Et d'autres encore, tel M. Edouard Lamoureux, cinquante-quatre ans, professeur de sciences politiques, rappellent qu'il ne s'agit pas d'une idée nouvelle:

> L'Europe est une entité culturelle et politique qui, sporadiquement, a été préconisée° depuis l'époque romaine. César, Alexandre, Charlemagne, Napoléon en ont tenté l'unification. Mais plus qu'un rêve d'empereur, l'Europe est une nécessité économique et sociale. Les pays actuels sont trop réduits pour affronter° la compétition économique et industrielle internationale... Ainsi l'Europe de 1992 représente un espoir.

advocated

faire face à

Malgré les problèmes auxquels la France doit faire face, elle reste chef de file° dans les affaires européennes et même mondiales. Elle développe son industrie et possède sa force de frappe nucléaire. Elle continue à jouer un rôle important en matières culturelles (Paris est toujours un centre vital à l'échelle du monde). Son économie est grandement concurrentielle° selon différents points de vue. Son unification aux autres pays de la C.E.E[1] ne pourrait lui être autre qu'avantageuse. Un des plus grands obstacles est sans doute celui d'un accord entre les pays intéressés. A cet effet, reprenons les paroles de Roger Georges, qui se font l'écho de celles de de Gaulle:

leader

qui peut supporter la compétition

> L'échéance° de 1992 est certaine. Seulement, il existe plusieurs versions de l'Europe qui s'opposent actuellement: celle de l'Angleterre, celle de la France.... La notion d'«Européen» doit remplacer celle de «Français», d'«Anglais», etc. Les nationalismes locaux doivent céder la place à une super-nationalité qui est «européenne». De nos jours, être patriote, c'est avant tout être Européen.

la réalité

---

[1] Communauté économique européenne, ou Marché commun, créée en 1957. Voir la carte à la page 117.

Le vingtième siècle ■ 117

Les pays de la Communauté économique européene

> *La France a besoin d'un président qui décide, qui arbitre, qui préserve les institutions et protège les faibles.*
>
> François Mitterrand

Avez-vous compris?

1. Depuis combien de temps le gouvernement français est-il socialiste? D'après les personnes que nous avons interviewées, énumérez quelques mesures prises par ce gouvernement.
2. Donnez un aperçu des trois plus graves problèmes de la France d'aujourd'hui.
3. Quel pourrait être l'effet de la baisse de la natalité sur l'avenir des retraités?
4. Pourquoi certains Français sont-ils contre l'immigration incontrôlée?
5. Citez trois domaines dans lesquels la France s'est distinguée. Référez-vous au commentaire de Mme Faure.
6. Quelle sorte de renseignements ou services le Minitel fournit-il à ceux qui y sont abonnés?
7. Que veut dire «l'unification de l'Europe»? Dans quelle année cela arrivera-t-il? Donnez deux arguments pour et contre l'unification de l'Europe.

A votre avis

1. L'un des attraits de l'Europe, le plus petit des sept continents, est la variété de ses cultures et le fait que l'on peut vite traverser plusieurs pays très différents. Croyez-vous que leur unification en 1992 puisse également unifier leur aspect multiculture? Est-ce souhaitable ou à regretter? Commentez votre réponse.
2. Comment comprenez-vous le problème du racisme en France tel qu'il est décrit ici? Comparez-le au problème qui existe dans votre propre pays. Est-il semblable? Différent? Dans quelle mesure?
3. Est-ce que le chômage vous inquiète? Comment vous proposez-vous d'y échapper lorsqu'il vous faudra chercher votre premier emploi?
4. Quelle utilité verriez-vous pour un service Minitel dans votre pays? Donnez quelques exemples. Référez-vous à l'article «La cuisine en pianotant». Pensez-vous qu'un tel service y aurait du succès?
5. Quels sont les trois problèmes les plus graves auxquels doit s'adresser le gouvernement américain actuel? Quelle(s) solution(s) proposeriez-vous?

*L'*actualité

Voici un article traitant l'unification de l'Europe. Lisez-le, puis répondez aux questions qui suivent.

Europe 93 : comment s'en servir

Le 18 juin, les Européens des douze pays de la Communauté vont élire au suffrage direct les députés qui les représenteront jusqu'en 1994.

A cette époque, si les gouvernements respectent les engagements qu'ils ont pris, les hommes, les biens, les services, les capitaux circuleront librement entre les pays qui, depuis les années 50, ont décidé d'unir leurs destins.

A cette époque, si tout va bien, l'Europe aura franchi les étapes[a] décisives conduisant à une monnaie unique et aura posé les bases d'un « espace social » cohérent. Elle existera comme identité. Elle commencera à parler politique étrangère et défense.

Et le Parlement que les Européens vont choisir sera, vraisemblablement, celui qui vivra les « heures décisives »....

Car le rêve est un combat. L'Europe de 1993 ne sera probablement pas encore tout à fait celle que prévoient les traités.[b] Elle devra surmonter des corporatismes virulents, des intérêts essentiels, des peurs sourdes, des nationalismes rampants, des susceptibilités de souveraineté. Elle sera pourtant, dans une effervescence difficile à prévoir, celle que demanderont les étudiants, les consommateurs, les travailleurs, celle qu'offriront les entreprises, les banques, les organismes de santé.

Jean Leclerc du Sablon

[a]franchi... *taken the steps* [b]*treaties*

Avez-vous compris?

1. Que se passera-t-il en 1993?
2. Quels sont les douze pays de la communauté européenne?
3. De quoi le Parlement européen s'occupera-t-il au début de 1993?
4. D'après l'auteur de cet article, à quels problèmes la nouvelle communauté européenne aura-t-elle à faire face?
5. Décrivez l'attitude de l'auteur envers l'unification de l'Europe. Est-il optimiste ou pessimiste?

A vous la parole

1. Dans les années quatre-vingt-dix les biens, les services, et même une monnaie unique pourraient circuler librement entre les pays européens. Imaginez une telle situation entre l'Amérique du Nord et l'Amérique du Sud. A votre avis, quelles en seraient les conséquences? Les avantages? Les inconvénients? Quels pays en profiteraient? Quels pays seraient désavantagés?
2. Imaginez qu'en 1993 un pays européen ne respecte plus les engagements qu'il a pris auparavant. Selon vous, quels pays pourraient se comporter comme cela? De quelle manière ces engagements pourraient-ils être violés?

Echos

La grammaire à l'œuvre	Choisissez un pays qui vous intéresse et écrivez un paragraphe en utilisant le subjonctif afin de décrire ses actes politiques. MODELES: Il faut que les Etats-Unis fassent un effort pour réduire la tension qui existe entre eux et les Soviétiques... → Les Etats-Unis ne devraient pas toujours prendre le rôle de leader mondial... →
Rédaction ou discussion	1. Quels sont vos pronostics pour l'an 2010? Dans quels domaines aurons-nous fait des progrès? Quels problèmes resteront à résoudre? Le progrès technologique sera-t-il destructeur ou créatif pour la civilisation?

2. Pensez-vous que l'amalgamation des cultures telle qu'elle existe déjà aux Etats-Unis, et telle qu'elle pourrait exister éventuellement dans une Europe unie, soit la voie de l'avenir? Croyez-vous que nous soyons destinés à ne devenir qu'un peuple, ne parlant qu'une seule et unique langue? Laquelle? Anglais? Espagnol? Esperanto?

Jeu culturel

Trouvez dans la grille ci-dessous les douze pays de la C.E.E. Leurs noms sont disposés horizontalement ou verticalement, à l'endroit ou à l'envers.

a	E	b	E	S	P	A	G	N	E	e
f	N	c	i	o	n	F	m	c	r	c
o	G	e	r	r	u	R	n	e	B	r
n	A	L	L	E	M	A	G	N	E	i
d	T	d	K	f	r	N	n	i	L	G
a	E	o	R	f	a	C	i	e	G	R
n	R	r	A	m	a	E	b	l	I	U
e	B	f	M	t	o	n	g	t	Q	O
f	g	k	E	h	q	z	r	o	U	B
t	E	l	N	s	a	E	p	m	E	M
E	D	N	A	L	R	I	t	h	t	E
x	N	l	D	y	o	L	f	t	v	X
P	A	Y	S	=	B	A	S	e	u	U
t	R	e	P	O	R	T	U	G	A	L
s	G	R	E	C	E	I	b	d	f	g

CHAPITRE 8
Spectacles

L'Opéra comique à Paris: un des spectacles les plus appréciés par les Français
MARK ANTMAN/THE IMAGE WORKS

> *Le beau, c'est la splendeur du vrai.*

La musique, le théâtre et le cinéma sont les manifestations culturelles par excellence, et ce chapitre vous fera découvrir ce qui, en France, constitue leur originalité.

En musique, le choix est extrêmement varié et il y a des soirées pour toutes sortes d'amateurs: musique classique, sacrée, contemporaine, opéras, récitals...

Actuellement, le théâtre jouit d'un renouveau grâce aux efforts de décentralisation effectués par le gouvernement; on trouve ainsi dans beaucoup de villes de provinces des troupes parvenant à rivaliser avec les théâtres parisiens.

Les Français, surtout les jeunes, se passionnent pour le cinéma. Ils y recherchent plus qu'une distraction d'un soir et aiment particulièrement les films où le réalisateur expose sa vision personnelle du monde. Ce cinéma d'auteur est différent du cinéma américain qui cherche dans l'ensemble à atteindre un public plus étendu.

Partons donc à la découverte du monde des spectacles en France: certains aspects vous étonneront peut-être car ils sont souvent différents de ceux dont vous avez l'habitude.

Mots et expressions

affectueux (affectueuse) affectionate
aisé(e) well-to-do
le compte-rendu report
l'écran (m.) screen; **le grand écran** cinema; **le petit écran** television
engagé(e) (politically) committed
parvenir à to reach; to succeed in
réviser to review (for an exam); to revise
la revue magazine
sensible sensitive
la sensibilité sensitivity
le témoin witness

Emplois

A. Trouvez l'équivalent de chaque expression.

1. au service d'une cause
2. modifier, revoir
3. un magazine
4. personne qui peut certifier quelque chose

B. Trouvez le contraire de chaque expression.

1. froid, sans affection
2. pauvre
3. ne pas arriver à
4. manque d'émotion, insensibilité

C. Complétez le paragraphe avec les mots qui conviennent.

Hier, j'ai lu dans une _____ de cinéma un _____ sur le festival Nouvelle Vague de la semaine dernière. L'auteur, spécialiste de ce mouvement, se montrait très _____ au fait que des réalisateurs comme Godard et Truffaut se soient _____ de façon aussi personnelle. D'après lui, ils _____ à rendre le public _____ des changements qui affectent notre vision du monde. Cela me paraît essentiel. Le _____ écran a la chance d'attirer encore des artistes d'aussi grand talent. Il faudrait que les responsables du _____ puissent accomplir la même chose, car tout le monde sera d'accord pour dire que les programmes de télévision ont grand besoin d'être _____ .

L'actualité

Les spectacles en France sont d'une extrême variété et les quotidiens ne manquent jamais de faire une liste commentée de toutes les manifestations culturelles du jour. A Paris, il existe même plusieurs revues qui se consacrent uniquement à la présentation des divertissements de la semaine: *Pariscope, L'Officiel des Spectacles, 7 à Paris...* Songez que dans la capitale, on compte plus de soixante théâtres et quatre cents cinémas, dont certains ont quatre ou même six salles!

Vous voyagez avec un ami (une amie) passionné(e) d'art et d'antiquités, et qui adore danser. Vous avez l'intention de passer quatre ou cinq jours à Paris dont un samedi et un dimanche. Etablissez un programme afin que vous puissiez profiter de tout ce que peut vous offrir la capitale selon vos intérêts. Faites la liste de vos activités à l'aide de la table des matières de *Pariscope*. Peut-être choisirez-vous de ne pas tout faire ensemble...

Comparez votre liste à celle d'un(e) camarade de classe.

N° 1082 - MERCREDI 15 FEVRIER 1989	
notre couverture	deux
cinéma ▶	tous les programmes et tous les films de la semaine dans cinéscope pages 73 à 152.
4 les rendez-vous	4 cinéma, théâtre 5 musique et danse, expositions.
6 théâtre	7 un mois à la campagne 9 les nationaux 12 les autres salles 33 théâtres hors paris 35 cafés-théâtres.
38 variétés	38 chansonniers, cabarets, revues et dîners-spectacles.
46 arts	46 roger dérieux 47 expositions 52 musées 56 salons et foires 58 conférences 61 ventes aux enchères.
62 guide de paris	62 beauté, bonnes adresses 63 bowlings, centres de loisirs 64 centres sportifs et danse, clubs de loisirs, 65 patinoires, piscines, promenades 66 squash, tennis, golfs 68 l'agenda du tourisme.
155 restaurants	156 les restaurants de pariscope 158 ouverts le dimanche 160 ouverts après minuit 194 liste alphabétique.
196 traiteurs	196 restauration à domicile, boutiques - traiteurs, salons de réception.
197 paris la nuit	198 cabarets rive droite, rive gauche 199 jazz 200 clubs et discothèques 201 dancings, thés, bars.
208 musique et danse	208 concerts 210 jazz, pop, folk, rock 212 ballets.
213 pour les jeunes	213 théâtres 216 marionnettes 217 cirques, zoos.
218 télévision	218 les films TV de la semaine.
222 radios fm	222 les radios fm parisiennes.

La musique

*N*eil Kintz, un Américain de Cleveland, est en vacances chez un couple parisien, René et Monique Burtin. Avant son départ, ils veulent lui offrir une soirée musicale. Lorsqu'ils ouvrent *Pariscope,* ils n'ont que l'embarras du choix°! Pour la seule journée de samedi, on donne un opéra de Bizet,[1] un concert de Debussy,[2] un concert de musique sacrée à Notre-Dame, un autre concert à l'Olympia (une salle de music-hall où passent les chanteurs à la mode), et un autre encore à Bercy (le nouveau palais omnisports de Paris). Neil veut passer une semaine typiquement française et il demande conseil à ses amis.

°...trop de choix

---

[1] Compositeur français du dix-neuvième siècle, dont l'opéra *Carmen* est l'un des plus grands chef-d'œuvres.
[2] Compositeur français du dix-neuvième siècle, connu pour sa musique de piano impressionniste.

NEIL: On dit souvent que les Français sont peu enclins à la musique; j'ai l'impression que c'est loin d'être vrai à en juger par les programmes de la semaine! Malheureusement, mes connaissances en la matière sont plutôt limitées. D'après vous, quelle serait la soirée la plus typiquement française?
(*René et Monique se regardent avec un sourire amusé.*)
MONIQUE: Et bien—je ne sais que répondre, car vois-tu, chacune à sa manière, ces soirées sont typiquement françaises. Je m'explique: selon leur âge, leurs goûts, leurs moyens, les gens choisissent différemment. Par exemple, les jeunes iront plus volontiers écouter un concert de rock.
RENE: Et moi, vieux comme je suis, je préférerais écouter quelqu'un dans la tradition des chanteurs à texte.³
NEIL: Comme l'était Jacques Brel par exemple.
MONIQUE: Exactement! Imagine ce que pouvait être un concert de Brel! Il est encore mon grand favori. C'est un véritable poète! Quelle voix, quelle sensibilité, quelle puissance, quel…
RENE: Hé, on était en train de choisir un programme! Comme je disais, certains préfèrent les récitals de chanteurs engagés. D'un autre côté, imaginez *Carmen* à l'Opéra de Paris! Ça, c'est un spectacle!

Jacques Brel AP/WIDE WORLD PHOTOS

---

³Des chanteurs à tendances intellectuelles qui donnent plus d'importance aux paroles qu'à la mélodie de leurs chansons. Ils sont souvent «engagés» et s'opposent aux chanteurs commerciaux.

Un chanteur engagé: Renaud, chanteur populaire (à gauche), se fait arrêter lors d'une manifestation pour Greenpeace. AP/WIDE WORLD PHOTOS

MONIQUE: C'est vrai que c'est grandiose et tu as vraiment de la chance, Neil, parce que *Carmen* est peut-être le plus bel opéra français. La tradition remonte à Louis XIV, lorsque Lully[4] est venu d'Italie pour divertir la cour. Depuis, les Français ont gardé un certain penchant°   goût
pour l'opéra, pas les jeunes, mais leurs parents, surtout dans les classes aisées, car il faut avouer qu'un billet coûte quand même assez cher…

Paris: la Place de l'Opéra
MARK ANTMAN/THE IMAGE WORKS

---

[4]Protégé de Louis XIV, il était directeur de l'opéra et écrivait la musique des comédies de Molière, ainsi que beaucoup d'œuvres qui sont encore jouées aujourd'hui.

NEIL: Oui, l'opéra est certainement un spectacle éblouissant,° mais j'ai en-   merveilleux
vie d'une soirée peut-être moins solennelle...

MONIQUE: Alors, il faut qu'on l'emmène dans les jardins du Palais-Royal. Tu sais, c'est juste derrière la Comédie-Française. Ils donnent *L'Après-midi d'un faune* de Debussy, un morceau de choix!

RENE: Oui, je t'assure que tu ne serais pas déçu! Un concert en plein air, sous les étoiles, c'est quelque chose! D'un autre côté, une soirée de musique sacrée à Notre-Dame, ce n'est pas mal non plus!

MONIQUE: En effet, quand les grandes orgues résonnent sous ces voûtes gothiques, imagine un peu l'effet! Avec en plus une chorale de près de cent personnes, j'avoue qu'on a de la peine à résister.

NEIL: Vous m'avez tellement tenté que je n'arrive pas à choisir! Et si on allait à tous les concerts proposés? Après tout, on entend à longueur de journée du rock à la radio et dans la rue. Ça vaut la peine de consacrer plusieurs soirées à la grande musique!

MONIQUE: Et voilà, Paris t'a jeté un sort.° Quand on habite dans une ville   jeté... charmé
pareille, il faudrait pouvoir sortir chaque soir, et encore, on ne profiterait pas de tout ce qui est offert.

NEIL: Si vous insistez vraiment, vous arriverez peut-être à me convaincre   à... pour toujours
de venir m'installer chez vous à demeure.°

> *La musique est le plus cher de tous les bruits.*

Paris: le nouvel Opéra à la Place de la Bastille OWEN FRANKEN/STOCK, BOSTON

Avez-vous compris?

1. Que trouve-t-on dans *Pariscope*? Citez deux autres revues de ce genre.
2. Qui était Jacques Brel? Quelle sorte de chanteur était-il? Comment Monique le décrit-il?
3. Quelle est l'attitude des Français envers l'opéra? A quoi l'attribue-t-on?
4. Où à Paris peut-on assister à un concert en plein air? De musique sacrée? De chanteurs à la mode?

A votre avis

1. Quels chanteurs français connaissez-vous? Comment décririez-vous leur musique? Quel genre de musique étrangère aimez-vous?
2. Quelle sorte de musique moderne préférez-vous écouter (jazz, rock, etc.)? Quel est votre compositeur classique favori? Comparez les différentes sensations que vous éprouvez quand vous écoutez ces deux types de musique.
3. Jouez-vous ou aimeriez-vous jouer d'un instrument? Lequel? Faites-vous partie d'un groupe ou d'un orchestre? Commentez.
4. Quel rôle la musique joue-t-elle dans la vie des gens? Pourrait-on vivre sans musique? Qu'est-ce que la musique vous apporte personnellement? Justifiez vos réponses.

*L'*actualité

Voici des extraits de deux pages tirées de l'*Officiel des Spectacles* qui montrent bien les nombreux concerts dont parlent Monique et René. Regardez la sélection, les prix, les heures des spectacles; ensuite, choisissez trois concerts ou spectacles auxquels vous aimeriez assister et justifiez vos choix. Faites la comparaison avec le choix de vos camarades de classe. Quels sont les spectacles les plus populaires parmi vous?

TMP, 1 place du Châtelet, 42.33.44.44. Concerts. **Ensemble orchestral de Paris,** sous la direction de Armin Jordan, avec Maria Joao Pires (piano) et Ensemble vocal de Michel Piquemal, le 3/5 à 20h30 : *Beethoven*. **Orchestre du Conservatoire de Paris,** sous la direction de Alain Louvier, avec Annie Kodric (soprano), Sandrine Lazarides (piano), le 9/5 à 18h30 :*Berlioz, Bizet, Gounod*. Opéra. **Iphigénie en Tauride,** de Puccini, sous la direction musicale de Donato Renzetti, mise en scène de Lucas Ronconi, avec Katia Ricciarelli, Ludwig Baumann, les 25, 26 et 27/5 à 20h30.

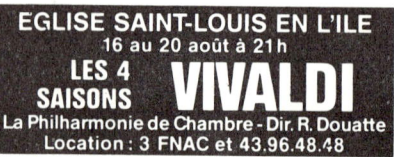

11e année

*De Saint-Exupéry, adaptation et mise en scène de J. Ardouin, avec en alternance Guy GRAVIS, Jean MENAUD (Saint-Exupéry), en alternance Jacques ARDOUIN, Daniel ROYAN (les adultes), Alexandre JOUAN-ARCADY, Emmanuel CADIER, Jérôme CAPY, Frédéric CAUSERET, Jean DENES, Julien LE MOULT, Benjamin PASCAL, Sébastien FLORY, Noël BOUTIN (le petit Prince) :

LE PETIT PRINCE

La connaissance des relations que créent l'amour et l'amitié. Un texte universel symbole de Paix.

Soir 21h15. Pl. : 130-78 F. Jusqu'au 10 sept.

«Difficile de résister à l'émotion». N. Obs. - «L'autoportrait s'anime... inexorable» Libé. - «Extraordinaire ressort émotionnel» Express - «Le succès de ce spectacle n'est pas du tout surprenant» Le Monde - «Une soirée qui vous retourne et vous blesse. Ça fait du bien» Le Matin - «Tout bonnement prodigieux» Le Parisien.

100ème

*De A. Schnitzler, mise en scène de A. Béhar, par la Cie Le Carrousel, avec Florence BARILLOT, Pierre ISAMBERT, Jérôme KEEN, Virginie LACROIX, Francis DINET, Isabelle MANGINI :

LA RONDE

Une pièce charnelle, un témoignage impertinent, une analyse insicive du comportement amoureux.

Egalement sur MINITEL
Tél. : 36-15 Code : OFFI

---

jazz • rock

Baiser Salé, 58, rue des Lombards, 42 33 37 71. *A partir de 23h : Du mer. au dim. : Sharon Evans avec Michel Bontemps, Pierre Guillemant, Jean-Claude Fevrier, Philippe Botta.
Bilboquet, 13, rue St-Benoît, 45 48 81 84, M° Saint-Germain-des-Prés. *T.l.s. : le groupe Coco Verde avec Marie-Annick Saint Ceran, Marc Buccafari, Philippe Le Van, François Quillet et Bruno Rousselet (jusqu'au 28).
Caveau de la Bolée, 25, rue de l'Hirondelle, M° Saint-Michel, 43 54 62 20. Ent. : 30 F + cons. *Dim. à 22h : Guillaume Naturel trio.
Caveau de la Huchette, 5, rue de la Huchette, 43 26 65 05, M° Saint-Michel. Du dim. au jeu. : 45 F. Ven., sam. et veilles de fêtes : 55 F, étudiantes : 38 F du dim. au jeu. Soirées de 21h30 à 2h30, ven. de 21h30 à 3h, sam. et veilles de fêtes 21h30 à 4h. *Du Mer. au sam. Maxim Saury. Dim., lun. et mar. : Caldonia.
Chapelle des Lombards, 19, rue Lappe, 43.57.24.24, M° Bastille. * Du mer. au sam. : Paris Brune. A partir de lun. (jusqu'au 27) : la Charanga Nueva.
Cockney Tavern, 39, bd de Clichy, 48 74 80 80, M° Blanche. *Ven., sam. et dim. de 22h à 2h du matin : Street Boys.
Furstenberg, 25, rue de Buci, M° Odéon, 43 54 79 51. T.l.j. de 18h à 3h du matin. *A partir de 23h : André Persiani, Roland Lobligeois, Roger Paraboschi.
Gibus, 18, rue du Fg-du-Temple, 47 00 78 88. A partir de 23h. *Ven. et sam. : Charlie Bad Gooze.

---

le théâtre

Il existe en France trois genres de théâtre qui se portent toujours très bien.

1. Le théâtre de boulevard, c'est-à-dire le théâtre commercial qui offre des comédies légères, des pièces divertissantes.
2. Le théâtre classique, représenté surtout par la Comédie-Française à Paris, qui monte principalement des pièces de la grande tradition littéraire. La Comédie-Française, créée au dix-septième siècle par l'ancienne troupe de

Molière, est le nom donné à la fois au théâtre qui présente ces pièces classiques et à la troupe qui y joue. Seuls y sont admis les meilleurs acteurs du pays.
3. Le théâtre moderne. En ce qui concerne les nouvelles pièces, les pièces de jeunes auteurs ou les pièces étrangères, on peut les voir au Théâtre National de Chaillot, à l'Odéon, et dans bien d'autres salles.

A part les dizaines de théâtres parisiens, il y a en France plusieurs Centres Dramatiques Nationaux dans les plus grandes villes dont certains organisent des tournées à l'étranger, car ils présentent des spectacles d'excellente qualité et contribuent beaucoup à la popularité du théâtre dans l'hexagone.

> L'emploi de la comédie est de corriger les vices des hommes.
>
> Molière

XVèmes RENCONTRES INTERNATIONALES D'ÉTÉ
DE LA CHARTREUSE
10, 11, 12, 13, 15, 16, 17 ET 18 JUILLET 1988 À 22 H
CLOÎTRE DU CIMETIÈRE DE LA CHARTREUSE

LE TOMBEAU D'ACHILLE
D'APRÈS LES TROYENNES
D'EURIPIDE
CRÉATION

Spectacle en grec ancien

PRODUCTION
Orestiadi di Gibellina (Sicile)

COPRODUCTION
Teatri Uniti (Naples), Festival der Frauen (Hambourg)
C.R.T. Centro per la Ricerca Teatrale, Comune di Milano
E.A. Teatro Massimo (Palerme)
Festival des Iles-Eté Marseillais
La Chartreuse et le Festival d'Avignon

CRÉDIT LOCAL de FRANCE
PARRAINE LE FESTIVAL D'AVIGNON
POUR LA QUATRIÈME ANNÉE CONSÉCUTIVE

DEJA LYRIQUE

ENSEMBLE JUSTINIANA
Unité de production lyrique
en Franche-Comté

**CELUI QUI DIT OUI
CELUI QUI DIT NON**

Opéra de Kurt Weill
sur un livret de Bertolt Brecht

du 19 au 26 mai 1988
relâche dimanche et lundi
à 19h30

THÉÂTRE DE LA BASTILLE
76, rue de la Roquette, 75011 Paris - Tél. 43.57.42.14

L'actualité

Voici une critique d'une pièce de théâtre célèbre dans le monde entier, *Le Barbier de Séville* de Beaumarchais. Il s'agit d'une représentation montée à Rouen par une troupe locale.

THÉÂTRE : PAR JACQUES NERSON

Alain Bézu : un "Barbier" pas rasoir[a]

Le Barbier de Séville
de Beaumarchais
Mise en scène : Alain Bézu.

☐ Je suis partagé entre plusieurs sentiments. Jugez de mon trouble : voici un spectacle avec lequel je suis en complet désaccord... et qui, cependant, m'a beaucoup plu ! Ma raison se révolte. Mais, comme dit Molière, la raison n'est pas ce qui dicte l'amour...

Alain Bézu, le directeur du théâtre des 2-Rives, à Rouen, met en scène *le Barbier de Séville*. Intéressé comme toujours par les œuvres de jeunesse, il a choisi de monter non pas la comédie en quatre actes que nous connaissons, mais sa version initiale en cinq actes, celle qui chuta[b]lamentablement en 1772. Outre[c] l'intérêt historique et littéraire qu'il y a a présenter, deux cent seize ans après, cette version oubliée, il faut reconnaître que la mouture[d] en cinq actes est nettement plus effrontée[e] et virulente que celle, corrigée, qui a valu[f] la gloire à Beaumarchais. Ajoutons que la musique y tient une place importante. On pourrait presque la considérer comme l'ancêtre de la comédie musicale.

Je rappelle brièvement le sujet du *Barbier de Séville* : le vieux médecin Bartholo tient bouclée[g] en sa maison sa pupille Rosine, dont il entend[h] faire bientôt sa femme. En dépit de toutes ses jalouses précautions, le fringant[i] comte Almaviva parviendra, avec la complicité du barbier Figaro, à s'introduire chez lui et à épouser Rosine à son nez et à sa barbe[j] ! Le sujet n'est pas neuf. C'est, à quelques détails près, celui de *l'Ecole des femmes* de Molière. Disons simplement que Beaumarchais s'applique davantage à placer ses mots d'esprit et à faire rebondir l'intrigue qu'à fouiller le caractère de ses personnages ; en quoi il se montre déjà plus auteur de boulevard que farceur.

Mais venons-en à ce qui me préoccupe. Soucieux, à juste titre, de[k] ne pas caricaturer le personnage de Bartholo, trop souvent joué en Géronte[l] ridicule (dans le jargon du théâtre, on appelle cela jouer une « cassure »), Alain Bézu en a confié le rôle à un acteur non seulement jeune mais juvénile : Yann Collette. C'est à mon avis une erreur fondamentale. Pourquoi nier l'évidence quand les mots mêmes de l'auteur ne cessent de nous rappeler qu'il s'agit d'un vieillard ? Bartholo ne saurait[m] pas plus être jeune que la Juliette de Shakespeare ne peut être vieille et laide !

Eh bien ! malgré tout, je dois avouer que j'ai pris grand plaisir à cette représentation ! Bien entendu, la gaieté bondissante de la pièce y est pour beaucoup. Mais j'ai également été charmé par la fragilité, la tendresse, la grâce de cet acteur que je trouve distribué en dépit du bon sens, ce fameux Yann Collette. Il a décidément bien du talent ! Car si c'est une très mauvaise idée de faire jouer Bartholo par un jeune homme, c'en est une excellente de nous montrer la sincérité de son amour pour Rosine, et Yann Collette y apporte une sensibilité[n] qui m'a ébranlé[o].

A signaler encore la cocasserie inquiétante du Basile incarné par Philippe du Janerand, ainsi que le beau décor de Mahi. On regrettera en revanche que Laurence Masliah et Pierre Gérard frôlent parfois la vulgarité dans les personnages de Rosine et Almaviva en s'efforçant de donner à leurs répliques et à leurs personnages un ton trop moderne. Mais, encore une fois, « en dépit qu'on en ait », le spectacle est plaisant. Je m'insurge de toutes mes forces contre cette conception du rôle de Bartholo, mais j'invite vivement tous les Rouennais à aller voir ce *Barbier de Séville*, en espérant qu'il sera bientôt repris à Paris. Je suis furieux d'avoir à le dire, mais il le mérite. Et tant pis pour la raison ! ■

● **Théâtre des 2 Rives,** 48, rue Louis-Ricard, 76000 Rouen. Tél. : 35.70.22.82. Jusqu'au 4 juin.

---

[a](*fam.*) ennuyeux [b]a échoué [c]En plus de [d]version [e]osée, provocante [f]attiré [g]enfermée [h]a l'intention de [i]élégant [j]à son... devant lui, et avec impudence [k]Soucieux... attentif à [l]personnage de Molière représentant un vieillard que l'on trompe facilement [m]pourrait [n]tendresse [o]m'a ému

Avez-vous compris?

1. Comparez la version initiale à la version corrigée du *Barbier de Séville*. Considérez le nombre d'actes de chacune. Laquelle des deux était pour l'époque (juste avant la Révolution française) la plus provocante? Laquelle des deux a eu le plus de succès?
2. Pourquoi Jacques Nerson dit-il que cette pièce pourrait être considérée comme «l'ancêtre de la comédie musicale»?
3. Quel est le sujet du *Barbier de Séville*?
4. Quelle est, selon Nerson, «l'erreur fondamentale» d'Alain Bézu? Pourquoi cependant, recommande-t-il cette représentation aux habitants de la ville de Rouen?

A vous la parole

1. A l'époque de Beaumarchais le théâtre jouait un rôle politique important en critiquant les classes dirigeantes de la société. Croyez-vous que le théâtre puisse aujourd'hui jouer un rôle politique, ou être autrement utile à la société? Justifiez votre réponse.
2. Que pensez-vous des représentations modernisées des pièces classiques? Quels sont par exemple les points forts, les points faibles, d'une pièce de Shakespeare montée dans un décor et avec des costumes du vingtième siècle?
3. Toute représentation, que ce soit la mise en scène d'une pièce célèbre, ou l'adaptation cinématographique d'un roman connu, constitue une interprétation qui se heurte parfois aux idées préconçues du public. Prenant comme exemple une pièce ou un film dont l'interprétation vous a gêné, décrivez votre réaction. Le cadre, les personnages étaient-ils tels que vous vous les représentiez? Commentez.
4. Allez-vous souvent au théâtre? Pourquoi? Quel genre de pièces préférez-vous? Aimeriez-vous voir des soirées théâtrales à la télévision? Avez-vous déjà joué dans une pièce? Expliquez.

Le cinéma

Jean-Marc et Laurence, deux amis d'enfance, partagent la même passion: le cinéma. Ils veulent tous les deux entrer à la F.E.M.I (Fondation européenne des métiers de l'image), l'établissement le plus prestigieux de France pour les études cinématographiques et où on n'entre que sur concours. Jean-Marc rêve de devenir un grand réalisateur et Laurence voudrait se lancer dans la critique filmique. Aujourd'hui, ils ont choisi de réviser ensemble l'histoire et la situation actuelle du cinéma français.

JEAN-MARC: Bon, je commence, qu'est-ce que La Nouvelle Vague?
LAURENCE: Dis-donc, tu n'y vas pas par quatre chemins°! Enfin… La Nouvelle Vague, c'est un mouvement qui commence à la fin des années cinquante avec un groupe de critiques qui décide de renouveler le cinéma. Pour eux, c'est un moyen de communiquer une vision personnelle du monde, sans trop se soucier du succès au box-office.

JEAN-MARC: Peux-tu me citer quelques réalisateurs de La Nouvelle Vague?
LAURENCE: Jean-Luc Godard, Agnès Varda, François Truffaut, Alain Resnais… A toi maintenant: qu'est-ce que la politique des auteurs?

JEAN-MARC: Certains cinéastes français veulent faire leurs films comme les romanciers écrivent leurs livres. Ils veulent que le public regarde leurs œuvres comme on lit un roman. Ce genre de film permet donc à ces auteurs d'exprimer leurs idées artistiques ou philosophiques par le biais° des images. Le film est tellement marqué par la personnalité du cinéaste que ce dernier est plus connu que les acteurs. D'ailleurs, les Français choisissent souvent un film en fonction du réalisateur plutôt qu'en fonction du sujet. A toi, Laurence; peux-tu me donner un exemple de film d'auteur?

LAURENCE: Okay! Facile! Mon grand favori, c'est *Les 400 Coups* de François Truffaut. Truffaut n'a pas hésité à s'engager de façon très personnelle, en racontant par l'intermédiaire de son héros, Antoine Doinel, certains épisodes de sa propre vie.

Dans *Les 400 Coups,* Antoine a quinze ans et traverse la période difficile de l'adolescence. Il est timide, inquiet, parfois violent, souvent triste, mais affectueux et très sensible. Parfois il va en classe, parfois il sèche ses cours. Il se trouve confronté à ses parents, à ses instituteurs, à la police, au psychiatre, et tous finissent par le rejeter. La joie et la spontanéité disparaissent de sa vie pour faire place à la tristesse et à l'isolement. A la fin du film, Antoine, qui n'a jamais vu la mer, court sur la plage, poursuivi par le personnel de l'école de redressement.° Et tout à coup il ralentit, marche dans l'eau, se retourne lentement vers ses poursuivants° et vers nous, témoins de sa vie. Son visage reste sur l'écran pendant plusieurs instants. Cette dernière prise de vue,° très innovatrice à l'époque, nous laisse dans le doute. Antoine va-t-il perdre le peu de liberté qui lui reste? Qu'est-ce que l'avenir lui réserve? Quel sens pourrions-nous donner à sa vie, quel sens donnons-nous à la nôtre?

JEAN-MARC: Quel lyrisme! Pour une nana,° tu ne te défends pas mal°…
LAURENCE: C'est ça, moque-toi; rira bien qui rira le dernier… Voyons ce que tu es capable de faire. Choisis deux films français et fais-en un commentaire intelligent.

JEAN-MARC: Admire mon génie, chère enfant: *La Grande Illusion* de Jean Renoir et *Hiroshima mon amour* d'Alain Resnais. Deux chefs-

n'… go straight to the point

moyen

correction

ses… ceux qui lui courent après
prise… plan, image

(fam.) fille / tu… tu fais bien

LAURENCE: Non, pas encore... mais vas-y, je t'écoute.
JEAN-MARC: Eh bien, dans *La Grande Illusion,* deux ennemis, un capitaine français, de Bœldieu, et l'officier allemand dont il est le prisonnier, Rauffenstein, deviennent amis, malgré la guerre; ils ont la même origine sociale, les mêmes goûts, la même culture. Il est même évident que de Bœldieu se sent plus proche de Rauffenstein que de ses compatriotes, prisonniers comme lui. Ce que Renoir met en évidence, c'est que les frontières politiques créent entre les hommes des barrières tout à fait arbitraires et que le patriotisme peut devenir inhumain. Ce sont les préjugés raciaux et sociaux qui empêchent les hommes de se comprendre. Dans *Hiroshima,* deux amants, un architecte japonais et une actrice française, sont non pas rapprochés° par la guerre, comme dans *La Grande Illusion,* mais séparés irrémédiablement à cause de l'expérience personnelle qu'ils en ont eue. Ce qui, d'une autre manière, montre que la guerre est absurde, car elle déchire ceux qui étaient faits pour être ensemble. Sur le plan de leurs thèmes, ces deux films sont donc très similaires, tout en prenant des chemins opposés. Quant à leur style, ils sont superbes: tous deux en noir et blanc, des images fortes, poétiques, dont certaines sont parmi les plus belles du cinéma mondial.
LAURENCE: J'avoue que je n'avais jamais songé à rapprocher ces deux films de cette façon. En effet, la guerre qui rapproche deux hommes, même ennemis et la guerre qui sépare deux êtres, même amants, quel sujet! Dis-donc, mon vieux, je ne savais pas que tu avais une telle sensibilité; tu devrais te faire critique, comme moi.
JEAN-MARC: Non, ce qui m'intéresse, c'est la création, l'originalité, l'expression de ma personnalité. Tu vas voir, quand je serai réalisateur, mes films vont te faire pleurer d'admiration, et je vais laisser loin derrière moi tous les Truffaut, Renoir et Resnais de la terre.
LAURENCE: Vive la confiance! Mais quoi qu'il arrive, je promets de ne jamais te démolir dans un de mes articles.

coupé... vraiment étonnée

réunis

> *Le cinéma, c'est une nouvelle écriture, et donc une nouvelle façon de sentir.*

Le festival de Cannes

Chaque année en mai, la ville de Cannes, sur la Côte d'Azur, est le cadre° du plus grand festival mondial de cinéma. Il attire des metteurs en scène, des

la scène

Cannes: le bâtiment où il y a lieu chaque année le festival international de cinéma. ERIC CABLE/STOCK, BOSTON

stars et des journalistes de tous les pays. Le but de ce festival est bien sûr tout d'abord de promouvoir° le cinéma, mais aussi de récompenser le meilleur film de l'année. Le prix qui est décerné° à celui-ci s'appelle «La Palme d'or», nom choisi à cause des nombreux «palmiers»° qui font la fierté de la ville. Il existe aussi divers autres prix, similaires aux «Oscars» de Hollywood, pour le meilleur metteur en scène, le meilleur acteur, la meilleure actrice...

Pendant quelques semaines, Cannes est envahie de célébrités qui attirent des foules de curieux et de journalistes; mais cet événement est important aussi sur le plan commercial car c'est là que les distributeurs du monde entier viennent négocier les films à succès de l'année.

encourager pour assurer le succès
donné
palm trees

Avez-vous compris?

1. A quel examen Laurence et Jean-Marc se préparent-ils? Dans quel but veulent-ils faire des études cinématographiques?
2. Qui est Jean-Luc Godard? François Truffaut? De quelle façon leurs films se ressemblent-ils?
3. Quel est le sujet des *400 Coups*?
4. D'après Laurence, qu'est-ce qui fait l'originalité de ce film?
5. Comment Jean-Marc compare-t-il les deux films *La Grande Illusion* et *Hiroshima mon amour*? Quelles en sont les différences et les similarités? Considérez le réalisateur, le thème, le style de chacun.

A votre avis

1. Connaissez-vous des films américains qui traitent l'absurdité de la guerre? Citez quelques titres. Quel est leur but (une étude psychologique des héros, une thèse morale, un divertissement pour le public, etc.)?
2. Beaucoup de Français considèrent le cinéma comme un art. Pensez-vous que le cinéma soit un art ou une simple distraction? Personnellement, pourquoi allez-vous au cinéma? Est-ce que votre choix d'un film dépend des acteurs? Du sujet? D'autre chose? Expliquez.
3. L'étude psychologique est souvent le thème principal du cinéma français. Quels sont les thèmes favoris du cinéma américain contemporain? Justifiez votre réponse à l'aide de deux ou trois exemples.
4. Y a-t-il aux Etats-Unis des «auteurs-cinéastes»? Lesquels? Commentez.
5. Décrivez à un(e) camarade de classe l'intrigue et les personnages de votre film favori.

Echos

Activité

Quiz Cinéma. Que savez-vous du cinéma français? Groupez-vous par trois et essayez de répondre aux questions suivantes. Comparez vos réponses avec celles des autres groupes de la classe et comptez vos points. Si vous avez plus de sept points, vous êtes un véritable cinéphile, mais si vous avez moins de trois points, peut-être devriez-vous fréquenter plus souvent les salles obscures. Qui sait? Cela pourrait être la naissance d'une nouvelle passion dans votre vie!

1. Qui a inventé le cinéma?
    a. Erich von Stroheim
    b. Maurice Chevalier
    c. les frères Lumière
    d. D. W. Griffith
2. Parmi les quatre personnalités suivantes, trouvez l'actrice.
    a. Simone Weil
    b. Marguerite Duras
    c. Isabelle Hupert
    d. Paloma Picasso
3. Un des personnages suivants n'est pas acteur. Qui est-ce?
    a. Georges Moustaki
    b. Alain Delon
    c. Jean-Paul Belmondo
    d. Gérard Depardieu
4. Parmi les quatre genres suivants, lequel ne s'applique pas au cinéma?
    a. dessins animés
    b. bandes dessinées
    c. documentaires
    d. comédies musicales
5. La cinémathèque, c'est
    a. un magasin où on loue des cassettes vidéo
    b. le syndicat des réalisateurs français
    c. un musée et une bibliothèque du film
    d. l'agence publicitaire du cinéma français

6. Quel(s) mot(s) ne s'applique(nt) pas à une soirée au cinéma?
   a. ouvreuse
   b. vestiaire
   c. «bonbons, esquimaux, chocolats glacés»
   d. grand écran
7. Quel métier ne fait pas partie de l'industrie du film?
   a. souffleur
   b. réalisateur
   c. ingénieur du son
   d. cascadeur
8. Quelle actrice est devenue le sex-symbol des années 50?
   a. Brigitte Bardot
   b. Sophia Loren
   c. Catherine Deneuve
   d. Simone Signoret
9. Quel chanteur français est aussi un grand acteur?
   a. Edith Piaf
   b. Louis Jourdan
   c. Yves Montand
   d. Charles Boyer

Maintenant, vous allez préparer avec vos partenaires un quiz de cinq questions sur le cinéma américain. Chaque groupe échangera son quiz avec celui du groupe voisin, et il essaiera d'y répondre.

La grammaire à l'œuvre

En Musique! Donnez une définition des mots suivants en utilisant autant de pronoms relatifs que possible. Utilisez une encyclopédie si le texte ne vous offre pas suffisamment de renseignements.

MODELE: Lully → Lully est le musicien italien **que** Louis XIV a invité à sa cour. **Ce dont** il est responsable, c'est d'avoir donné aux Français le goût de l'opéra. C'est lui **qui** a écrit la musique de plusieurs des pièces de Molière.

1. Debussy
2. *Pariscope*
3. *Carmen*
4. Jacques Brel
5. la musique pop

Rédaction ou discussion

Choisissez un sujet.

1. Quels sont les avantages et les inconvénients de l'intervention du gouvernement dans les spectacles (subventions, censure, etc.)? A votre avis, faudrait-il éviter ou exiger que le gouvernement joue un rôle dans les affaires culturelles d'un pays? Commentez.
2. Quel est le plus important à connaître du point de vue culturel: le cinéma? le théâtre? la musique? Justifiez vos réponses.

Jeu culturel Mots croisés

HORIZONTALEMENT

1. Grand chanteur français contemporain.
2. Salle de récitals, renommée à Paris.
3. Auteur de l'opéra *Carmen*.
4. Officier allemand dans un film de Renoir.
5. Auteur des *400 Coups*.
6. *Le Médecin malgré,* _____ .
7. _____ Varda.
8. *La Grande* _____ .
9. Mise en _____ .
10. _____ écran.
11. _____ d'or.
12. Personnage de Beaumarchais, le barbier de Séville.
13. Dramaturge du dix-huitième siècle.

VERTICALEMENT

I. Auteur comique classique.
II. Grand festival d'été, ville de Provence.
III. _____ Resnais.
IV. Mois du Festival de Cannes.
V. _____ *mon amour*.
VI. Genre de théâtre populaire.
VII. _____ National de Chaillot.
VIII. Revue des spectacles parisiens.
IX. Nouveau palais omnisports de Paris.
X. En France, on y donne souvent des concerts, parfois de la musique religieuse.
XI. Le Comte Almaviva est le _____ de Rosine.

CHAPITRE 9
Sports et loisirs

Auxerre: un pêcheur au bord de la Loire
ULRIKE WELSCH

> *Un jour de loisir, c'est un jour d'immortalité.*

Les Français, comme tous les Européens, apprécient beaucoup les vacances, qui sont devenues une véritable institution. Une enquête récente sur les vacances françaises commence avec le paragraphe suivant:

QUE FEREZ-VOUS DANS DEUX MOIS?[a]

● **Cette question est sans doute** une de celles à quoi vous pouvez répondre tout de suite, et précisément. Je pars en Italie. Nous allons en Bretagne. Nous faisons la Corse en bateau. Nous avons loué dans l'Île de Ré. Nous allons dans notre maison du Midi. Je pars au Club. Je pars au Texas. Je fais un stage de tennis. Je vais grimper[b] dans les Alpes. Nous partons en Tunisie. Etc. Les Français prennent leurs vacances au sérieux et ils les organisent sérieusement. C'est seulement lorsqu'ils sont courts sur l'argent ou que des gros problèmes les arrêtent qu'ils décident au dernier moment, improvisent ou remettent à plus tard,[c] la mort dans l'âme.[d] Même, le plus souvent, les vacances sont préparées longtemps à l'avance, parfois une année: en les vivant, on parle déjà des prochaines. Oui, pour leurs vacances, les Français savent ce qu'ils font.

[a]C'est-à-dire pendant les mois de juillet et août, époque où, traditionnellement, tous les Français partent en vacances. [b]monter, escalader [c]remettent... diffèrent, retardent (leurs vacances) [d]la... avec tristesse et désespoir

Les Français profitent aujourd'hui de cinq à sept semaines de vacances payées par an. Les étudiants et les écoliers ont aussi des vacances pour Noël, février et Pâques; les parents gardent généralement une semaine de leurs grandes vacances pour partir en famille à ce moment-là.

Il est parfois difficile de choisir le lieu de ses vacances. Nous vous présentons dans ce chapitre le problème d'une famille qui tente de déterminer où passer les vacances de Mardi Gras. Vous verrez que même avec la meilleure volonté du monde, ces gens souffrent beaucoup de «l'embarras du choix».

Mots et expressions

les actualités (*f.*) news
l'avis (*m.*) opinion
se baigner to swim
bronzer to tan
la chasse hunting; **chasser** to hunt
le feuilleton serial
interdire to forbid
nettoyer to clean
la pêche fishing; **pêcher** to fish
le rhume cold
se taire to be (keep) quiet, silent

Emplois

A. Trouvez l'équivalent de chaque expression.

1. l'opinion
2. ne pas permettre
3. être silencieux
4. hâler, noircir
5. les informations, les nouvelles
6. nager, se tremper dans l'eau
7. tuer ou prendre un animal au piège

B. Complétez le paragraphe avec les mots qui conviennent.

Dimanche, le père de Michel voulait l'emmener à la _____ mais Michel a préféré aller à la _____ avec ses copains. Ils ont _____ toute la journée et ils ont pris beaucoup de poissons mais il faisait si froid que Michel a attrapé un bon _____ . Pendant que Maman _____ les poissons avant de les faire cuire, Michel s'est assis devant la télévision avec une tasse de thé bien chaude pour regarder son _____ favori.

Vacances en famille

Les acteurs: Maman; Papa; Sylvie, 17 ans; Marc, 15 ans; Daniel, 9 ans; Grand-père

La scène: Un intérieur bourgeois à Paris. Papa tient un conseil de famille afin de choisir le programme des vacances. Il essaie de contenter tout le monde.

PAPA: Alors, qu'est-ce qu'on décide pour les vacances de Mardi Gras? On va au bord de la mer?

MAMAN: Ah, non! Pas question! Aurais-tu déjà oublié ce qui s'est passé l'an dernier? Nous sommes partis au Carnaval de Nice pour faire plaisir aux gosses. En fait de déguisements° et de défilés° nous n'avons eu que de la pluie, et des rhumes par-dessus le marché.° Non, la mer, c'est bon pendant l'été.

costumes/parades

par-dessus... en plus

SYLVIE: (*enthousiaste*): Chic! Cet été nous irons au Club Med,¹ d'accord?

MARC: Pour que tu puisses te promener en mono-kini et courir après les garçons?

SYLVIE: Oh, toi, tu peux parler. Comme si tu ne draguais pas° toutes les nanas de ton lycée...

ne... (fam.) ne courais pas après

MAMAN: Ça suffit, tous les deux. De toute façon le Club Med, c'est trop cher pour une famille de cinq.

DANIEL: Alors on ira à la Baule.² Les Machin-Choses° y seront cet été et je pourrai pêcher des crevettes° avec Michel. On pourrait camper³; ça ne serait pas cher—et je n'aurais pas tout le temps les deux em... poisonneurs° sur le dos.

What's their names

shrimp

nuisances

Mardi Gras à Nice PETER MENZEL/ STOCK, BOSTON

---

¹**le Club Méditerranée:** un club de vacances avec des «villages» un peu partout dans le monde, et qui a un grand succès, surtout chez les jeunes qui en apprécient l'ambiance détendue et l'esprit de camaraderie.

²**la Baule:** une des plus belles plages de sable fin de Bretagne.

³**camper:** Les Français adorent le camping! Ils y vont en grand nombre chaque année: les terrains de camping sont presque toujours pleins entre juin et septembre. Certains passent leurs vacances dans des caravanes (*trailers*) beaucoup plus petites que celles des Américains. D'autres préfèrent camper sous la tente, mais ils essaient d'emmener avec eux tout le confort possible: télé, transistors, fauteuils pliants, tables de jeu, vaisselle (pas d'assiettes en papier), matelas pneumatiques, etc.

PAPA: Attention à ce que tu dis!

SYLVIE: (à Daniel): Toi, tu seras en colonie de vacances[4] et ce sera bien fait pour toi.

PAPA: Allons les enfants—un peu de calme. Pour l'instant, il s'agit de Mardi Gras. On reparlera de cet été plus tard!

MARC: Si on allait aux sports d'hiver! Ça serait chouette pour tout le monde. Je ferai du ski, Sylvie trouvera ses garçons, Daniel fera de la luge,° Papa et Maman se reposeront, grand-père ira à la pêche.

fera... *will go sledding*

SYLVIE: Qu'il est bête, celui-là! Tu ne sais pas que les torrents sont gelés à cette époque? Tu voudrais que grand-père meure de froid? En plus, tu ne sais même pas skier.

MAMAN: Je ne sais pas. La montagne... ça fait quand même loin pour huit jours et puis, frileuse° comme je suis...

sensible au froid

PAPA: Je suis un peu de l'avis de Maman. Aucun de nous ne sait faire du ski et pour un si long voyage je ne sais pas si ça vaut le coup.° Marc, tu pourrais peut-être partir en classe de neige[5] l'an prochain...

ça... ça vaut la peine.

MARC: Tu sais, dans des villes comme Chambéry et Grenoble, la Maison des Jeunes et de la Culture[6] organise des stages de ski avec des forfaits° pour les remonte-pentes.° Ça serait chouette de partir avec mes copains...

prix fixes

ski lifts

Une station de ski près de Grenoble STUART COHEN/COMSTOCK

[4]**colonies de vacances:** Ce sont comme des «camps d'été» américains pour les jeunes entre six ans et treize ans; mais en France toutes les colonies ne sont pas privées: elles sont souvent subventionnées par le gouvernement et ne coûtent pas cher.

[5]**classes de neige:** certaines classes partent dans une station de ski pendant l'hiver. Les élèves vivent en dortoir; le matin, ils suivent leurs cours réguliers et passent leurs examens, et l'après-midi, ils font du ski avec des moniteurs.

[6]**la Maison des Jeunes et de la Culture:** centres culturels subventionnés par le gouvernement qui organisent des spectacles culturels (films, pièces de théâtre) ainsi que de nombreuses activités pour les jeunes: club de photo, atelier de poterie, leçons de peinture, sorties de ski, etc.

PAPA: Non, cette année, nous partons tous ensemble. Papi, où est-ce que tu aimerais aller?

GRAND-PERE: J'ai bien peur que mes goûts ne plaisent pas trop aux enfants. Enfin, si j'avais le choix ça me plairait d'aller quelque part dans le Midi. Si on rendait visite aux cousins Delmarès? Il y aurait des amateurs pour une partie de pêche ou pour un jeu de boules.[7]

SYLVIE: (*un peu hystérique*): Les cousins Delmarès? Je t'en prie, Papi—ne me fais pas ce coup-là.° Tu ne te rappelles pas? La dernière fois ce chameau de° Xavier a mis trois grenouilles° dans mon lit; Marc et lui n'ont pas arrêté de me jouer de mauvais tours.° Non, merci. Si vous allez là-bas, je reste ici.

    ce... ça
    ce... (*pop.*) cet idiot de/ *frogs*
    tricks

PAPA: Calme-toi, Sylvie, tu viendras avec nous, quelle que soit la décision que nous prendrons.

SYLVIE: (*commençant à pleurer*): Alors je m'enfermerai dans ma chambre. Et je n'en sortirai que quand nous repartirons.

DANIEL: Qu'est-ce qu'elle a, Sylvie?

MARC: Elle a peur des grenouilles; ne t'en fais pas,° cocotte,° on te mettra des araignées° cette fois-ci.

    ne... ne t'inquiète pas/
    (*fam.*) ma vieille, ma petite
    spiders

SYLVIE: Crétin°!

    (*fam.*) Imbécile

PAPA: Sylvie et Marc, taisez-vous. Arrêtez vos histoires! Grand-père a eu une bonne idée. A Marseille, il y a un grand stade et d'après

Même les jeunes aiment jouer aux boules. STUART COHEN/ COMSTOCK

---

[7]**boules:** jeu favori des Français (surtout dans le Midi), un peu comme le *bowling* en plein air, mais on essaie d'atteindre une petite boule, au lieu de renverser des quilles (*pins*).

Une partie de football à Orléans STUART COHEN/COMSTOCK

ce que dit Henri Delmarès, la municipalité organise des sports d'équipe pour tout le monde. Daniel pourra s'entraîner au foot° avec l'équipe du petit Gabriel et Marc jouera au rugby avec les grands au lieu de taquiner° sa sœur. J'irai à la pêche avec Grand-père de temps en temps. Nous pourrons peut-être convaincre Henri de sortir ses fusils° et d'organiser une partie de chasse.⁸ Je crois bien qu'il y a des courts de tennis. Maman, Sylvie et toi, vous pourrez jouer au tennis; tu ne peux pas nier que tu t'es découvert une nouvelle passion en voyant Yannick Noah⁹ en finale à Roland-Garros. Et puis, ça nous fera du bien à tous de faire un peu de sport... Et s'il fait beau, on ira se promener à la campagne, on pique-niquera, on visitera des monuments, on...

MAMAN: (*en colère*): Oh, je te vois venir,° tu sais. Bien sûr, vous les hommes, vous vous amuserez comme des fous. Vous serez partis toute la journée à la pêche ou à la chasse, et qui restera à la maison pour faire la cuisine, s'occuper du ménage, nettoyer vos poissons, préparer vos lapins quand vous reviendrez? Et le tennis? Le tennis, tu dis? Tu sais très bien que les terrains publics sont souvent complets.° Ah oui! Belles vacances en perspective!

football: *soccer*

s'amuser à contrarier

rifles

je... je sais ce que tu vas faire

full

---

⁸**la chasse** (*hunting*): Les boules, la pêche et la chasse sont les sports qui ont le plus d'adhérents en France.
⁹Un grand tennisman français qui a remporté des victoires à Roland-Garros (*French Open*).

SYLVIE: Bravo, Maman!
PAPA: Ma chérie, je trouve que tu exagères!
MAMAN: Moi? J'exagère? Tu sais très bien que ça se passera exactement comme je l'ai dit!
PAPA: Mais non: on te donnera un coup de main pour la vaisselle et le ménage.
MAMAN: Oui, je sais. Tu sortiras le vin de la cave pour le déjeuner avant de disparaître pour la journée. Et en rentrant, tu apporteras deux verres pour l'apéritif avant de disparaître au fond d'un fauteuil pour le reste de la soirée. De toute façon, nous parlons dans le vide° parce que les Delmarès ont la même semaine[10] de vacances que nous et Marthe m'a écrit récemment qu'ils pensent aller en Grèce.

dans... inutilement

PAPA: Pour une semaine? Dis-donc, ils ont les moyens°!

les... beaucoup d'argent

MAMAN: Pourquoi pas? On pourrait aller en Espagne. Tu nous louerais une belle villa sur la mer; on se baignerait, on se promènerait sur la plage; on reviendrait tout bronzés. On pourrait même embaucher une femme de ménage pour que ce soit de vraies vacances.
PAPA: Tu me prends pour un millionnaire.
MAMAN: Tu as raison, mais c'est si bon de rêver de temps en temps...
PAPA: Bon. Revenons sur terre. Sylvie, tu sais dire ce que tu ne veux pas faire; aide-nous plutôt. Qu'est-ce que tu proposes?
SYLVIE: Euh, bien... enfin...
MARC: Allons, courage, ma vieille; dis-nous ce que tu mijotes.°

(fam.) prépares

SYLVIE: Et bien, voilà: ne pourrions-nous pas rester à la maison cette fois-ci?
DANIEL: Oh, la barbe°!

la... ce n'est pas intéressant!

MARC: Génial°! Rester à la maison pour s'embêter° tous à peu de frais.° T'es pas malade? Encore une histoire de garçons, je parie.°

Chouette! / (fam.) s'ennuyer / à... sans dépenser d'argent
bet

PAPA: Mais qu'est-ce que nous ferions si nous restions ici? Sylvie, je ne te comprends pas.
SYLVIE: Il y a d'abord la télévision—c'est quand même un grand avantage. On pourrait même louer un magnétoscope° et faire une cure° de films; si on prend un abonnement,° on peut louer des vidéo-cassettes pour rien du tout. Toi Papa, puisque tu aimes tant le sport, tu pourras en profiter pour passer un moment au café avec tes amis à regarder tous les matches de foot ou à jouer au tiercé.[11] Et tiens, il n'y a pas les vingt-quatre heures du Mans[12] bientôt? Tu ne voudras quand même pas manquer ça?

VCR
faire... voir beaucoup / subscription

---

[10] **la même semaine:** Les vacances de février (Mardi Gras) ne sont pas à la même semaine pour tout le monde; la date varie selon le département où on vit.
[11] **tiercé:** (du mot latin pour «Trois») Chaque dimanche, une grande course de chevaux a lieu sur un hippodrome parisien. Beaucoup d'hommes se retrouvent au café pour suivre la course à la télévision et parier sur les trois chevaux qui arriveront les premiers. On peut lire les «prédictions» des spécialistes dans tous les quotidiens du pays. On gagne si on a le tiercé «dans l'ordre» ou «dans le désordre».
[12] une course automobile très célèbre qui a lieu chaque année dans la ville du Mans au mois de juin.

Départ du Tour de France HUGH ROGERS/MONKMEYER

MARC: Incroyable! Quelle idiote! Les vingt-quatre heures du Mans, c'est au mois de juin et d'abord, Papa déteste les courses automobiles.

DANIEL: Moi, j'ai envie d'aller quelque part. Tout le monde part en vacances. Je n'ai pas envie que nous soyons les seuls à rester à Paris.

SYLVIE: Justement, voilà l'avantage: une fois les autres partis, nous, on fera tout ce qu'on voudra—on sera libre, pas de queue au cinéma, pas de circulation, pas de foule à la piscine. Marc, tu pourras commencer à faire du jogging le long de la Seine pour te mettre en forme; mieux, tu pourras faire de la bicyclette, t'entraîner pour le Tour de France.[13] Il paraît qu'il y a des gens qui s'y tuent; avec un peu de chance…

MARC: Tu vas la fermer,° oui?   Tu... (*pop.*) Tu vas te taire

SYLVIE: Et Grand-père n'a pas besoin d'aller dans le Midi pour jouer aux boules ou aller à la pêche, après tout. On fait tout ça aussi bien à Paris. Maman n'aura pas autant de travail…

MAMAN: Merci!

---

[13]La course cycliste la plus longue et la plus épuisante du monde; elle commence vers la fin juin et se termine vers la fin juillet chaque année. Elle s'étend sur environ 4,000 à 5,000 kilomètres et dure vingt-six jours pendant lesquels l'économie française souffre du fait que les passionnés du cyclisme consacrent un tiers de leurs heures de travail à suivre la course. La vitesse moyenne est de 33 miles à l'heure.

« Papa m'a dit qu'il était important d'avoir un but dans la vie. »
Alain Le Saux

SYLVIE: Et moi, je pourrai peut-être faire du cheval; il est possible que je me fasse inviter par les de la Beaujardière...

MARC: Oooh! Eric de la Beaujardière! Je savais bien que c'était encore une histoire de mecs.° Cette espèce d'andouille° veut nous faire mourir d'ennui à Paris. Pendant ce temps, Mademoiselle fera du cheval avec son cher Eric... (*Ils commencent tous à parler en même temps.*)

(*fam.*) garçons / (sorte de saucisse) (*pop.*) imbécile

MAMAN: Sylvie, tu ne m'avais pas dit...

PAPA: Sylvie, je t'interdis absolument de...

DANIEL: Je ne veux pas rester à Paris...

GRAND-PERE: Je ne sais pas si le jeu de boules est aussi passionnant à Paris que dans le...

MARC: Eric de la Beaujardière, c'est la meilleure°!

c'est... that's the best joke yet

SYLVIE: Tu racontes n'importe quoi...

MAMAN: J'aurai moins de travail! Quelle blague°! Le jour où j'aurai moins de travail...

plaisanterie

DANIEL: Si on allait en Italie! J'ai des copains qui partent en...

SYLVIE: (*rêveuse*): Paris au mois de février, c'est tellement beau...

PAPA: Si c'est vraiment pour ce garçon que tu...

MARC: Enferme-la dans sa chambre! Interdiction de sortir pendant huit jours!

DANIEL: Nous aussi on pourrait faire du camping si on allait en Afrique.

GRAND-PERE: Tout de même, pêcher dans la Seine ce n'est pas exactement...

MAMAN: Après tout, on gagnera peut-être à la loterie un jour et avec tout cet argent je pourrais me payer une bonne.°

servante

SYLVIE: Enfin, il n'est pas si mal, Eric...

PAPA: Attends un peu que je voie le père de ce...
DANIEL: Imaginez le Carnaval à la Nouvelle-Orléans; une semaine aux Etats-Unis, ce serait super...
GRAND-PERE: Un petit pastis° à l'ombre des platanes°...

°apéritif typique de la Provence / plane trees

Avez-vous compris?

1. Que se passe-t-il à Nice pour Mardi Gras? Et à la Nouvelle-Orléans?
2. Qu'est-ce que le Club Med? Les colonies de vacances?
3. Que pourrait faire chacun si la famille partait aux sports d'hiver?
4. Que pense Sylvie de cette idée? Maman? Papa?
5. Quel serait le choix de Grand-père?
6. Pourquoi Sylvie s'y oppose-t-elle? Que propose Marc pour la «consoler»?
7. Où Papa voudrait-il aller? Pour quelles raisons?
8. Quelle est la réaction de Maman? Pourquoi? De quoi rêve-t-elle?
9. Pourquoi Papa dit-il que les Delmarès ont beaucoup d'argent?
10. Qu'est-ce que Sylvie a envie de faire? D'après Marc, quel en est le véritable motif?
11. Qu'est-ce que Roland-Garros? Le Tour de France? Les vingt-quatre heures du Mans?
12. Quels voyages Daniel propose-t-il?
13. Quelle serait, d'après vous, la meilleure solution pour cette famille?

A votre avis

1. Faites une liste de tous les sports mentionnés dans le texte, puis comparez avec les sports favoris des Américains. Les Français et les Américains ont-ils les mêmes goûts?
2. Aimez-vous les sports individuels ou les sports d'équipe? Quels sont vos sports préférés? Discutez-en avec un(e) camarade de classe.
3. De combien de semaines de vacances les Français disposent-ils par an? Et les Américains? Et vous? Combien de semaines de vacances prenez-vous chaque année? A quelle époque partez-vous d'habitude? Que faites-vous?
4. Quelles sortes de clubs de vacances peut-on trouver aux Etats-Unis? Pour enfants? Pour adultes? Pour nudistes? Pour handicapés?

L'actualité

Lisez la publicité pour le Club Med à la page 150 et répondez aux questions qui suivent avec un(e) camarade de classe.

Au Club, les greens les plus bleus du monde.

Horizon bleu ciel sur fond de mer turquoise, les greens les plus bleus du monde, c'est ici, au Club. Dessinés[a] dans des sites grandioses, nos 18 trous, 9 trous, practices, putting greens, bunkers d'entraînement[b].

Le paradis des golfeurs, c'est ici, au Club. Pour vous faire faire vos premiers pas derrière la balle blanche, améliorer votre handicap, vous entraîner aux futurs Trophées, le Club a tout prévu[c]: professeurs de haut niveau, leçons d'initiation, cours de perfectionnement, stages intensifs, tournois... Et le confort d'un grand hôtel à deux pas d'un 18 trous, c'est ici, au Club. Ah! Le repos du golfeur les pieds dans l'eau.

Ah! La fringale[d] du golfeur devant les buffets Club aux 80 recettes du monde entier. Et tout ça, à un prix tout compris dans le prix? Eh bien oui, c'est ici! Au Club.

Renseignements et brochures dans nos points de ventes de Paris et de province, Havas Voyages et agences agréées.
Club Med Paris: 16 (1) 42 96 10 00.
Minitel: 36.14 Club Med.
Club Med Bruxelles: 02 516 11 11.
Club Med Genève: 022 28 11 44.

La plus belle idée depuis l'invention du bonheur.

Club Med

[a]placés

[b]bunkers... *sand traps for practice*

[c]anticipé

[d]appétit

A vous la parole

1. A quel public cette publicité est-elle destinée? D'après la description des greens du Club Med, faites le portrait du golfeur qui serait tenté d'y aller (âge, profession, classe sociale, personnalité, etc.)
2. Est-ce que le golf est un sport populaire aux Etats-Unis? Qui peut jouer? Est-ce que cela coûte cher? Vous intéressez-vous personnellement au golf? Pourquoi ou pourquoi pas?
3. D'après la publicité, quels autres sports peut-on pratiquer au Club Med?
4. Que savez-vous du Club Med? Voudriez-vous prendre des vacances au Club? Justifiez votre réponse.
5. Quelles seraient pour vous les vacances idéales? Où iriez-vous? Pour combien de temps? Que feriez-vous? Quel serait pour vous l'aspect le plus important de vos vacances?

Echos

Activité

Vous allez passer vos vacances en famille (ou entre amis). Comment arrivez-vous à une décision? Prenant chacun le rôle d'un membre de la famille (ou de votre groupe d'amis), inventez un nouveau sketch semblable à celui que vous venez de lire.

La grammaire à l'œuvre

Si vous aviez pu être un(e) très grand(e) athlète, quel sport auriez-vous choisi? Quelle aurait été votre vie? Ecrivez un paragraphe en utilisant le plus-que-parfait et le conditionnel passé.

Rédaction ou discussion

Choisissez un sujet.

1. Pensez aux Jeux Olympiques, à Seoul en 1988 par exemple. Que pensez-vous des événements, des cérémonies, et de la politique aux Jeux Olympiques? Peut-on séparer les sports de la politique?
2. En général, les Français ne souffrent pas comme les Américains de ce que les sociologues appellent la morale du travail (*work ethic*). Chez vous et chez les gens que vous connaissez, combien de personnes profitent vraiment de leurs vacances pour se distraire et se reposer plutôt que de «travailler»: peindre la maison, prendre un emploi temporaire…? Que représentent les vacances dans la société américaine?

Jeu culturel

Faisons un peu de sport! Faites correspondre les accessoires de la colonne de gauche avec les sports pour lesquels on les utilise de la colonne de droite:

1. une selle
2. des bâtons
3. une raquette
4. des palmes
5. des gants
6. un vélo
7. un ballon
8. un maillot de bain
9. des patins à glace
10. un justaucorps

a. la natation
b. la gymnastique
c. le ski
d. l'équitation
e. le patinage
f. la boxe
g. le cyclisme
h. la plongée sous-marine
i. le tennis
j. le foot

CHAPITRE 10
Le français dans le monde

Enfants d'immigrés à Paris
OWEN FRANKEN / STOCK, BOSTON

Le français est la langue nationale de bien des pays en dehors de la France. En Europe, on parle français en Belgique, au Luxembourg, en Suisse et à Monaco. Sur le continent américain, on le parle au Québec, en Louisiane, dans certaines parties des états du Vermont, du New Hampshire, et du Maine, et dans trois îles des Antilles: Haïti, la Martinique et la Guadeloupe. En Amérique du Sud, le français est la langue officielle de la Guyane française.

Pendant la seconde moitié du dix-neuvième siècle, la France a acquis un grand empire colonial en Afrique et en Indochine; elle a introduit dans ces régions non seulement sa langue mais aussi beaucoup de ses traditions, de sa culture et de ses institutions. Aujourd'hui les anciennes colonies sont des pays indépendants qui restent pourtant imprégnés de l'influence française. Le français est la langue officielle du Sénégal, du Tchad, du Cameroun, du Zaïre, de la Côte d'Ivoire, de la Guinée et d'autres pays de l'Afrique occidentale. On le parle aussi à Djibouti et à Madagascar. En Afrique du Nord, on parle français et arabe en Algérie, en Tunisie et au Maroc. Au Viêt-nam, au Laos, au Kampuchea, l'influence française continue à se faire sentir malgré les troubles politiques dans cette partie du monde.

Comment cette influence se manifeste-t-elle aujourd'hui? Evidemment la réponse varie nettement d'un pays à l'autre. Ceux qui parlent français dans un pays éloigné de la France, ont-ils vraiment conscience de leur culture française? Nous vous présentons dans ce chapitre deux interviews: la première avec une Canadienne, la deuxième avec deux Algériens. Ensuite vous lirez un article d'un magazine français qui fait ressortir certains problèmes résultant de la période coloniale.

Mots et expressions

l'accueil (*m.*) welcome;
  accueillir to welcome
d'ailleurs besides, moreover
l'émission (*f.*) TV program; radio broadcast
grâce à thanks to
le mépris contempt, scorn
le tort wrong, error;
  avoir tort to be wrong

> *L*es yeux de l'étranger voient plus clair.
>
> Proverbe anglais

Emplois

A. Trouvez les noms qui correspondent aux verbes suivants.

1. mépriser
2. émettre
3. accueillir

B. Trouvez l'équivalent de chaque définition.

1. recevoir quelqu'un, accepter une idée
2. avec l'aide de, au moyen de
3. de plus, pour une autre raison
4. action contraire à la loi, à la raison, à la vérité

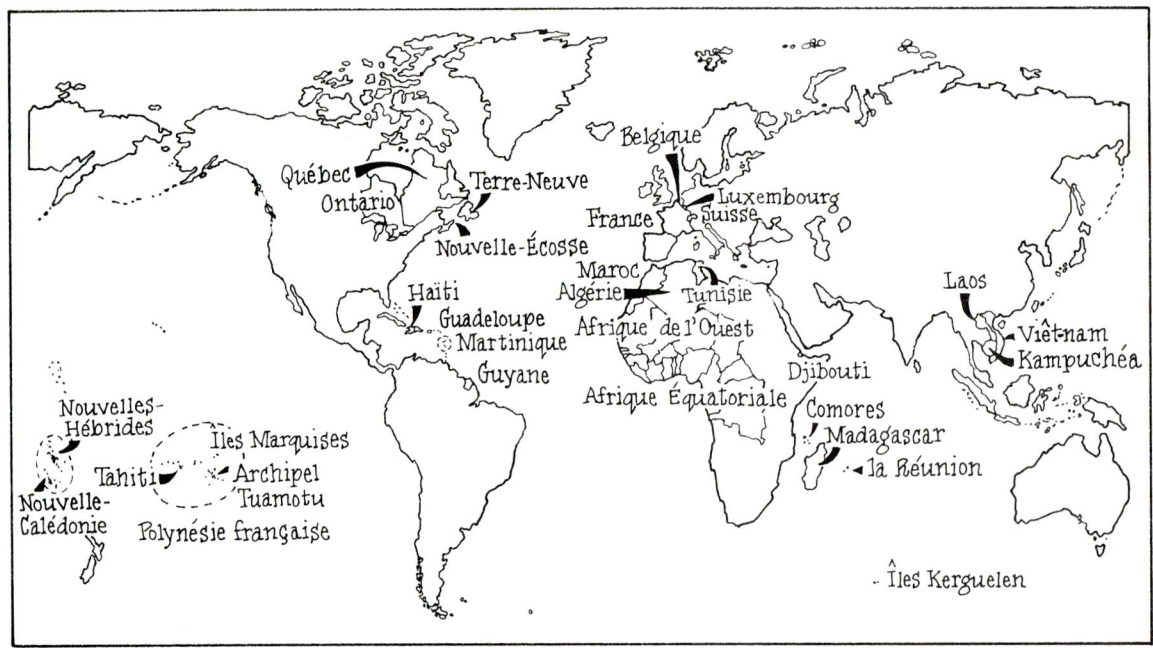

Le monde francophone

C. Complétez le paragraphe avec les mots qui conviennent.

Certains Français ne font pas très bon _____ aux étrangers; ils les croient sans doute d'un niveau inférieur! Evidemment, ils _____; cependant, les _____ sont partagés car parfois, les étrangers traitent les Français avec beaucoup de _____. Récemment, j'ai vu une _____ à la télé, où l'on disait que d'apprendre à mieux connaître les autres, pour comprendre leurs particularités culturelles, peut aider à ce que les peuples se comprennent mieux et s'apprécient dans le monde entier. _____, si tout le monde se ressemblait, la vie serait bien monotone, n'est-ce pas?

Le Québec

Marie-Jo Leclerc, dont le père est le cousin du célèbre chanteur québécois Félix Leclerc, est venue à Boulder, Colorado, pour suivre des cours de «rolfing», une nouvelle technique de massage. Nous l'avons interviewée en savourant une délicieuse fondue savoyarde!

Quelles études avez-vous suivies au Québec?

J'ai passé un bac littéraire et j'ai ensuite fait cinq ans d'université. Toute ma scolarité s'est faite en français.

Quels auteurs avez-vous étudiés, des Français ou des Québécois?

Au Québec, on peut choisir entre les deux. J'ai étudié la littérature française, mais il y a suffisamment d'auteurs québécois pour faire des études poussées° dans cette matière, surtout depuis ces dix dernières années. La littérature québécoise est, d'ailleurs, toujours contemporaine.

extensive

Vous avez fait des études en français, mais vous parlez très bien anglais: pourquoi? Est-ce que l'étude de l'anglais est obligatoire?

En effet, c'est obligatoire pendant, je dirais, huit ans.

Est-ce qu'on parle beaucoup anglais au Québec?

Non, le Québec est essentiellement francophone. Dans les petits villages, personne ne parle anglais. On peut trouver des personnes bilingues à Québec et à Montréal, mais ceux qui ne sortent pas de la province de Québec ont rarement l'occasion de parler anglais. C'est comme chez vous, on étudie une langue à l'école, mais si on n'a pas l'occasion de la pratiquer…

Agence de voyages de l'Université Laval, Québec STUART COHEN/COMSTOCK

Mais n'y a-t-il tout de même pas une influence de la langue anglaise?

Si, et même dans certaines régions limitrophes° du Canada anglophone, la langue est un véritable franglais. Les mots techniques anglais se mélangent à la phrase française et ça donne, par exemple: «Fais marcher tes wipers parce que ton windshield est plein de pluie et tu pourras pas watcher la route»!!!

° voisines

On dit pourtant que le français du Québec est le plus pur qui soit, ou celui qui ressemble le plus à la langue classique du 17e siècle.

C'est amusant, parce que pour moi, le français pur, c'est le français qui se parle maintenant, en France. Une langue, c'est quelque chose qui évolue.

Vous avez séjourné en France, n'est-ce pas?

Oui, j'ai fait une année d'école de journalisme à Strasbourg et un séjour touristique avant.

Comment avez-vous été reçue?

Le Québécois est assez chaudement reçu; c'est un peu le retour de l'enfant prodigue. Et puis, quand on voyage en France, c'est la réalisation d'un rêve. On lit à l'école des passages de Zola, des descriptions de Paris etc., etc., mais cela ne s'attache à aucune réalité. Tout cela prend vie quand on voyage en France.

Comment s'est faite la colonisation du Québec?

En 1608, les premiers colons sont venus de Bretagne, de Normandie, du Poitou, des gens qui partaient vers l'inconnu. Les trappeurs, ça fait partie de l'héritage: c'étaient des êtres légendaires, avec une force surhumaine, les gens partis dans les bois. Les Québécois, par opposition, c'est un peuple agricole, sédentaire. Le patrimoine° du Québec, c'est avant tout la tradition des pionniers, les défricheurs,° la colonisation, la terre. Il ne faut pas oublier non plus l'énorme influence de l'église catholique sur notre histoire. Maintenant, comme en France, il y a de moins en moins de pratiquants,° mais le catholicisme marque encore notre vie.

héritage
ceux qui préparent le terrain pour le passage ou l'agriculture
personnes qui vont à l'église

Le nationalisme des francophones est-il très fort?

Jusqu'à la fin des années soixante oui, mais en 1979 le Parti Québécois, nationaliste, est arrivé au pouvoir. Dans un référendum qu'il a organisé, la majorité de la population a refusé la séparation. Depuis, le nationalisme est presque tabou. Beaucoup de Québécois n'ont pas compris ce refus et tout ce qui touche à ce problème est maintenant passé sous silence.

Quelles sont vos idées personnelles à ce sujet?

Je dois dire que je ne m'intéresse pas beaucoup à la politique. La réalité anglophone n'existe pas à mes yeux. Je me sens québécoise parce que je suis québécoise, c'est tout.

Jusqu'à quel point vous sentez-vous consciente de votre héritage français?

Je crois que les Français sont beaucoup plus conscients de cette filiation° que nous; ils sont assez paternalistes vis-à-vis de leurs «cousins d'Amérique». Les Québécois sont moins émotifs° envers eux, mais nous avons quand même un petit sentiment d'infériorité parce que, par exemple, notre culture est plus récente, ou que le beau parler° c'est celui des Français; ils ont une verve, ils parlent beaucoup et bien.

parenté

sentimentaux

l'art de bien parler

Quels sont les rapports entre Québécois et anglophones?

On ne fait pas bon accueil au Québécois dans les provinces anglophones, même s'il parle bien anglais; mais c'est la même chose pour un anglophone qui parlerait français: il sera assez mal vu au Québec. Cependant, ce n'est pas véritablement un problème de racisme comme il en existe aux Etats-Unis. C'est, à mon avis, une tradition de mépris réciproque.

Et pour le travail?

Un Québécois qui ne parle pas anglais et qui voudrait travailler dans le Canada anglophone, ce n'est pas réaliste. S'il veut un poste élevé, il doit parler anglais, et même avec ça... Depuis que les Anglais ont pris la suite des° colonisateurs français, ce sont les anglophones qui détiennent le pouvoir, qui tirent les ficelles dans° le monde des affaires. Le Québécois a du mal à gagner de l'argent.

pris... succédé aux

tirent... contrôlent

Parlez-nous un peu des aspects culturels de la vie quotidienne, le cinéma par exemple.

On a pas mal de films français, mais comme partout, ce sont les films commerciaux américains qui prédominent.

Et la musique?

On a des chanteurs québécois, mais on connaît aussi les chanteurs français... et bien sûr la musique pop américaine et britannique.

Les sports?

Le hockey sur glace est au Canada ce que le football est aux Américains, un «feeling» national.

Et la cuisine? Vous avez certainement des spécialités québécoises?

Oui, notre cuisine nationale est plutôt paysanne, à base de porc et de pommes de terre: des «tourtières», sortes de tartes au porc hâché° et aux légumes, des ragoûts° de grosse viande, du lard, du gibier,° des sauces épaisses, des tartes aux pommes...

ground
stews / game

Pour finir, que conseilleriez-vous à un(e) Américain(e) qui s'intéresse à votre pays?

Et bien, de venir nous voir, de visiter le Québec!

Avez-vous compris?

1. Qui est Félix Leclerc?
2. La littérature québécoise appartient-elle à une longue tradition littéraire?
3. Que savez-vous du patrimoine culturel du Québec? Est-ce une province profondément nationaliste? Comment le savez-vous?
4. Quels rapports "affectifs" existe-t-il entre la France et le Québec?
5. Quelle est la situation des francophones au Canada? Quels sont leurs rapports avec les anglophones?
6. Décrivez la cuisine traditionnelle du Québec.
7. Quel est le sport national du Canada?

A votre avis

1. Le Canada est officiellement bilingue. Mais vous voyez que d'après Marie-Jo cela peut poser des problèmes d'emploi. Il existe dans certaines régions des Etats-Unis des communautés bilingues: par exemple, des francophones à la Nouvelle-Orléans, des quartiers chinois et des quartiers espagnols à San Francisco ou à New York. Quels pourraient être les avantages d'une telle situation? Les inconvénients? Tout compte fait, pensez-vous que cela soit une bonne chose?
2. Aux Etats-Unis les immigrés ont plutôt tendance à s'intégrer, à se mélanger aux autres cultures qu'ils y rencontrent, pour en former une nouvelle, la culture américaine. Les Canadiens français, par contre, ont conservé leur identité et leur langue nationale. Groupez-vous en deux camps, l'un pour et l'autre contre l'intégration. Ecrivez un résumé des arguments les plus convaincants. Comparez les résultats.

L'Algérie

*N*ous avons interviewé deux étudiants algériens, Chahid Boumrane, vingt-trois ans, originaire d'Oran, et Abdennacer Aissaoui, vingt-et-un ans, de Constantine, étudiants en sciences économiques et commerciales dans une université américaine.

Les Algériens, sont-ils plus conscients de la culture arabe ou de la culture française?

CHAHID: Ce n'est pas une question facile parce que notre indépendance ne remonte qu'à 1962, et tout est encore en évolution. Par exemple, moi, à l'école, j'ai d'abord appris à parler français; on apprenait l'arabe comme deuxième langue. Aujourd'hui, c'est le contraire: on parle uniquement arabe pendant les trois premières années à l'école primaire. Notre système scolaire ressemble encore beaucoup au système français, mais les matières qu'on enseigne ne sont plus les mêmes. Au lycée en Algérie aujourd'hui, en 3e on n'apprend que l'histoire algérienne; la philosophie est enseignée en arabe; en littérature, on étudie les auteurs maghrébins,[1] d'autres auteurs africains et certains auteurs français.

Un dimanche matin à Alger
BERNARD WOLF/PHOTO RESEARCHERS, INC.

---

[1] du mot arabe *al-Maghrib,* «endroit où le soleil se couche»; se réfère à l'Afrique du Nord: Maroc, Algérie, Tunisie, etc.

ABDENNACER: Pour moi, en ce qui concerne les deux cultures, je me suis retrouvé plusieurs fois devant des contradictions assez troublantes: à Constantine, l'influence de la culture française est évidente—le cinéma, les livres, les magazines. On importe des voitures, des vêtements, des produits pharmaceutiques, des produits alimentaires. A la télé, on voit quelques émissions françaises comme les actualités et des films. Il existe des écoles à la française, mais elles sont pour la plupart privées. Et nous avons le même système de sécurité sociale qu'en France. Mais personnellement, je ne me sens pas du tout français; j'ai fait mes études à Paris et je me suis rendu compte que c'est vraiment ma culture arabe qui est de loin celle qui compte pour moi.

Quelles traditions françaises les Algériens ont-ils adoptées?

CHAHID: Nous n'avons pour ainsi dire rien adopté des traditions françaises—même pas dans le domaine de la cuisine. Nos traditions viennent de la religion musulmane° et la présence française n'y a pas changé grand chose. Je pense à un exemple important: en Algérie, les grands-parents vivent avec leurs enfants, ce qui est devenu très rare en France. Et puis la femme, tout en étant plus libre que dans les autres pays musulmans, est restée, par rapport à la femme française, sujette aux traditions. La polygamie, par contre, est une chose qui se perd, mais ceci pour des raisons propres à l'individu et qui se rapportent parfois à la responsabilité morale et pécuniaire que cela implique.

° Regardant la religion d'Islam

ABDENNACER: Autre chose importante. Nous sommes restés une société très égalitaire, sur le plan religieux du moins; l'Islam l'exige. Il y a, bien sûr, différents niveaux de vie. Mais il existe aussi un programme du gouvernement, qui permet aux paysans de devenir propriétaires des terres qu'ils travaillent au bout d'un certain nombre d'années, etc.

Y a-t-il toujours un peu d'hostilité entre la France et l'Algérie?

ABDENNACER: Il y a plusieurs années, les relations entre les deux pays étaient assez tendues à cause de notre ancien président, Bouhmédienne, qui ne s'est jamais bien entendu avec les Français. Cependant, notre président actuel veut entretenir de meilleurs rapports avec la France. Je pense que les rapports entre l'Algérie et la France iront en s'améliorant.

Avez-vous compris?

1. En quoi le programme scolaire en Algérie a-t-il changé depuis l'indépendance?
2. Citez quelques influences françaises sur la vie quotidienne en Algérie.
3. Quelles traditions de la vie familiale sont typiquement algériennes?
4. Y a-t-il des classes sociales très marquées en Algérie? Commentez votre réponse.
5. En quoi les relations entre l'Algérie et la France ont-ils changé récemment?

A votre avis

1. Que veut dire «tradition»? Quelles sont celles de votre famille? De votre pays? D'où viennent-elles? Sont-elles toujours présentes ou sont-elles en train de disparaître? Pourquoi?
2. La tradition musulmane veut que les vieux parents habitent chez leurs enfants. Dans notre société occidentale les personnes âgées vivent plutôt dans des maisons de retraite, dont certaines sont très belles, mais où ces personnes se sentent parfois entourées de solitude et en quelque sorte abandonnées par leurs familles. Quelle est la meilleure solution? Avez-vous des suggestions?
3. Quelle distinction faites-vous entre les liaisons multiples, mais consécutives, et la polygamie? Croyez-vous que la nature humaine soit monogame ou polygame? Expliquez vos réponses.
4. Connaissez-vous des gens qui se sentent balancés entre deux cultures? Discutez de la nature du conflit avec des camarades de classe.

Les travailleurs immigrés

Lors de° leur interview, Chahid et Abdennacer ont abordé° le délicat problème du racisme qui existe en France à l'égard de leurs compatriotes immigrés.

  Nous vous présentons trois points de vue sur le problème de «l'immigration». Deux d'entre eux expriment l'opinion de deux Français typiques. Le troisième est extrait d'une analyse publiée dans le magazine *Le Point* en 1987.

  Analyse I «Les immigrés ne sont pas en cause personnellement puisqu'ils ont été appelés par le gouvernement à une époque où l'on avait besoin d'eux, les Français ne voulant pas effectuer° de travaux ingrats—constructions d'immeubles, de routes, travail à la chaîne.° Le tort des gouvernants a été d'ouvrir trop largement les frontières; les emplois ne sont plus suffisants pour absorber le flux d'immigration. Aujourd'hui, le seuil° de saturation est largement dépassé: des milliers d'immigrés sont au chômage, certains se livrent à° la délinquance, au proxénétisme,° au trafic de drogues. Beaucoup font preuve de racisme violent contre les Français qui eux aussi réagissent de façon acerbe° contre ces étrangers qui ne veulent plus rentrer chez eux. La situation semble insoluble car la génération des immigrés de vingt ans se considère comme française et demande des droits égaux, alors qu'ils sont rejetés par la majorité de la population. Que l'on donne à ceux qui travaillent en France depuis des années les mêmes avantages qu'aux autres, c'est plus que normal, mais le gouvernement se montre beaucoup trop laxiste° vis-à-vis de ceux qui ne font rien. La France a une énorme dette à repayer, c'est indiscutable, mais elle la paie très mal. Ce n'est pas chez nous qu'il faut les aider, mais chez eux, en leur offrant

Lors... Pendant / mentionné

faire

à... *on the assembly line*

point

se... se tournent vers prostitution d'individus pour son propre profit
aggressive

indulgent

des subventions, un personnel d'encadrement° et du matériel° qui puissent leur apporter une économie forte et prospère. »   administratif / équipement

Analyse II   « Les travailleurs immigrés, surtout les Maghrébins, sont mal vus par la majorité des Français. Plus à tort qu'à raison, sans doute, sont associés à leur présence en France le chômage et l'insécurité due à la criminalité. S'ils sont victimes du racisme, c'est parce qu'en effet, ils sont très touchés par le chômage, donc poussés à la criminalité, et qu'ils ont le tort d'être pauvres.

« J'estime qu'ils sont tout à fait à leur place chez nous puisque nous les avons fait venir pendant la période d'expansion économique lorsque nous manquions de main-d'œuvre;° nous devons assumer nos responsabilités. Il serait très injuste de les renvoyer dans leur pays d'origine, qui prendrait d'ailleurs immédiatement des mesures de sanction contre la France, en rompant les accords économiques qui les lient, par exemple. En se débarrassant de ces étrangers mal aimés, l'économie française y perdrait tout autant qu'en les gardant sur son sol. »   force ouvrière

Analyse III

La poussée des « Beurs »

Les immigrés de la deuxième génération, les « Beurs », comme ils se nomment, entrent en nombre dans la société française. Beaucoup sont frappés par le chômage. Mais une poignée[a] de gagneurs ont forcé le destin.   [a]handful

C'étaient des adolescents inquiétants dans les années soixante-dix, incendiaires de voitures pendant l'été 1981, Marcheurs pour l'égalité à l'automne 1983. Les plus âgés d'entre eux atteignent maintenant la trentaine. Que sont devenus les enfants des immigrés maghrébins ?

En ce qui concerne Slimane Azzoug, marseillais de naissance, mais algérien de nationalité, il s'est, à 26 ans, offert un château, le domaine de Bruly, dans le quinzième arrondissement de Marseille. Cette grande bâtisse de vingt-quatre pièces venge le taudis[b] du quartier Saint-André dans lequel il a grandi avec ses six frères et sœur, sans même une douche pour se laver. « *Un logement si misérable,* se rappelle-t-il, *que personne n'a jamais osé nous réclamer un loyer.*[c] »

Comme ses pareils, Slimane s'était juré[d] de ne pas ressembler à son père, usé par son travail dans une tuilerie et la gestion simultanée d'une petite boucherie. Il se voyait[e] expert-comptable. Les circonstances en ayant décidé autrement, il est aujourd'hui l'un des plus gros chevillards[f] musulmans de la Région Provence-Alpes-Côte d'Azur. Une équipe cycliste, le Club de Saint-Antoine, défend les couleurs de sa société. « *A l'exemple,* dit-il, *de Bernard Tapie.* »

[b]shack

[c]rent
[d]promis

[e]voulait devenir

[f]wholesale meat distributor

Régions à forte concentration de population d'origine maghrébine

Algériens et Tunisiens sont présents, **en concentration élevée,** dans un nombre relativement faible de Régions.
Les Marocains, eux, se retrouvent surtout en région parisienne, ainsi que dans quelques zones industrielles ; mais on les rencontre aussi comme travailleurs agricoles dans bon nombre de départements ruraux.

L'ascension de ce fils d'ouvrier kabyle s'est effectuée en moins de cinq ans. Dans son éclat, elle illustre la montée sociale d'une partie de la deuxième génération. C'est une minorité. Mais cette minorité ne se réduit pas à ceux qui ont déjà imposé leur nom et leur visage : le chanteur Karim Kacel ; le comédien Farid Chopel ; l'actrice Souad Amidou, pulpeuse tentation d'un futur rabbin dans le film de Gérard Oury « Lévy et Goliath » ; le cinéaste Mehdi Charef, récompensé en 1986 du césar de la meilleure première œuvre pour « Le thé au harem d'Archimède », ou encore le mannequin Farida Khelfa et le milieu de terrain du Racing Ali Ben Mabrouk, tous deux originaires des Minguettes. Derrière eux, il en est d'autres qui grimpent,[g] issus de cette génération qu'un écrivain algéro-parisien, Akli Tadjer, a baptisée *« les Arabes Non Identifiés »*.

[g] montent

Avez-vous compris?

Analyse I

1. Pourquoi le gouvernement français a-t-il initialement appelé les immigrés à travailler en France?
2. Selon la première analyse, quel a été le tort commis par le gouvernement français? Quelles en sont les conséquences pour la deuxième génération des immigrés?
3. Que veut dire la personne interviewée quand elle constate que la France a une énorme dette à repayer?

Analyse II

4. Qu'est-ce qu'on associe avec les travailleurs immigrés en France? Selon cette analyse, de quoi sont-ils victimes?
5. Quels facteurs économiques sont une cause du racisme contre les immigrés?
6. Les deux analyses offrent des «solutions» différentes au problèmes des travailleurs immigrés en France. Quelles sont ces solutions? Laquelle vous semble préférable? Pourquoi?

Analyse III

7. Qui sont les «Beurs»? Quel aspect de leur vie est présenté dans *La poussée des «Beurs»*?
8. Selon l'article, que faisaient les enfants des travailleurs immigrés pendant les années soixante-dix? Et en 1981 et 1983?
9. Décrivez la jeunesse de Slimane Azzoug. Qu'est-ce qu'il a réussi à faire à vingt-six ans?
10. Que veut démontrer cet article du *Point*? Citez quelques professions dans lesquelles les Maghrébins sont devenus célèbres en France.

La grammaire à l'œuvre

Imaginez qu'on vous donne la chance de visiter des pays francophones. Nommez les pays que vous aimeriez visiter, les pays qui ne vous attirent pas, et justifiez vos choix en utilisant des prépositions avec les noms géographiques et des indéfinis (pronoms et adjectifs).

MODELE: Je voudrais aller **au** Québec parce que **plusieurs** amis m'ont dit que c'était une province magnifique. →

Rédaction ou discussion

Choisissez un sujet.

1. On appelle souvent certains pays d'Asie et d'Afrique des pays «sous-développés» ou «en voie de développement». Croyez-vous que ces termes soient appropriés? Justifiez votre réponse. Quelle est, d'après vous, la responsabilité des pays industrialisés vis-à-vis des moins favorisés? Quelle est votre responsabilité personnelle?
2. Le racisme existe partout, mais il est dirigé contre des peuples différents selon les pays. Par exemple, beaucoup de Français ont une attitude raciste vis-à-vis des Maghrébins, attitude qui n'existe pas aux Etats-Unis où le racisme est plutôt dirigé contre les noirs. Comment expliquez-vous ce phénomène? D'où vient le racisme? Est-il possible de le faire disparaître? Expliquez vos réponses.

Jeu culturel

Leçon de géographie. Voici quelques pays francophones. Retrouvez leur capitale dans la colonne de droite.

la Belgique	Dakar
la Suisse	Québec
le Maroc	Abidjan
l'Algérie	N'Djamena
la Côte d'Ivoire	Bruxelles
le Tchad	Berne
le Sénégal	Rabat
le Zaïre	Alger (El-Djazaïr)
le Québec	Kinshasa

L'actualité

L'article suivant a été tiré d'un magazine imprimé en France pour un assez grand public qui s'intéresse aux affaires africaines. L'auteur soulève les problèmes que certains couples rencontrent en voulant se marier, problèmes créés par des différences d'ethnie, de religion ou de nationalité. Lisez bien l'article en faisant attention aux détails qui indiquent les effets de la colonisation sur le continent africain.

Avant de lire

Voici quelques renseignements sur les pays cités dans le texte, qui vous aideront à comprendre l'article.

1. Tous les pays mentionnés se trouvent dans l'Afrique de l'Ouest et tous ont été colonisés par la France au cours du dix-neuvième siècle. Consultez la carte à la page 154 pour vous familiariser avec la région en question.
2. L'Afrique du Nord, qui comprend le Sénégal, le Tchad, le Niger, le Mali et le Burkina-Faso parmi les pays de notre article, a subi l'influence musulmane pendant les neuvième et onzième siècles. Les Français et les Belges ont introduit le catholicisme pendant la période coloniale, mais une grande partie de la population est restée musulmane, sauf au Tchad où le catholicisme prédomine dans la partie sud du pays.
3. Les Sara, les Kaba, les Peuls, les Mandingues, les Haoussas et les Kongos sont des noms d'ethnies différentes qui traversent des frontières nationales et qui gardent entre elles de fort liens culturels tout en appartenant à des pays différents.
4. Le Sénégal et le Tchad sont des pays musulmans, très différents l'un de l'autre en ce qui concerne le niveau de vie. Le Sénégal est un des pays les plus riches d'Afrique, le Tchad un des plus pauvres.
5. Les Nord-Africains ont la peau blanche. Ceux qui habitent le sud forment le cœur de l'Afrique noire. Les Bantous, un mélange d'ethnies noires, parmi d'autres, se trouvent en Afrique centrale.

La voie de l'unité se trouve-t-elle dans leurs cœurs ?...

COUPLES : LES GALÈRES DE L'UNION

« Le cœur a ses raisons que la raison ignore » et le mariage en Afrique, ses lois incontournables.[a]

Par Françoise Simon

A Dakar,[b] la famille Fall est au désespoir.[c] La mère refuse de manger et de quitter sa chambre. Sa fille vient de lui apprendre l'horrible nouvelle : elle est amoureuse d'un Tchadien qu'elle a rencontré en France et elle veut l'épouser. « Ma fille est devenue folle ! » répète la mère.

L'Unité... S'unir... Se marier ? Est-ce si facile aujourd'hui en Afrique entre personnes de différentes nationalités ? Parfois les choses sont simples ! On épouse quelqu'un qui est né de l'autre côté de la frontière mais qui est, en fait, un cousin. Il parle la même langue, appartient à la même ethnie. La frontière ne signifie pas que l'on est étranger. Les Sara et les Kaba, par exemple, ont beau se trouver de part et d'autre de la frontière centrafricano-tchadienne, les mariages ne posent pas de problèmes. De même les frontières qui séparent les Peuls du Burkina et du Mali, les Mandingues de Guinée et du Mali, les Haoussas du Niger et du Nigéria, les Kongos du Zaïre et du Congo, etc., n'existent que sur le papier. Héritées de l'époque coloniale, elles font fi de[d] la réalité humaine et elles sont totalement artificielles pour ces peuples qu'elles divisent. En revanche, dans d'autres cas, si on soulève la question d'un mariage « internationalité », la mère éclate en sanglots[e] et s'écrie comme chez les Fall : « Tu ne vas pas épouser un de ces sauvages ! Que vont penser les gens ? Il n'y a rien là-bas, chez eux ! ». Mais, l'étranger, celui avec lequel la famille ne souhaite pas un mariage, n'a pas toujours un passeport différent... Le drame peut être tout aussi grave pour un couple de même nationalité si les deux personnes n'appartiennent pas à la même ethnie, à la même caste ou s'ils n'ont pas la même religion.

Jean-François, de la République Centrafricaine, a épousé Martine, une Burkinabé. Il reconnaît lui-même : « Heureusement, nous sommes tous les deux catholiques ! » Mais Michel (catholique) et Awa (musulmane) ont beau être sénégalais, pour que la famille accepte le mariage, Michel a dû se convertir à l'islam. Achille, le Congolais, est catégorique : « Pour moi, il serait plus naturel d'épouser une fille Kongo du Zaïre qu'une fille du nord du Congo ! » Beaucoup de couples interafricains se forment à l'étranger ou dans les grandes capitales africaines.

Jean-François et Martine se sont rencontrés en France. Les petites différences culturelles ne leur posent, pour l'instant, pas trop de problèmes. Ils ont fait tous deux des compromis et leur couple marche. Jean-François souligne bien sûr : « Nous, en Afrique Centrale, on aime bien s'amuser, aller danser, chanter, faire de la musique. Les gens d'Afrique de l'Ouest aiment plutôt se retrouver entre eux et rester à la maison pour boire du thé... » Il a donc fallu s'adapter l'un à l'autre et se forcer à parler la langue commune : le français, même avec la famille et les amis. Comme ils vivent en France, un territoire neutre, cela a été assez facile. Mais un gros point d'interrogation demeure : dans quel pays iront-ils vivre ensuite ? « Ça c'est le hic[f] ! » avouent-ils.[g] « Voilà pourquoi nous restons en France... » souligne Martine, tout en admettant que c'est une fuite en avant.[h] Tôt ou tard, il faudra bien rentrer.

---

[a]inévitables [b]capitale du Sénégal [c]au... désespérée [d]font... méprisent [e]pleurs [f]le hic... la difficulté [g]admettent-ils [h]fuite... escapade temporaire

A vous la parole

1. Pourquoi la famille Fall est-elle au désespoir?
2. En quels cas les mariages ne posent-ils aucun problème?
3. Quelles sortes de mariages posent les problèmes les plus difficiles à résoudre?
4. Où se font la plupart des unions interafricaines? Pourquoi, à votre avis?
5. Pourquoi et pour combien de temps Martine et Jean-François restent-ils en France?
6. Connaissez-vous des exemples de mariages internationaux, interethniques ou interreligieux? Quels sont les problèmes que les couples ont dû surmonter? Quels sont les avantages de ces unions? Croyez-vous que de tels mariages facilitent l'intégration? Commentez votre réponse.
7. En Afrique comme ailleurs il existe beaucoup de préjugés. Pourquoi, à votre avis, les préjugés existent-ils et restent-ils aussi tenaces? Donnez des exemples de préjugés existant dans votre pays. Que peut-on faire pour les éliminer?
8. D'après vous, peut-on dire que la colonisation a été positive? En quel sens a-t-elle été négative?

CHAPITRE 11
Les beaux-arts

Un peintre à la place du Tertre, Montmartre LOUIS GOLDMAN / PHOTO RESEARCHERS, INC.

> *L'art est beau quand la main, la tête et le cœur travaillent ensemble.*

Un aperçu rapide de la contribution française au domaine des beaux-arts ne peut être que partiel: le champ est vaste et le nombre de personnages qui y figurent trop important. Aussi ce chapitre ne traite-t-il que quelques périodes de l'histoire des beaux-arts et quelques artistes dont vous avez peut-être déjà entendu parler.

Il faut d'abord vous signaler une contradiction dans l'attitude française envers les beaux-arts: en tant que *public,* les Français sont conservateurs, méfiants, lents à reconnaître l'originalité et la créativité. Le scandale fait partie intégrale de la vie intellectuelle et artistique en France. Et pourtant ce sont des peintres, des sculpteurs, des musiciens français qui ont changé plus d'une fois le cours de l'histoire de l'art dans le monde occidental.

Nous proposons donc de vous faire partager quelques appréciations d'artistes vus par des critiques ou des témoins imaginaires de différentes époques. Certains jugements seront favorables, d'autres sceptiques, d'autres complètement négatifs. Nous vous laissons le soin de juger vous-mêmes de la valeur des œuvres présentées. Vous aurez l'occasion de réfléchir sur la résistance aux «choses modernes» en général et sur les conséquences de cette résistance; vous aurez aussi l'occasion d'exprimer votre propre opinion sur les beaux-arts.

Mots et expressions

l'atelier (*m.*) workshop, studio
une espèce de a kind of
la foule crowd
laid(e) ugly
la laideur ugliness
se moquer de to laugh at, to make fun of
par contre on the other hand
par rapport à in comparison with
saisir to seize, to grasp
le vitrail, les vitraux stained-glass window(s)

Emplois

A. Trouvez les mots qui correspondent aux définitions suivantes.

1. lieu où travaillent des ouvriers ou des artistes
2. en proportion de, comparé à   3. ridiculiser quelqu'un ou quelque chose
4. fenêtre faite de morceaux de verre coloré   5. expression utilisée lorsqu'on ne peut pas définir un nom de façon précise

B. Trouvez le contraire des expressions suivantes.

1. beau
2. lâcher
3. une personne seule
4. de même

C. Complétez le paragraphe avec les mots qui conviennent.

Il était une fois un artiste qui voulait faire disparaître la _____ du monde. Il travaillait jour et nuit dans une _____ cave qu'il appelait son _____. Tout le monde _____ de lui... mais au bout de longues semaines, il avait créé deux merveilleux _____ multicolores. _____ par une aussi grande beauté, la _____ de ceux qui n'avaient pas cru à son talent exigea que le roi lui permette de redécorer la chapelle du palais.

a peinture

Voici deux opinions personnelles sur la peinture de deux époques différentes: l'impressionnisme et la peinture abstraite du vingtième siècle. Dans le premier texte, un étudiant américain raconte sa visite au Musée d'Orsay. Dans le deuxième, un monsieur d'un certain âge accompagne sa femme au Musée national d'art moderne (actuellement le Centre Pompidou).

L'impressionnisme

*S*teven Williams fait un exposé oral avec diapositives pour son cours de français.

«Je ne connais pas grand-chose dans le domaine de la peinture, mais je sais ce que j'aime—et j'adore les Impressionnistes! Lors de° mon premier séjour à Paris, je suis allé au Musée d'Orsay, et Dieu sait que je ne suis pas fanatique de musées! Mais devant ces tableaux magnifiques, on se sent très à l'aise; ils sont émouvants, mais faciles à comprendre. Regardons cette première diapositive.

Lors... Pendant

Le Musée d'Orsay (extérieur) ULRIKE WELSCH / PHOTO RESEARCHERS, INC.

Le Musée d'Orsay (intérieur) MARK ANTMAN / THE IMAGE WORKS

Dans *L'Inondation à Port-Marly* d'Alfred Sisley, par exemple, on voit bien le jeu de la lumière et des reflets sur l'eau. Les contours ne sont pas distincts. Voyez comme le ciel et l'eau se confondent.° Ou bien, admirez *Le Moulin de la Galette* de Renoir. L'artiste a bien saisi le rire, la conversation animée, le mouvement des danseurs. Il y a une telle vérité dans ces taches° de lumière produites par le soleil passant à travers le feuillage! Avez-vous entendu parler de Berthe Morisot, que l'on peut compter parmi les plus grands impressionnistes? Ses sujets préférés étaient les femmes et les enfants. En voici un très bel exemple: *Le Berceau.*° Comment a-t-elle su représenter la fragilité et la délicatesse de ce voile en mousseline°? Regardez comme le nouveau-né imite avec ses bras les gestes de la mère.

° se mélangent

° marques

° lit pour enfants
° coton léger et clair

«Avant les impressionnistes, les peintres montraient un souci de° l'exactitude dans les êtres et les choses. Ils peignaient dans leur atelier, faisant beaucoup d'études pour chaque tableau, représentant la réalité dictée par la mémoire, par la raison et par l'éducation. La peinture commençait à ressembler à la photographie. Les Impressionnistes, par contre, voulaient représenter les objets tels qu'on les voit de prime abord,° sans l'intervention de la pensée; ils tâchaient° de saisir la vérité du moment, l'impression créée par le jeu de la lumière, les reflets et les ombres. Claude Monet a d'ailleurs peint le même sujet

° montraient... étaient attentifs à

° de... à première vue
° essayaient

Alfred Sisley: L'Inondation à Port-Marly (1876)

Auguste Renoir: Le Moulin de la Galette (1876)

Berthe Morisot: Le Berceau (1872)

à différents moments de la journée pour rendre les divers effets de l'éclairage; les résultats sont vraiment étonnants. Regardez *La Gare Saint-Lazare,* les *Cathédrales de Rouen, les Nymphéas.*°   Water Lilies

«Mais une chose qui ne cessera jamais de m'étonner, c'est l'attitude des critiques et du public de l'époque. Pendant longtemps ils n'ont pas compris le mérite de la nouvelle peinture. Les tableaux des Impressionnistes étaient systématiquement refusés aux salons° officiels; quand les artistes ont créé leur   expositions
propre exposition en 1870, beaucoup de gens y sont allés, mais surtout pour rire, disant que ces artistes ne savaient pas peindre. N'importe quel enfant réussirait aussi bien à ce genre de peinture, disaient les critiques. Pourquoi les gens réagissaient-ils de cette façon? Je suppose que les artistes sont toujours en avance sur leur époque et que leurs œuvres ne sont pas complètement lisibles pour leurs contemporains. Mais on dirait que les Français ont fait preuve d'un excès de conservatisme: si une bonne partie des œuvres impressionnistes est maintenant à l'étranger, c'est parce que les expositions aux Etats-Unis, en Belgique et en Allemagne ont eu du succès alors qu'on criait encore au scandale à Paris.

«Enfin, il est indéniable que les Impressionnistes sont maintenant parmi les peintres les plus appréciés du monde occidental. Ils cherchaient une réalité nouvelle, indépendante de la reproduction photographique, et ils ont véritablement ouvert la voie à la peinture moderne.»

Claude Monet: La Gare Saint-Lazare (1877)

La peinture abstraite du vingtième siècle

*E*t maintenant, voici Hubert Vieuxjeu et sa femme, Marthe, qui font un tour au Musée national d'art moderne (actuellement Centre Pompidou):

HUBERT: Je ne sais pas pourquoi tu insistes absolument pour qu'on visite ce musée encore une fois. Tu sais ce que je pense de l'art moderne.
MARTHE: Justement°! Il est temps que tu commences à apprécier les œuvres d'art qui reflètent le monde dans lequel tu vis.
HUBERT: Malheureusement, je n'ai jamais vu de rapport entre ce monde-ci et les monstres informes° représentés dans les tableaux au Musée d'art moderne.
MARTHE: C'est seulement parce que tu ne comprends pas. N'oublie pas que personne n'acceptait les Impressionnistes en 1870 tandis que maintenant, c'est de la peinture classique.
HUBERT: C'est différent.
MARTHE: Pas du tout. Mais j'avoue que l'art contemporain est encore plus difficile parce que la peinture est devenue beaucoup plus intellectuelle au vingtième siècle. Etant donné le° développement de la photographie et des mass-média, la peinture ne sert plus de moyen d'information ni de propagande; elle est devenue plutôt une forme de réflexion et d'analyse, un instrument de connaissance.
HUBERT: Je ne sais pas ce que tu veux connaître en regardant cette série de lignes ou ces taches de couleur ou ce gribouillis° d'enfant.
MARTHE: Ecoute. Regarde ce tableau de Georges Braque: *Composition à l'as de trèfle.*°
HUBERT: Oui, c'est magnifique: on dirait l'intérieur d'un de nos tiroirs quand il n'est pas rangé.
MARTHE: Voyons; essaie de comprendre. Braque était ami avec Pablo Picasso et tous deux ont lancé le mouvement qu'on appelle le Cubisme. Leur première exposition a provoqué un scandale tellement énorme qu'il y en a eu des retentissements° même au Parlement.
HUBERT: Ça ne m'étonne pas.
MARTHE: Mais aujourd'hui, avec le recul du temps,° nous acceptons mieux.
HUBERT: Tu crois?
MARTHE: Mais oui. Tu vois, les Cubistes voulaient créer des compositions géométriques à partir des divers aspects d'un même objet, et reproduire les trois dimensions sur une surface. Tu vois comme les lignes rectangulaires de la carte sont répétées partout dans la composition, ainsi que la courbe° du cœur.
HUBERT: Et alors?
MARTHE: Et alors, nous sommes devant une nouvelle expérience du monde physique, une nouvelle réalité; nous sentons une espèce d'unité sym-

Exactement!

sans forme

Etant... A la suite du

mauvaise écriture

l'as... *the ace of clubs*

conséquences

avec... rétrospectivement

ligne arrondie

Georges Braque: Nature morte à l'as de trèfle

bolique entre l'objet et l'environnement. Viens, suis-moi. Tu te rappelles l'exposition Dali qu'on a vue l'an dernier? Certaines de ses toiles t'ont plu, tu l'as avoué. Voici *La Persistance de la mémoire*. Te souviens-tu de quelle façon Dali représente l'infinité du temps en accrochant des montres partout? Comme si, de la vie et de la mort, le temps et la mémoire survivent uniquement.

HUBERT: C'est vraiment bizarre, ce tableau. Qu'est-ce que c'est comme animal?

MARTHE: Regarde; un autre tableau surréaliste: *Le Palais aux rochers de fenêtres* d'Yves Tanguy.

HUBERT: Ça alors c'est fascinant. Il était pilote, ce Tanguy? Il a dû rêver que son avion s'était écrasé°...   détruit

MARTHE: Tu te moques mais tu n'es pas loin de la vérité quand tu parles de rêve.

HUBERT: ...ou de cauchemar.°   mauvais rêve

MARTHE: Comme tu veux. Enfin, les Surréalistes ont cherché leur inspiration dans l'irrationnel, dans l'inconscient, dans les visions du rêve. Tan-

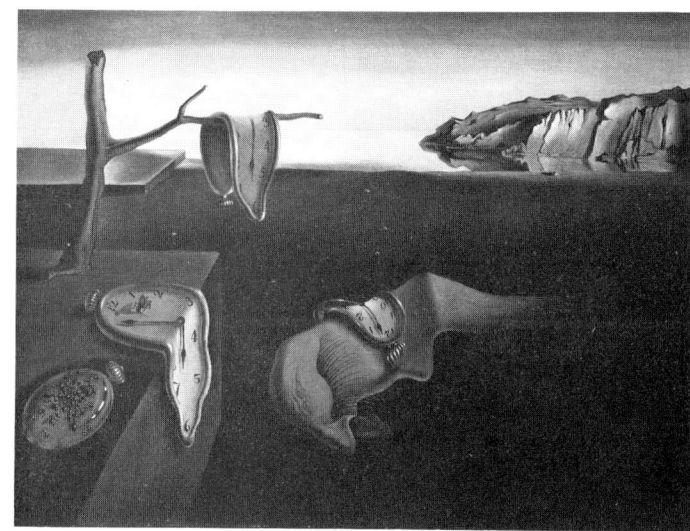

Salvador Dali: La Persistance de la mémoire (1931)

Yves Tanguy: Le Palais aux rochers de fenêtres

guy, paraît-il, a toujours été fasciné par les bizarres formations de rochers—dolmens et menhirs°—qui se trouvent en Bretagne où il allait pour les vacances d'été. — *dolmens... grands monuments de pierre de l'époque préhistorique*

HUBERT: Si on ne regarde pas de trop près, on dirait du linge° étendu au soleil. — *laundry*

MARTHE: Hubert, il ne faut pas toujours chercher à identifier les choses. Les peintres abstraits ne voulaient pas imiter la nature. Ils voulaient créer des formes nouvelles et les situer dans un nouveau rapport avec l'espace.

HUBERT: Tu as raison. On pourrait être sur la lune.

MARTHE: Oui, nous sommes dépaysés° devant ses tableaux. Dali et Tanguy ont créé ces objets tels qu'°ils existent dans leur vision intérieure. — *désorientés* / *tels... comme*

HUBERT: En tout cas, ça vaut mieux que ces soi-disant° artistes qui couvrent leurs canevas d'affreuses taches de toutes les couleurs. Notre petit Gilbert fait mieux, et il est à la maternelle°! A quatre ans, il a un avenir artistique assuré! — *so-called* / *à... (l'école) maternelle*

MARTHE: Hubert, tu es vraiment un cas désespéré.° C'est la dernière fois que je t'amène au Musée d'Art Moderne. — *sans espoir*

HUBERT: C'est exactement ce que tu m'as dit il y a quinze jours.

La peinture est poésie muette.

Avez-vous compris?

1. Quel était le but des Impressionnistes? Comment les critiques les ont-ils accueillis? 2. Citez trois Impressionnistes ainsi que leurs caractéristiques personnelles. 3. Qu'est devenue la peinture au vingtième siècle? 4. Que savez-vous du mouvement cubiste? 5. Que pensez-vous des Surréalistes? Citez au moins trois œuvres connues.

A votre avis

1. Quel style de peinture préférez-vous? Que pensez-vous de l'Impressionnisme? de la peinture abstraite? Citez des tableaux ou des artistes que vous aimez particulièrement, d'autres que vous n'aimez pas du tout, et commentez vos réponses.
2. Pourquoi, selon vous, les gens ont-ils du mal à comprendre la peinture de leur époque? Pensez-vous que l'artiste ait un rôle à jouer dans la société? Les critiques d'art sont-ils utiles ou non? Justifiez vos réponses.

3. Tous les enfants du monde font de la peinture; à votre avis, pourquoi? Que signifie la peinture pour un enfant? Pourquoi est-ce que beaucoup de gens s'arrêtent de peindre ou de dessiner quand ils sont adultes? Qu'est-ce que vous aimiez peindre quand vous étiez petit(e)? Faites-vous encore de la peinture? Pourquoi?
4. Faites l'analyse d'un des tableaux dont la reproduction paraît dans ce chapitre. Groupez-vous par trois en désignant l'un d'entre vous pour présenter l'auteur, un autre pour décrire le tableau (celui-ci devra se munir d'une reproduction en couleurs) et le troisième pour donner une interprétation d'un aspect de l'œuvre—effets de lumière, couleurs, mouvement, sujet représenté, psychologie, etc.

La sculpture

Nous allons maintenant considérer l'œuvre d'un grand sculpteur du dix-neuvième siècle, Auguste Rodin, artiste lui aussi incompris de son temps mais admiré par la majorité de nos contemporains. Il existe même à Paris un Musée Rodin, entièrement consacré à l'exposition de ses œuvres. Certaines de ses sculptures sont mondialement connues: *Le Penseur, Le Baiser*. Et on le considère comme un des maîtres les plus géniaux de tous les temps, grâce à sa fougue (*ardor*) expressionniste. Voici une critique tirée des journaux de l'époque décrivant l'ouverture du Salon Officiel de la Sculpture.

Auguste Rodin

Nous sommes à Paris, en 1898, au Salon de la Société nationale de la sculpture. Un sculpteur français vient de dévoiler° une statue commandée par la Société des Gens de Lettres dont le président est Emile Zola.¹ Nous tombons en plein milieu° d'un scandale sans précédent dans l'histoire de la sculpture. Les membres de l'assistance se révèlent profondément déçus—non, ce n'est pas le mot—choqués, offensés, par la statue qu'ils ont devant eux. Le sculpteur se fait huer.° La Société des Gens de Lettres refuse cette œuvre. Qui est ce sculp-

enlever le voile d'

en... au cœur

lancer des cris de désapprobation

---
¹ Grand romancier, chef de l'école naturaliste. Il a pris position dans les luttes politiques (l'affaire Dreyfus) et a écrit d'importants ouvrages de critique d'art (*Edouard Manet*) et de critique littéraire.

teur qui se fait universellement condamner? Il s'appelle Auguste Rodin. Sa statue? *Balzac*.[2]

Dans une interview, M. Vuborné, président de la Société des Gens de Lettres, explique les raisons du refus de cette statue:

> Nous avons confié à M. Rodin l'exécution d'une statue de Balzac, il ne nous en a donné que l'ébauche.° Regardez-la: elle n'est pas achevée. M. Rodin n'aurait-il pas eu le temps de la finir? Se moquerait-il de nous, par hasard? Quelle ressemblance voyez-vous avec le grand écrivain? On n'y distingue que cette espèce de robe de chambre° sans forme et un visage dont les traits° sont à peine visibles. Cette statue n'est qu'une masse informe, n'ayant aucun rapport avec la réalité.

forme non-finie

robe... manteau d'intérieur
lignes caractéristiques

Auguste Rodin: Balzac
(plâtre 1898, bronze 1939)

---

[2] **Balzac (Honoré de):** un des plus grands romanciers français. Il a écrit plus de quatre-vingt-dix romans regroupés sous le titre *La Comédie Humaine* pour décrire la société du dix-neuvième siècle.

La plupart des gens présents semblaient d'accord avec M. Vuborné. Un des critiques, pourtant, a défendu le sculpteur dans les termes suivants:

> Ce n'est pas une imitation mécanique de la personne de Balzac qui aurait pu révéler l'âme de cet homme. La réalité ne peut pas se trouver dans une copie exacte de la nature. Le *Balzac* de M. Rodin est donc plus grand que nature: il a voulu montrer l'homme de génie dominant la foule, partageant la grandeur des dieux. Seule cette masse à peine modelée peut rendre sa puissance. Il l'a donc enveloppé dans ce long manteau qui dissimule° les articulations du corps, qui le couvre comme un linceul.° Mort, il est encore plus puissant que vivant. Mais regardez bien les traits du visage: sous tant de dédain, on y voit toute l'angoisse intérieure. C'était la vision de Rodin. Aucune copie «réaliste» n'aurait pu la traduire avec fidélité.

cache
shroud

> *Le secret des arts est de corriger la nature.*
> Voltaire

César Baldaccini

Encore un artiste qui a beaucoup choqué son époque! Ecoutons ses critiques pendant les années soixante.

> «L'inimitable César vient de présenter sa dernière invention, ce qu'il a encore l'audace d'appeler «sculpture»: des compressions d'automobile!»

> «César Baldaccini n'a cessé de se moquer du public en semant° chaque année le désordre et la confusion dans les esprits par un nouvel outrage à l'art de la sculpture.»

disséminant

> «Admettons, jusqu'à maintenant, l'artiste a quand même participé à ce qu'il appelle son œuvre par l'intermédiaire du fer à souder° avec lequel il manipule son matériau.° Mais comment encore prétendre que les compressions d'automobiles soient de la sculpture, de l'art? Cette fois-ci, César est allé trop loin!»

fer... soldering iron
matière de construction

Mais César a malgré tout des défenseurs:

> «C'est la ferraille° qui suggère et exprime, et de cette masse surgit la sculpture dans un triomphe de la vie sur la décadence et l'inertie.»

fer inutilisable

182 ■ Chapitre 11

César Baldaccini: The Yellow Buick (1961)

«Il a vu dans les compressions d'automobiles le contraste entre la beauté et la laideur, il a vu ces couleurs brillantes, cette concentration d'énergie, cette expression incomparable de la civilisation moderne.»

«Ayant vécu ses jeunes années dans la pauvreté du ghetto des immigrés marseillais, il a développé une philosophie de la vie inséparable de son art; s'il travaille avec la ferraille, c'est qu'il est capable de voir la dignité, la flexibilité, l'expressivité de cette matière pauvre.»

D'après la reproduction de *The Yellow Buick,* dans quel camp allez-vous vous ranger°? Les amateurs ou les détracteurs de «l'inimitable César»?   mettre

---

Avez-vous compris?

1. La statue de Balzac par Rodin a provoqué des opinions contradictoires. Lesquelles? Commentez.
2. César a choqué son public. Qu'est-ce que ses critiques lui reprochent? Qu'est-ce que ses défenseurs admirent en lui?

A votre avis

1. Vous intéressez-vous à la sculpture? Quel est votre style favori? Que recherchez-vous dans une sculpture? Une reproduction de la réalité? Une transformation de la réalité?
2. Connaissez-vous d'autres sculptures ultra-modernes que celles de César? Pouvez-vous les décrire? Pouvez-vous justifier la sculpture moderne ou pensez-vous qu'elle soit totalement injustifiable, indigne d'être appelée «art»?
3. Les critiques disent souvent qu'un(e) artiste «se moque de nous» quand ils ne comprennent pas son œuvre. Que pensez-vous de cette attitude? Est-ce que certains artistes veulent réellement se moquer de leur public, ou bien est-ce que le public n'est pas assez éduqué pour comprendre leur message? Commentez.
4. Faites l'analyse d'une des deux sculptures ici représentées. Groupez-vous par cinq et désignez l'un d'entre vous pour présenter l'auteur, un autre pour décrire la sculpture et un troisième pour en donner sa propre interprétation. En s'aidant de reproductions des sculptures choisies, les deux derniers devront les comparer en exposant les similitudes et les différences.

architecture

Regardons maintenant deux exemples d'architecture très éloignés l'un de l'autre dans le temps, mais très proches dans l'espace: la cathédrale Notre-Dame à Paris et, de l'autre côté de la Seine, le nouveau Centre national d'art et de culture Georges Pompidou. Voici la réaction de l'observateur moyen (*average*) devant ces deux monuments.

La cathédrale Notre-Dame

Un apprenti sculpteur toulousain, de passage à Paris vers le milieu du treizième siècle, écrit à son maître et parle de la construction de la cathédrale Notre-Dame, commencée en 1163 et terminée vers 1245.

> La cathédrale semble presque achevée. Déjà immense, nous ne pouvons pas imaginer qu'elle pourra s'élever encore plus haut. Il y a des gens qui ne s'en approchent jamais, disant qu'elle va s'écrouler° tellement elle est haute, avec ses murs aussi minces, si peu solides. Quelle impression de légèreté elle donne, une véritable dentelle° de pierre, surtout par rapport aux églises dont nous avons l'habitude. Mais la plupart des gens croient

tomber

lace

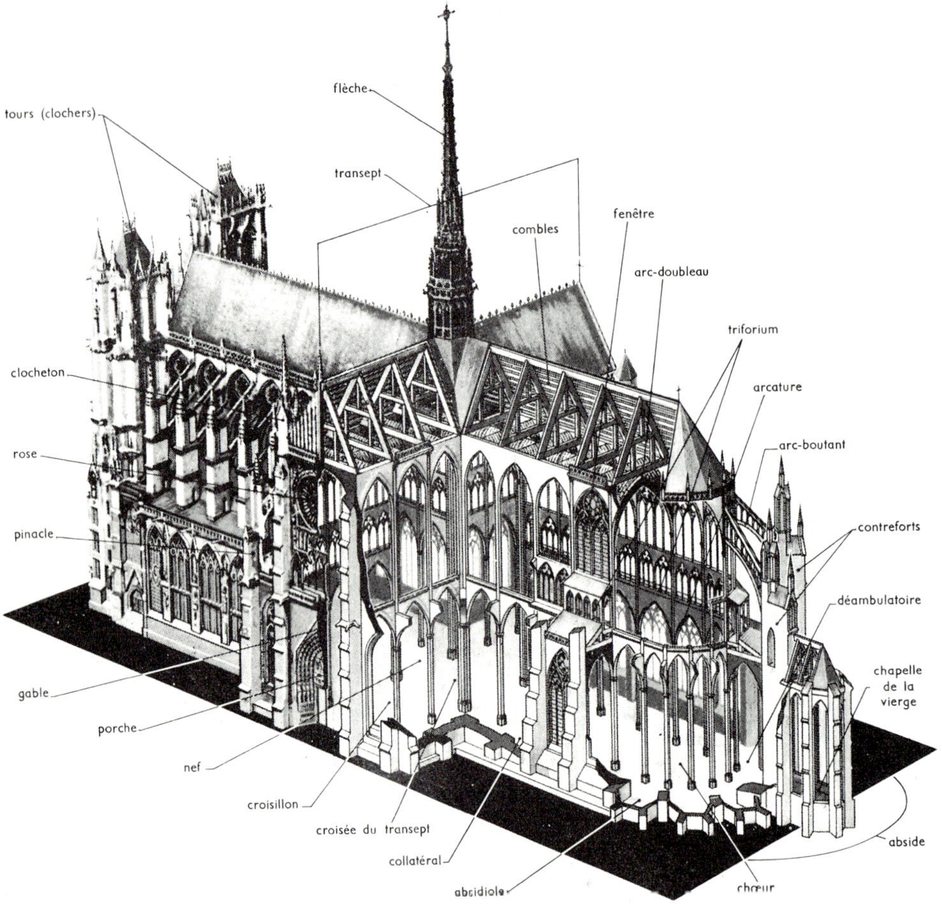

Chapitre 11

Notre-Dame de Paris
MARK ANTMAN / THE IMAGE WORKS

tout simplement au miracle. Certains ont peur que Dieu nous punisse de notre vanité pour avoir voulu construire un édifice aussi majestueux. D'autres disent, au contraire, que c'est le symbole de la foi chrétienne.

Au-dessus du portail° central, on voit un énorme vitrail rond de couleurs brillantes qu'on appelle la rosace et qui éclaire tout l'intérieur de la nef.° Tous les murs sont percés de fenêtres en ogives dont les vitraux sont une véritable Bible en images servant à enseigner l'histoire du Christ à ceux qui ne savent pas lire. A l'intérieur comme à l'extérieur, on est saisi par le mouvement vertical de toutes les lignes: colonnes, pinacles, contreforts,° fenêtres, et arcades s'élancent vers Dieu. Quelle foi, quelle ferveur et quels sacrifices contribuent à la construction de cette merveille! Merveille... ou monstre? Car, après tout, elle a été construite avec le sang et la sueur° du peuple.

° l'entrée

° partie centrale dans le sens de la longueur

° buttresses

° transpiration

> *Pour exécuter de grandes choses, il faut vivre comme si l'on ne devait jamais mourir.*

Le Centre national d'art et de culture Georges Pompidou

Deux Parisiens, d'opinions divergentes, discutent du Centre national d'art et de culture Georges Pompidou, ouvert en 1977 et aussi appelé «Beaubourg».

PAULINE: Un musée? Ça s'appelle un musée, ce monstre, cette horreur en forme de bâtiment? Avec son atmosphère de cirque?
VINCENT: Comment, cirque?
PAULINE: Tous les jours, sur la place devant le bâtiment, on a droit à tous les spectacles imaginables: des cracheurs° de feu ou des avaleurs d'épée,° des mimes, des magiciens, des contortionnistes, des gitans,° des types qui se couchent torse nu sur des morceaux de verre cassé, vraiment, n'importe quoi.
VINCENT: Mais tous ces spectacles servent, justement, à attirer le public, selon la conception de Georges Pompidou lui-même.
PAULINE: Quelle conception?
VINCENT: Son idée était de rendre tous les arts accessibles à tous les publics, et en particulier le public populaire. En général, le public populaire est tellement intimidé par l'austérité, le sérieux de l'art qu'il ne pénètre jamais dans les musées.

° de cracher: *to spit* / *sword*
° bohémiens

Le Centre Pompidou (Beaubourg)
HELENA KOLDA / PHOTO RESEARCHERS, INC.

PAULINE: Mais ce n'est pas une raison pour construire quelque chose d'aussi laid; le bâtiment est grotesque, une insulte au bon goût, détruisant l'harmonie du quartier où il est construit. Pensez donc, à cinq minutes de Notre-Dame! C'est un bâtiment construit à l'envers:° tout est en verre et en acier, les tuyauteries,° les circuits électriques à l'extérieur et peints de couleurs brillantes: bleu, vert, rouge. La seule chose valable du point de vue architectural est l'escalator en tube de verre sur un côté du bâtiment.

à... *inside out*
pipes

VINCENT: Vous avez tort! Avec tous les appareils de service à l'extérieur, l'espace intérieur devient plus ouvert, plus flexible. On peut combiner les expositions et ainsi détruire les barrières traditionnelles entre l'art, la littérature, la musique, la science. Pompidou a voulu un centre culturel qui soit à la fois un musée et un centre de création. Les gens viennent pour voir *et* pour travailler. Le Musée national d'art moderne y tient ses expositions permanentes et temporaires; mais il n'y a pas que ça. Il y a aussi la Bibliothèque publique d'information, le Centre de création industrielle, une cinémathèque° et aussi l'Institut de recherche et de coordination acoustique/ musique de Pierre Boulez.³

une sorte de bibliothèque pour films

PAULINE: Ah, oui? Je pensais que c'était seulement un musée.

VINCENT: Pas du tout. Et puis, vous savez, je pense que la plupart des gens commencent à accepter votre «monstre» maintenant. N'oubliez pas qu'à la fin du siècle dernier, les Parisiens ont crié avec la même fureur lors de la construction de la tour Eiffel.

PAULINE: C'est vrai. Mais moi, je n'aime toujours pas la tour Eiffel.

---

³Compositeur et chef d'orchestre. Il a aussi été directeur du New York Philharmonic et de l'orchestre de la B.B.C. et exerce une profonde influence sur la musique classique contemporaine.

VINCENT: Effectivement, vous êtes difficile à convaincre. Ecoutez: il paraît que le restaurant au quatrième étage du Centre Pompidou est très bon; venez déjeuner avec moi la semaine prochaine; vous changerez peut-être d'avis.
PAULINE: On verra.

Avez-vous compris?

1. Notre-Dame est un bel exemple de style gothique. Soulignez-en quelques aspects typiques.   2. Dans quel but le Centre Pompidou a-t-il été créé? Que peut-on y trouver?   3. Pourquoi l'aspect extérieur de Beaubourg choque-t-il certaines personnes?

A votre avis

1. Choisissez un style d'architecture (roman, gothique, moderne) et expliquez avec des exemples tout ce que vous en savez.
2. Etes-vous pour ou contre le mélange des genres dans un quartier? Par exemple, êtes-vous choqué que le Centre Pompidou, ultra-moderne, soit bâti dans l'un des plus vieux quartiers de Paris, ou pensez-vous qu'un style se valorise au contact d'un style différent? Commentez vos réponses.
3. Quels styles d'architecture typiquement américains connaissez-vous? Décrivez-les. Quelles influences ont-ils subies?
4. Etudiez la Pyramide du Louvre représentée sur la photo suivante. Avec un(e) camarade de classe discutez du pour et du contre de la réalisation de cet édifice ayant provoqué de bien étranges réactions.

La Pyramide du Louvre
HUGH ROGERS / MONKMEYER

Echos

Activité

La critique d'art. Apportez en classe la reproduction d'un tableau de maître. Mettez-vous par deux et montrez à votre partenaire la peinture que vous avez choisie, mais sans lui en donner le titre ni le nom de l'artiste. Il (Elle) devra essayer de les deviner, puis de dire à quel mouvement ou école cette toile appartient. Ensuite, il (elle) en décrira le sujet, les couleurs, le style, les formes, les personnages et en donnera son avis personnel. Après cela, changez de rôle et faites la même chose avec la reproduction que votre partenaire a apportée.

La grammaire à l'œuvre

Choisissez un(e) des artistes étudié(e)s dans le texte, ou un(e) autre que vous connaissez. Imaginez que vous pouvez interviewer cette personne sur sa vie et sur son art; écrivez cette interview imaginaire en utilisant les pronoms interrogatifs suivants: **qui, que, qu'est-ce que, qu'est-ce qui, qui est-ce que, lequel.**

Rédaction ou discussion

Choisissez un sujet.

1. L'art est-il réservé à une certaine élite intellectuelle ou devrait-il être mis à la portée de tous? Justifiez votre opinion en donnant des exemples, si possible.
2. Comment réagissez-vous personnellement à la nouveauté: art moderne, nouvelle mode, etc.? Etes-vous plutôt pour ou contre la tradition? Commentez en donnant des exemples.
3. Quel style de peinture aimez-vous? Que pensez-vous de l'impressionnisme? de la peinture abstraite? Citez des tableaux et des artistes que vous aimez particulièrement, d'autres que vous n'aimez pas du tout et commentez vos réponses.

Jeu culturel

Salade d'artiste! Remettez les lettres des mots suivants dans le bon ordre pour retrouver les noms d'artistes célèbres.

Laid	Tomen
Idron	Paiscos
Onirre	Berauq
Tromois	

L'actualité

Qu'est-ce qu'un musée? Qu'est-ce que l'on peut y apprendre? Est-ce que ça vaut vraiment la peine d'y aller? Nous vous présentons ici un dépliant qui décrit brièvement le programme des expositions dans quelques grands musées français, tels le Louvre, le Grand Palais, etc. En lisant ce dépliant vous aurez une idée de tout ce que vous pourriez découvrir en allant au musée, ne serait-ce que de temps en temps. Une image vaut mille paroles? Lisez attentivement le texte du dépliant et répondez aux questions.

Musée du Louvre
Tél. 42 60 39 26
Tous les jours, sauf le mardi, de 9 h 45 à 17 h
Le ticket d'entrée au musée (20 F, 10 F) donne accès à ces expositions. Gratuit le dimanche

Département des arts graphiques (Pavillon de Flore)

Le dessin à Rome au XVIIe siècle

jusqu'au 6 juin

Rome s'impose au XVIIe siècle comme le lieu de rencontre exceptionnel d'artistes venus des diverses régions d'Italie, mais aussi de pays lointains, Pays-Bas, Allemagne ou France. Cent cinquante dessins choisis par Roseline Bacou et Jacob Bean dans les collections du Cabinet des Dessins du Louvre particulièrement riches en œuvres de cette époque, permettent d'évoquer les grands moments de l'art à Rome de Carrache à Maratta, ainsi que les innovations des paysagistes[a] découvrant la lumière méridionale[b] dans la campagne romaine de Breenbergh à Claude Gellée et Poussin.

[a] landscape artists
[b] southern

Musée de l'Orangerie
Place de la Concorde, 75001 Paris
Tél. 42 97 48 16
Tous les jours, sauf le mardi, de 9 h 45 à 17 h 15
Prix d'entrée : 15 F, 8 F

Fêtes au jardin des Tuileries (1662-1914)

1er juin - 3 octobre

Située dans le musée de l'Orangerie, au cœur du jardin des Tuileries, cette exposition veut évoquer à l'aide de tableaux, dessins et gravures[c] les fêtes qui eurent le jardin pour cadre. Fêtes du pouvoir, celles de Louis XIV en son Carrousel (1662), de la Révolution, du mariage de Napoléon, bals de la cour de Napoléon III, mais aussi fêtes populaires qui rassemblent les foules lors de l'envoi des premières montgolfières[d] (1783-1784), des feux d'artifices ou de la tenue des premières fêtes nationales, animées d'architectures éphémères de féerie.

[c] engravings

[d] hot-air balloons

Musée Eugène-Delacroix
6, rue de Furstenberg, 75006 Paris
Tél. 43 54 04 87
Tous les jours, sauf le mardi, de 9 h 45 à 17 h 15
Prix d'entrée : 10 F, 5 F

Delacroix et Byron. Chassériau et Shakespeare

11 mai - 14 août

Pour célébrer le bi-centenaire de la naissance de Lord Byron (1788-1824), le musée Delacroix présente en collaboration avec la Société française des Etudes byroniennes, un choix de dessins de Delacroix inspirés des vers du poète anglais. A cette présentation et à l'occasion de la publication de l'Inventaire des dessins de Théodore Chassériau (1819-1858), grand admirateur de Delacroix, sont exposées des œuvres de cet artiste, conçues d'après les pièces de Shakespeare et plus particulièrement Othello.

Musée national des arts africains et océaniens
293, avenue Daumesnil, 75012 Paris
Tél. 43 43 14 54
Tous les jours, sauf le mardi, de 9 h 45 à 17 h 15
Prix d'entrée : 22 F, 13 F le dimanche

L'art pour l'Afrique

9 juin - 11 juillet
(Exposition organisée par la Worldview International Foundation (WIF)

Cette manifestation internationale d'art contemporain réunit 120 artistes les plus renommés des Etats-Unis, d'Europe, d'Afrique, d'Asie et d'Amérique latine, dont les œuvres seront vendues au mois de juin à Paris au profit du Fonds International du Développement Agricole.
Une présentation de masques, de figures et de statues reliés aux rites agricoles d'Afrique appartenant au musée, accompagnera cette exposition.

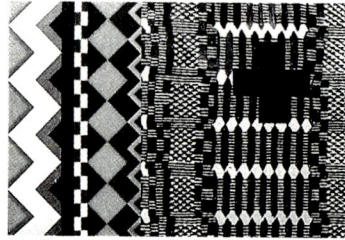

A vous la parole

1. Combien de sujets différents sont traités dans cette série d'expositions? Nommez-les (histoire, décor, archéologie, etc). Lesquels vous intéressent particulièrement? Pourquoi?
2. Une exposition a pour but d'enseigner quelque chose de nouveau au public; elle doit être organisée de façon à mettre en valeur un aspect du sujet auquel on

n'aurait pas prêté attention autrement. Choisissez trois expositions et expliquez le but de chacune. Comparez avec celles choisies par vos camarades de classe.
3. Quel est le meilleur jour pour aller au musée en France? Pourquoi? Quel est le jour de fermeture de la plupart des musées français?
4. Aimez-vous aller au musée de temps en temps ou n'y allez-vous jamais? Commentez votre réponse.
5. Pensez à une exposition que vous avez vue: quel en était le sujet? Quel en était le but? De quoi vous souvenez-vous?
6. Si vous pouviez organiser une exposition, quel sujet choisiriez-vous? Comment disposeriez-vous les œuvres? Quel public voudriez-vous inviter? De quoi voudriez-vous qu'il se souvienne?

CHAPITRE 12
La France et les Etats-Unis

Un distributeur automatique dans une station de métro à Paris
THE BETTMANN ARCHIVE

> *L'Amérique n'est pas l'Occident, elle est l'Extrême-Occident.*
>
> Duhamel

Dans un monde où les distances sont plus ou moins abolies, il est bien normal que les divers pays s'influencent mutuellement. Ce fait est encore plus visible lorsqu'il s'agit de nations ayant des affinités, comme les Etats-Unis et la France.

L'Amérique a exporté non seulement quelques richesses de son sol, mais aussi une certaine façon de vivre et de voir le monde, certains fruits de sa technologie, mais aussi une fascination indiscutable pour la nouveauté. C'est pourquoi on retrouve dans la vie quotidienne française quelques influences américaines. D'ailleurs, vous verrez que certains aspects de la France traditionnelle ont inversement conquis les Etats-Unis.

Cependant les échanges économiques, culturels et autres ne datent pas seulement de ces dernières décennies. Vous allez découvrir dans ce chapitre que les Etats-Unis ont participé à l'histoire de France, tout comme la France a influencé le cours de l'histoire américaine.

Mots et expressions

l'argot (*m.*) slang
commode easy, convenient
doux (douce) sweet
l'échange (*m.*) exchange
l'expérience (*f.*) experience; experiment
fier (fière) proud
la fierté pride
frapper to strike
malgré despite, in spite of
marcher to walk; to work, function
plaisanter to joke
le vol theft; flight

Emplois

A. Trouvez le contraire des expressions suivantes.

1. agir ou parler sérieusement
2. gênant, pas pratique
3. humble, modeste
4. amer (amère)
5. grâce à

B. Trouvez les mots qui correspondent aux définitions suivantes.

1. communication réciproque de documents, de renseignements, etc.
2. action de voler (dans l'air ou quelque chose à quelqu'un)
3. fait de provoquer une observation pour étudier certains phénomènes
4. donner, porter un coup; impressionner
5. langage particulier à un groupe
6. fonctionner; produire l'effet souhaité
7. attitude arrogante; sentiment de dignité

C. Complétez le paragraphe avec les mots qui conviennent.

Ce qui me _____ dans le monde moderne, c'est le nombre d'_____ entre les pays et cela _____ les grandes différences politiques. Il n'est pas toujours _____ de savoir qui est à l'origine des découvertes scientifiques et techniques. Considérez les _____ spatiaux, par exemple. Les Russes, les Américains et les Européens mettent constamment au point de nouvelles _____. Vous vous _____ certainement que chacun reste très _____ de sa contribution personnelle dans ce domaine. D'après moi cependant, ces expériences _____ beaucoup moins bien si on refusait la collaboration.

Étudiants d'échange

Deux jeunes Américains, Katy et Eric, se rencontrent dans une auberge de jeunesse° à Avignon. Ils sont venus passer le mois de juillet pour pouvoir assister au festival. Au cours d'une représentation d'*Hamlet* dans la Cour d'honneur du Palais des papes, ils engagent une conversation avec leurs voisins, Hervé et Stéphanie. Ils sont tous deux Avignonnais et ont participé l'été dernier à un programme d'échange entre la France et les Etats-Unis. A la fin du spectacle, ils continuent leur conversation à la terrasse d'un café, sur la Place de l'Horloge.

auberge... youth hostel

KATY: Regardez tous les gens qui se promènent dans la rue! Pourtant, il est une heure du matin.

HERVE: Ah, oui. Pendant le festival, c'est la fête tous les soirs, et une heure du matin n'est vraiment pas tard pour une ville du sud de la France.
STEPHANIE: Voilà le garçon qui arrive. Qu'est-ce que vous prenez?
KATY: Un Orangina pour moi.
STEPHANIE: Un Perrier citron, s'il vous plaît.
HERVE: Et toi, Eric?
ERIC: Moi, je crois que je prendrai bien une bière.
HERVE: Pourquoi pas? Deux bières. Export 33, ça te va?
ERIC: Oui, oui.
HERVE: Ce que vous pouvez boire comme bière aux Etats-Unis. Mais il faut dire qu'elle est moins forte que la bière européenne. Et cette «light» comme vous l'appelez, ce n'est que de l'eau!
ERIC: *(riant)* Oui, et elle est encore moins alcoolisée, ce qui explique pourquoi on peut en consommer une telle quantité.
KATY: En effet. Une Kronenbourg et hop! Je suis pompette! *(Hervé et Stéphanie éclatent de rire, en entendant cette expression si française.)*
ERIC: Pompette? C'est «ivre»?
STEPHANIE: Oui, enfin, un peu quoi. Mais Katy, où as-tu appris ça?
KATY: C'est mon prof aux U.S.A. Elle était formidable. Une jeune Française qui nous a appris beaucoup d'argot. La classe était vachement intéressante, parce qu'on avait vraiment l'impression d'apprendre quelque chose d'utile!
(Katy explique qu'elle vient de passer l'année scolaire à Rennes, en Bretagne.)
STEPHANIE: Et tu dis que tu repars la semaine prochaine? Tu es contente?
KATY: Oui, bien sûr, mais la France va aussi me manquer—surtout les boulangeries. Les petits pains aux raisins, j'adore ça!
STEPHANIE: Mais, ça fait grossir.
KATY: Tant pis! J'aurai pris trois kilos cette année. Et ces derniers jours, je m'offre une pâtisserie tous les jours pour le goûter. J'aurai bien le temps de faire régime quand je serai rentrée! Ce qui m'a le plus manqué c'est la musique.
ERIC: Tu plaisantes! On n'entend que de la musique anglophone ici. J'en suis sidéré.° Mais ce que les disques peuvent être chers! Et les compacts, n'en parlons pas.

° très surpris

HERVE: En effet. Quand j'étais aux U.S.A, j'ai fait une provision de disques. Par contre, j'ai eu l'impression qu'on mangeait toujours n'importe comment, n'importe quoi. Vous aimez la cuisine française?
ERIC: La bonne cuisine d'ici m'a vraiment manqué. Les repas à l'Auberge ne sont pas formidables. Aussi on a plus vite fait d'aller manger un sandwich jambon-fromage dans un café. C'est aussi plus sympa.
HERVE: Stéphanie, et si nous invitions Eric et Katy à venir déjeuner mardi prochain?

STEPHANIE: Mais oui. Nous sommes déjà sept à table. Deux de plus ou deux de moins, c'est pareil. Et Eric, tu vas goûter un repas vraiment français. Notre famille est bien provençale. Il aurait fallu que vous passiez un Noël avec nous. Nous avons gardé l'habitude des treize desserts, et le repas dure des heures!
HERVE: Entendu?
ERIC: Super.
KATY: Je veux bien. Quelle bonne fin de séjour!
HERVE: Oh là! Il est déjà deux heures, et il faut que je fasse des livraisons° à huit heures du matin.   *deliveries*
STEPHANIE: Nous travaillons dans une pharmacie pour faire quelques économies pour l'année scolaire.
ERIC: Mais pourtant, les universités sont gratuites ici.
HERVE: Bien sûr, mais il y a tout de même des frais—les livres, l'apparte,° les sorties. Bon, on y va. Vous voulez qu'on vous raccompagne?   *appartement*
KATY: Oui, merci!
HERVE: A vos risques et périls! C'est Stéphanie qui conduit.
STEPHANIE: Tu as fini, toi?

> *T*out ce qui se perfectionne par progrès, périt aussi par progrès.
>
> Pascal

Avez-vous compris?

1. Où Katy et Eric rencontrent-ils Hervé et Stéphanie?
2. Hervé et Stéphanie connaissent-ils les Etats-Unis? Expliquez votre réponse.
3. Quelle est la différence entre la bière américaine et la bière européenne?
4. Où Katy a-t-elle passé sa dernière année scolaire?
5. Qu'est-ce que Katy va le plus regretter en quittant la France?
6. De quoi Eric et Hervé sont-ils étonnés lorsque Katy parle de ce qui lui a le plus manqué pendant son séjour en France?
7. Qu'est-ce qui a le plus manqué à Hervé pendant son séjour aux Etats-Unis?
8. Pourquoi Eric n'a-t-il pas encore goûté à la cuisine française?
9. Les universités françaises ne sont-elles pas gratuites? Pourquoi Stéphanie dit-elle alors que son frère et elle travaillent pour faire des économies pour l'année scolaire?

Le dîner

Quelques jours plus tard Katy et Eric arrivent chez les Savalle, les parents de Stéphanie et d'Hervé. La table est mise sur la terrasse, à l'ombre des stores° en bambou. Il y a de nombreux pots de fleurs, et un arbre au fond du jardin couvert de fleurs blanches. Les volets verts contrastent avec les murs blancs sur lesquels deux petits lézards gris se dorent au soleil. Une odeur de lavande embaume° la terrasse. Les verres sont installés sur la table en attendant l'apéritif.

rideaux

parfume

MME SAVALLE: (*avec un fort accent français*) How are you? You are the new friends of Hervé and Stéphanie. You are welcome.
KATY: You speak English very well.
MME SAVALLE: Non, non, non. Je ne sais que ça. J'ai bien fait six ans d'anglais au lycée, mais… il y a belle lurette°!

belle… très longtemps

M. SAVALLE: Bonjour les Américains! Moi, je ne parle pas un mot d'anglais, mais on m'a dit que votre français est impeccable. Alors, asseyez-vous et prenons l'apéritif en attendant les autres. Vous m'excuserez, mais il me faut retourner travailler à deux heures. Un pastis,° Eric?

apéritif à base d'anis

ERIC: (*hésitant un peu*) Oui. Merci.
M. SAVALLE: Katy?
KATY: Non, merci.
M. SAVALLE: Mais il faut goûter ça, surtout que vous repartez bientôt.
ERIC: Allez, Katy, goûte un peu. Cela fait partie de l'expérience pour laquelle nous sommes venus.
KATY: Bon, d'accord. Mais juste un peu.
MME SAVALLE: Alors, vous vous plaisez ici? C'est beau Avignon, n'est-ce pas? Surtout en été. Et il fait plus beau qu'au nord de la Bretagne.
KATY: Ah, pour ça, oui.
MME SAVALLE: Des biscuits salés°?

biscuits… *crackers*

ERIC: Des Ritz crackers!
MME SAVALLE: Comment vous appelez ça?
STEPHANIE: Mais Maman, je t'ai dit qu'aux Etats-Unis, on mange des Ritz, sauf qu'ils sont plus gros et qu'on les mange parfois avec du beurre de cacahuète.°

peanut

M. SAVALLE: Mais qu'est-ce que c'est que ça? C'est doux? C'est salé?
ERIC: C'est plutôt doux. On y met aussi de la confiture.
M. SAVALLE: Ah vous, les Américains. C'est comme les Anglais! Ils mangent du porc avec de la sauce à la menthe. Mieux vaut mourir. Stéphanie, on sonne. Tu vas ouvrir?

Ce sont les grands-parents maternels de Stéphanie et Hervé ainsi que leur oncle, revenant lui-même d'un voyage d'affaires passé aux Etats-Unis. Tout le monde se lève et s'embrasse deux fois, une fois sur chaque joue. Mme Savalle continue à servir l'apéritif et les discussions reprennent leur cours. Comme il fallait s'y attendre, on parle beaucoup de différences culturelles entre les deux pays.

ERIC: Moi, ce qui me frappe, c'est le nombre de choses qui ont un nom américain. Les magasins, par exemple: «Music Center», «Shop Photo», «Europcar». Comment ça ce fait?

HERVE: Regardez chez vous, c'est bien la même chose. Beaucoup de restaurants, de marques de vêtements, de boutiques et de produits de luxe ont des noms français.

ERIC: C'est vrai.

STEPHANIE: Et regardez vos noms de villes: Bâton-rouge, Des Moines, La Nouvelle-Orléans.

GRAND-PERE: Vous savez d'òu vient ce nom? Du régent Philippe d'Orléans qui a succédé à Louis XIV. La Louisiane a d'ailleurs été baptisée en l'honneur de Louis XIV.

M. SAVALLE: Il paraît même que vous avez une montagne qui s'appelle les Grands Tétons.° Alors ça! Je suis sûr que la majorité des Américains ne savent pas ce que ça veut dire.

GRAND-MERE: Non! Qu'est-ce que tu vas leur raconter, Raymond!

ERIC: Mais, c'est vrai.

GRAND-MERE: Je n'en reviens pas.°

(*Tout le monde rit.*)

L'ONCLE: Eric, c'est la première fois que vous venez en France?

ERIC: Oui, mais le frère de mon grand-père m'en a beaucoup parlé. Il était parachutiste pendant la Deuxième Guerre mondiale et il revient fidèlement chaque année pour commémorer le débarquement en Normandie. Il m'a raconté que ce jour-là un parachutiste avait sauté... sur la flèche° d'une église et qu'il est resté accroché là pendant plusieurs heures!!

GRAND-PERE: Et oui. Je me souviens de cette anecdote. Il faut bien avouer° que les Etats-Unis nous ont beaucoup aidés. Mais il ne faut pas non plus oublier que Lafayette et ses soldats ont donné, eux aussi, un bon coup de main aux colons américains.

L'ONCLE: D'accord, mais c'est bien sur la constitution américaine que nous avons modélé notre «Déclaration des Droits de l'Homme» pendant la Révolution.

STEPHANIE: Katy, tu étais en France pour le bicentenaire de la Révolution française?

KATY: Malheureusement non. Mais à l'université où j'étais, dans le Colorado, il y a eu beaucoup de conférences et deux cours ont été consacrés au XVIIIe siècle en France. Puis, pour le 14 juillet, nous avons fait un bal dans la rue, avec des feux d'artifice. Il y a même eu un concert de musique d'époque française. C'était formidable.

du verbe téter:
to nurse (infant)

reviens... suis très étonnée

steeple

admettre

Le 14 juillet 1989, le bicentenaire de la Révolution française
HUGH ROGERS / MONKMEYER

L'ONCLE: Joli! Savez-vous qu'à l'occasion de votre bicentenaire, le gouvernement français avait invité près de six à sept cents Américains pour participer à la reconstitution de la traversée du Delaware par George Washington. Cela a eu lieu à Versailles dans un des plus beaux bassins du palais. C'était à voir!

KATY: Ah bon!

L'ONCLE: Ah oui. J'en ai gardé un excellent souvenir. Il faudrait qu'il y ait davantage d'échanges de ce genre, et je suis touché de vous entendre dire que les Américains ont eux aussi pensé au bicentennaire français.

Le plat de résistance arrive, un civet° de lapin, servi avec des cêpes° et suivi d'une salade aux herbes de Provence. Eric est quelque peu surpris, mais il avoue qu'il n'a jamais vraiment goûté quelque chose d'aussi délicieux. Les fromages et l'énorme mille-feuilles° ne font qu'ajouter au délice.

    Le repas terminé, M. Savalle descend faire une courte sieste. Les jeunes se préparent à aller passer l'après-midi au Pont du Gard. Pendant ce temps, le reste de la famille sirote une liqueur avec le café tout en continuant à bavarder.

stew / champignons

pâtisserie

Avez-vous compris?

1. Décrivez la terrasse où déjeunent la famille Savalle et leurs invités.
2. M. et Mme Savalle parlent-ils anglais?
3. Qu'est-ce que le pastis?
4. Pourquoi M. Savalle dit-il que les Américains mangent comme les Anglais? Que pense-t-il de la cuisine anglo-saxone?
5. Expliquez l'origine des noms: La Nouvelle-Orléans et la Louisiane.
6. Que dit Eric du frère de son grand-père?
7. D'où vient la «Déclaration des Droits de l'Homme»?
8. Comment a-t-on célébré le bicentenaire de la Révolution française à l'université de Katy?
9. Que dit l'oncle de la traversée du Delaware par Washington?
10. Mme Savalle, qu'a-t-elle servi pour le déjeuner?

A votre avis

1. Parmi les traditions américaines, lesquelles aimeriez-vous que les Français adoptent au point de vue cuisine? mode? condition féminine? Expliquez vos raisons.
2. Quels plats français ont été importés dans votre pays? Savez-vous faire la cuisine à la française? Quelles en sont les différences majeures avec la cuisine de votre pays?

En plein air

Arrivés au pied du Pont du Gard, les jeunes Américains s'émerveillent de voir cet aqueduc qui date de plus de 2,000 ans. Ils sont aussi très surpris de voir que certaines femmes se promènent en monokini.

KATY: Si on ne quitte jamais son pays, on arrive facilement à penser que tout le monde vit exactement de la même façon.
STEPHANIE: C'est vrai. Je crois en effet, qu'on a tous beaucoup de fierté quoiqu'on en dise. Tenez, par exemple, je suis ravie de savoir que les Américains se sont enfin décidés à adopter le Minitel.
ERIC: C'est une idée géniale, ce Minitel!
HERVE: Sans aucun doute. La société occidentale utilise de plus en plus d'ordinateurs.

Nîmes: le Pont du Gard, qui date de l'époque romaine
MARK ANTMAN / THE IMAGE WORKS

ERIC: Imaginez, dans quelques années, on risque d'avoir des robots intelligents à domicile, des journaux électriques et même peut-être des livres électroniques!

HERVE: A ce propos, je lisais un article l'autre jour sur l'encyclopédie électronique que l'on vient d'inventer en France. Mais bien sûr, pour le moment ça coûte une fortune. Reste à vous les Américains, de financer les recherches qui rendront possible le passage de cette invention au stade de la consommation. C'est d'ailleurs souvent comme cela, même si les «idées» viennent d'ailleurs, la recherche est fréquemment financée par des capitaux américains.

STEPHANIE: Quel paradoxe. Nous vivons de plus en plus dans l'interdépendance et pourtant, politiquement nous ne sommes pas vraiment d'accord.

HERVE: Comme disait Tonton, il faudrait que les gens fassent l'effort de se connaître pour mieux se comprendre.

KATY: Voilà de belles paroles. Et puisque nous allons bientôt nous séparer, je vous propose de boire un dernier verre avant de rentrer.

HERVE: Bonne idée! Nous irons trinquer à° notre entente francoaméricaine! °boire en l'honneur de

STEPHANIE: Et aux amitiés internationales.

ERIC: Et le prochain verre sera chez nous. L'été prochain peut-être?

HERVE: C'est promis!

KATY: Super!

STEPHANIE: La Californie! C'est le rêve!

Avez-vous compris?

1. Qu'est-ce que le Pont du Gard?
2. Pourquoi Katy est-elle choquée lorsque les amis arrivent au Pont du Gard?
3. Citez quelques exemples de coopération franco-américaine dans le domaine scientifique. Donnez des exemples de progrès technologiques dûs à la France.
4. Quelle est la part jouée par les Etats-Unis et ses capitaux en matière de progrès?

A votre avis

1. Pourquoi la collaboration internationale dans le domaine scientifique, politique, intellectuel ou autre est-elle nécessaire? L'interdépendance des nations du monde est-elle un facteur positif ou négatif? Justifiez votre réponse.
2. Pour quelles raisons la France et les Etats-Unis ne sont-ils pas toujours d'accord en ce qui concerne les affaires internationales?
3. Chaque année, des sommes d'argent énormes sont dépensées pour la recherche en matière de défense militaire. Qu'en pensez-vous?

Echos

Activité

Groupez-vous par quatre. Vous venez de découvrir les échanges franco-américains. Maintenant, vous allez réfléchir aux influences mutuelles entre les Etats-Unis et d'autres pays: le Japon, la Chine, l'Amérique du Sud ou Centrale, l'Afrique... Choisissez un ou plusieurs pays et expliquez en quoi il(s) a (ont) influencé la vie quotidienne aux Etats-Unis puis, dans la mesure du possible, comment les Etats-Unis ont influencé ce(s) pays.

La grammaire à l'œuvre

Votre classe de français a organisé un débat au sujet de la société de consommation. Certains étudiants étaient plutôt favorables aux bienfaits du progrès et du confort matériel; d'autres préféraient un retour à une vie plus spirituelle et humaine. Jouez au journaliste et imaginez ce que tout le monde a dit en utilisant le discours indirect.

Rédaction ou discussion

Choisissez un sujet.

1. Expliquez pourquoi la collaboration internationale dans les domaines économiques, politiques et sociales est nécessaire. Si vous pensez qu'elle n'est pas indispensable, justifiez votre prise de position en donnant des exemples, si possible.
2. Il y a quelques années, une langue internationale a été créée, l'esperanto. Quels en sont, d'après vous, les avantages et les inconvénients d'une langue internationale?
3. Discutez avec des camarades de classe l'importance d'un événement international qui a eu lieu récemment.

Jeu culturel

Voici quelques-uns des journaux et magazines les plus populaires en France, accompagnés de leur description. Trouvez dans la colonne de droite les journaux ou magazines américains leur correspondant le mieux.

Le Monde: le plus grand quotidien du pays; ses rubriques couvrent tous les domaines de la connaissance humaine: politique, économie, société, littérature.

L'Express: hebdomadaire d'information sur la vie politique et culturelle; magazine de l'actualité mondiale (concurrent de *Le Point*).

Paris-Match: hebdomadaire qui se consacre aux nouvelles sensationnelles et aux potins du grand monde.

Marie-Claire: mensuel de la femme moderne: conseils de mode, de beauté, de médecine... articles sur la femme dans la société. *Elle* est un hebdomadaire du même style.

Modes et Travaux: magazine de la femme au foyer: recettes de cuisine, modèles de tricot, de couture, informations sur les enfants et les nouvelles sociales.

Géo: superbe mensuel rempli de photos couleur d'excellente qualité, de comptes rendus de voyages aux quatre coins du monde et d'articles sur les derniers progrès scientifiques.

Quinze Ans: comme son nom l'indique, un magazine pour les jeunes, en particulier les filles. Il donne chaque mois des conseils sur la mode, la musique.

Télé 7 Jours: le mieux vendu des magazines donnant les programmes de télévision de la semaine; avec des articles, des jeux, des mots-croisés.

Seventeen
People
National Geographic
Good Housekeeping
TV Guide
New York Times
Time (Newsweek)
Cosmopolitan

L'actualité

Vous avez certainement vu les bandes dessinées de Charles Schulz. Lisez le dialogue entre Lucy et Charlie Brown ci-dessous, puis répondez aux questions suivantes.

Avez-vous compris?

1. De quoi Lucy se plaint-elle? Pourquoi?
2. A qui Lucy donne-t-elle «douze ans»? Pourquoi? De quoi rêve-t-elle?
3. Selon Charlie Brown, quel est l'ultimatum de Lucy?
4. Pourquoi ne veut-elle pas étendre son ultimatum à plus de «douze ans»?

A votre avis

1. Que pensez-vous de l'attitude de Lucy envers les problèmes mondiaux? Qu'est-ce qu'elle révèle sur son caractère?
2. Est-ce qu'il nous faut plus de chefs féminins dans le monde? Discutez avec un(e) camarade de classe des avantages et des inconvénients du pouvoir féminin.
3. Pensez-vous aux problèmes mondiaux? Choisissez-en un et discutez-en avec un(e) camarade de classe.

Lexique

This vocabulary contains French words and expressions used in this text, with contextual meanings. Exact cognates and other easily recognizable words are not included. The asterisk before certain words beginning with **h** indicates that the **h** is aspirate.

Abbreviations

abbr. abbreviation
adj. adjective
adv. adverb
conj. conjunction
excl. exclamation
f. feminine
fam. familiar
inf. infinitive
inv. invariable
m. masculine
n. noun
pl. plural
pop. popular usage
p.p. past participle
pr.p. present participle
prep. preposition
pro. pronoun
subj. subject

abandonner to abandon
l'abbaye (*f.*) abbey
abolir to abolish
l'abondance (*f.*) abundance
l'abonnement (*m.*) subscription
l'abord (*m.*) glance, approach; **d'abord** *adv.* (at) first
aborder to approach; to mention, raise (*a topic*)
l'abri (*m.*) shelter
abriter to accommodate; to house
absidiole *adj.* relating to small apse (in a church)
absolu(e) *adj.* absolute
absolument *adv.* absolutely
l'absolutisme (*m.*) government by an absolute ruler or authority
abstrait(e) *adj.* abstract
l'absurdité (*f.*) absurdity
l'Académie (*f.*) Academy
accélérer to accelerate
accessoire (*m.*) accessory
accompagner to accompany, go with

accomplir to accomplish
l'accord (*m.*) agreement; **d'accord** *adv.* agreed, in agreement, all right, okay
accorder to grant
accroché(e) *adj.* caught
l'accueil (*m.*) welcome; reception
accueillant(e) *adj.* welcoming, hospitable
accueillir to welcome
acerbe *adj.* bitter
l'achat (*m.*) purchase
acheter to buy
achever to finish
l'acier (*m.*) steel
acquérir to acquire
acquis(e) *p.p. of* **acquérir** acquired
l'acte (*m.*) act
l'acteur (-trice) actor, actress
actif (-ive) *adj.* active
l'activité (*f.*) activity
les actualités (*f. pl.*) current events, news
actuel(le) *adj.* present day, current
actuellement *adv.* at the present time, nowadays
l'adhérent(e) follower
adhérer to cling, stick
l'adjectif (*m.*) adjective
administratif (-ive) *adj.* administrative
admis(e) *p.p. of* **admettre** admitted, allowed
s'adresser à to talk to, consult; to go to
adroit(e) *adj.* skillful; fine
l'adversaire (*m.*) adversary
l'affaire (*f.*) affair; case; **les affaires** (*pl.*) business
affectif (-ive) *adj.* pertaining to the emotions, emotional (*of things*)
affectionner to be fond of

affectueux (-euse) *adj.* affectionate, loving
l'affiche (*f.*) poster
l'affirmation (*f.*) statement
affliger to distress, grieve, afflict
l'affolement (*m.*) panic, turmoil
affreux (-euse) *adj.* dreadful, awful
affronter to confront, face
afin de *prep.* in order to
afin que *conj.* so that, in order that
africain(e) *adj.* African
l'Afrique (*f.*) Africa
âgé(e) *adj.* old
l'agence (*f.*) agency
agir to act; **s'agir de** to be a question of
s'agiter to become agitated
agrandir to enlarge, extend
agréable *adj.* pleasant
l'Agrégation (*f.*) competitive exam for admission to a teaching post at the secondary level
agricole *adj.* agricultural
l'aide (*f.*) help, assistance; **venir en aide** to help, assist
aider to help, assist
ailleurs *adv.* elsewhere; **d'ailleurs** besides, moreover
aimable *adj.* friendly, agreeable
aimer to like, be fond of; to love
ainsi *adv.* in this way, thus
ainsi que *conj.* as well as
l'air (*m.*) air; **en plein air** outdoors; **avoir l'air de** to look, seem like
aise: à l'aise at ease, comfortable
aisé(e) *adj.* well-off, well-to-do
ajouter to add
l'alcool (*m.*) alcohol

205

alcoolique *adj.* alcoholic
alcoolisé(e) *adj.* fortified
les alentours (*m. pl.*) surroundings, vicinity
l'Algérie (*f.*) Algeria
algérien(ne) *adj.* Algerian
l'aliment (*m.*) food, foodstuff
alimentaire *adj.* food
l'allégresse (*f.*) elation, exhilaration
l'Allemagne (*f.*) Germany
allemand(e) *adj.* German
aller to go; **allez-y!** go ahead!
les Alliés (*m. pl.*) Allies, Allied forces
l'allocation (*f.*) allowance, allotment
l'allocution (*f.*) speech
alors *adv.* then, at that time
alors que *conj.* whereas
l'alpage (*m.*) Alpine pasture
les Alpes (*f.*) Alps
alpin(e) *adj.* alpine
l'alpinisme (*m.*) mountain climbing
l'amant(e) lover, sweetheart
amasser to gather
l'amateur (*m.*) enthusiast, fan, lover (*of something*)
l'ambiance (*f.*) surroundings, environment
ambitieux (-ieuse) *adj.* ambitious
l'âme (*f.*) soul
l'amélioration (*f.*) improvement
améliorer to improve
amener to bring, take (*a person*); to cause, bring about
amer (-ère) *adj.* bitter
américain(e) *adj.* American
l'Amérique (*f.*) America
l'ami(e) friend
amical(e) *adj.* friendly
l'amitié (*f.*) friendship
l'amour (*m.*) love, passion
amoureux (-euse) *adj.* loving, passionate
amusant(e) *adj.* amusing
amusé(e) *adj.* amused
s'amuser to have a good time
l'an (*m.*) year
l'ancêtre (*m.*) ancestor
ancien(ne) *adj.* old, ancient; former
l'andouille (*f.*) sausage
anéantir to destroy
anglais(e) *adj.* English
l'Angleterre (*f.*) England
l'anglophone (*m., f.*) English-speaking person
l'angoisse (*f.*) anguish, distress
angoissé(e) *adj.* anguished

animé(e) *adj.* lively, animated
l'année (*f.*) year
l'anniversaire (*m.*) anniversary
l'annonce (*f.*) announcement
annoncer to announce
l'annuaire (*m.*) telephone directory
annuel(le) *adj.* annual
annuler to cancel
l'anonymat (*m.*) anonymity
les Antilles (*f. pl.*) Caribbean islands
l'antiquité (*f.*) antiquity; **les antiquités** (*pl.*) antiques
l'aperçu (*m.*) glimpse
l'apéritif (*m.*) before-dinner drink
apolitique *adj.* non-political, apolitical
appaiser to appease
l'appareil (*m.*) equipment, apparatus; appliance
l'apparence (*f.*) appearance
l'apparition (*f.*) emergence
l'appartement (*m.*) apartment
appartenir (à) to belong (to)
l'appel (*m.*) appeal
appeler to call; **s'appeler** to be called, named
l'appellation contrôlée (*f.*) guaranteed vintage
l'appétit (*m.*) appetite
s'appliquer à to apply to
l'apport (*m.*) contribution
apporter to bring; **apporter du soin (à)** to take care (of)
apprécier to appreciate
apprendre to learn
appris(e) *p.p. of* **apprendre** learned
l'approbation (*f.*) approval
approcher (de) to approach
approfondir to do in depth
approprié(e) *adj.* appropriate
l'appui (*m.*) support
après *prep.* after; **d'après** *prep.* according to
l'après-midi (*m., f.*) afternoon
arabe *adj.* Arab
l'araignée (*f.*) spider
arbitraire *adj.* arbitrary
l'arbre (*m.*) tree
l'arc (*m.*) arch; **l'arc boutant** flying buttress
l'arcature (*m.*) arcature, system of arches
l'architecte (*m.*) architect
l'ardeur (*m.*) fervour, passion
l'argent (*m.*) money
l'arme (*f.*) weapon
l'armée (*f.*) army
l'armement (*m.*) armament
l'Armorique (*f.*) Brittany

l'arrêt (*m.*) stop
arrêter to stop
l'arrivée (*f.*) arrival
arriver à to manage to; to succeed in; **s'arriver** to happen
arrondi(e) *adj.* round, rounded
l'arrondissement (*m.*) district
arrosé(e) de *adj.* accompanied by, served with (*as a beverage*)
l'artichaut (*m.*) artichoke
l'article (*m.*) article
l'artisan (*m.*) craft person
l'artiste (*m., f.*) artist
artistique *adj.* artistic
l'Asie (*f.*) Asia
l'assaillant(e) attacker, assailant
assaisonner to season
l'assassinat (*m.*) murder
l'assemblée (*f.*) assembly
s'asseoir to sit down
assez *adv.* enough; rather
assidu(e) *adj.* eager
l'assiette (*f.*) plate
assimiler to assimilate
assis(e) *p.p. of* **asseoir** seated
l'assistance (*f.*) audience
assister à to attend, take part in
l'assurance (*f.*) insurance
astronomique *adj.* astronomical
l'atelier (*m.*) workshop
l'athlète (*m., f.*) athlete
atlantique (*m.*) Atlantic (ocean)
l'atmosphère (*f.*) atmosphere; feeling
atomique *adj.* atomic
les atouts (*m. pl.*) attractions, drawing cards
s'attacher à to relate to
attaquer to attack
atteindre to reach, attain
attendre to wait (for); **s'attendre à** to expect
l'attente (*f.*) wait, time spent waiting
attentif (-ive) *adj.* attentive
attention! attention! watch out!
faire attention à to pay attention to
attentiste *adj.* wait-and-see
attirer to attract
l'attrait (*m.*) attraction
attraper to catch
l'auberge (*f.*) inn; **l'auberge de jeunesse** youth hostel
aucun(e) *adj.* any; **ne... aucun(e)** not any, no
l'audace (*f.*) audacity
l'augmentation (*f.*) increase
augmenter to increase
aujourd'hui *adv.* today
auprès de *adv.* among, with
aussi *adv.* also

aussi... que as . . . as
l'Australie (*f.*) Australia
autant de *adv.* as many, much; so many, much
l'auteur (*m.*) author
automatiquement *adv.* automatically
autonome *adj.* autonomous
l'autorité (*f.*) authority
l'autoroute (*f.*) main highway; freeway
autour de *prep.* around, about
autre *adj., pro.* other, another; **autre chose** something else; **une autre fois** once more; **d'autre part** on the other hand; **de part et d'autre** on both sides; **ne... autre que** none other than; **quoi d'autre** what else
autrefois *adv.* formerly, past times, yesteryear
autrement *adv.* otherwise
l'Autriche (*f.*) Austria
autrui *pro.* others, other people
l'avaleur d'épée (*m.*) sword swallower
avance: en avance ahead
avant (de) *prep.* before
l'avantage (*m.*) advantage
avantageux (-euse) *adj.* advantageous
avec *prep.* with
l'avenir (*m.*) future
l'aventure (*f.*) adventure
l'avertissement (*m.*) warning
l'avion (*m.*) airplane
l'avis (*m.*) opinion, judgment
l'avocat (*m.*) lawyer, attorney
avoir to have; **avoir à**+*inf.* to have to (*do something*); **avoir besoin de** to need; **en avoir de bonne** (*fam.*) to be a good one; **avoir de la chance** to be lucky; **avoir conscience de** to be aware of; **avoir droit (à)** to have the right (to); **avoir des ennuis** to have problems; to get into trouble; **avoir envie de** to want; **avoir faim** to be hungry; **avoir à faire à (quelqu'un)** to deal with (someone); **avoir lieu** to take place; **avoir marre** to be fed up; **avoir l'occasion de** to have the chance; **avoir pas mal de** to have a lot of; **avoir peur** to be afraid; **avoir raison** to be right; **avoir soif** to be thirsty; **avoir tort** to be wrong
avouer to admit

le bac (baccalauréat) French exam at the end of the lycée
bachoter (*fam.*) to study hard, cram
la baguette thin loaf of French bread
la baie bay
se baigner to swim
le bain bath
le baiser kiss; embrace
baisser to lower
le bal dance, ball
se balader to take a stroll
la balle ball (*sports*); bullet
le ballon ball (*sports*)
la bande tape; **la bande dessinée** comic strip
la banlieue suburb
bannir to banish, ban
la banque bank
le baptême baptism, christening
baptiser to baptize
la barbe! (*fam.*) that's too much! what a bore!
la barrière barrier
bas(se) *adj.* low
la basilique basilica
le bateau boat, ship
le bâtiment building
bâtir to build
la bâtisse building
le bâton (de ski) (ski) pole
battre to beat; **se battre** to fight
bavarder to chat
beau (belle) *adj.* beautiful; handsome
beaucoup *adv.* much, a great deal
la beauté beauty
les beaux-arts (*m. pl.*) Fine Arts
le/la Belge Belgian
la belle-sœur sister-in-law
le bénéfice benefit
bénéficier to benefit
le berceau cradle
le berger shepherd
le Berrichon person from Berry
le besoin need, want; **avoir besoin de** to need
bête *adj.* stupid, silly; **qu'il est bête!** what an idiot!
la bêtise foolishness; **faire des bêtises** to act silly, do silly things
le béton concrete
le beurre butter
biais: par le biais by means of
la bibliothèque library
la bicyclette bicycle
le bien good
bien *adv.* very, much; really; even; **bien de** a lot of; **aussi bien que** as well as; **ou bien** or else
bien que *conj.* even though
le bien-être well-being
le bienfait benefit
les biens (*m. pl.*) material possessions, goods
bientôt *adv.* soon
bienvenu(e) *adj.* welcome
la bière beer
le bilboquet cup-and-ball game
bilingue *adj.* bilingual
le billet ticket, note
la bise kiss
la blague joke; nonsense
blanc(he) *adj.* white
le blason coat of arms, blazon
le blé wheat
le blessé wounded person
bleu(e) *adj.* blue
bohème *adj.* bohemian
boire to drink; **boire un pot** to have a drink
le bois woods
la boisson drink
la boîte box; can; discotheque; **la boîte de nuit** nightclub
le bombardement bombing, shelling
la bombe bomb
bon(ne) *adj.* good, fine; correct, right; **bon marché** cheap, inexpensive
le bon vivant one who appreciates good living
le bonbon candy
le bonheur happiness; good fortune
la bonne maid
bonnement *adv.* just, simply
le bord edge, verge; **au bord de la mer** at the seashore
bordelais(e) *adj.* from Bordeaux
bosser (*pop.*) to work hard
botanique *adj.* botanical
botter (*fam.*) to please
la Bouche du roi King's kitchen staff
le boucher butcher
la boucherie butcher shop
le bouchon cork
bouclé(e) *adj.* curly
bouger to move, budge
la bouillabaisse fish soup
le/la boulanger (-ère) baker
la boulangerie bakery
la boule ball (*sports*); **les boules** lawn bowling
le Boul' Mich Boulevard St. Michel
boulevard: le théâtre de

boulevard light, amusing plays
le bouleversement upheaval, confusion
bouleverser to overthrow, upset
le boulot (*fam.*) work
la boum (*teenage*) party
le bouquin (*fam.*) book
bourgeois(e) *adj.* middle-class
la Bourgogne Burgundy
la bourse scholarship
la boussole compass
le bout end; bit, piece; **au bout de** at the end of
la bouteille bottle
la boutique shop
le bouton button
la boxe boxing
la braise embers
le bras arm; **à bras ouverts** with open arms
la brasserie restaurant featuring beer
la brebis sheep
bref(brève) *adj.* brief, short
la Bretagne Brittany
breton(ne) *adj.* pertaining to Brittany, Breton
le brevet certificate
brièvement *adv.* briefly
britannique *adj.* British
la brochure brochure, pamphlet
se bronzer to tan
le bruit noise
brun(brune) *adj.* dark-haired
brusquer (les choses) to rush (things)
la Bruxelles Brussels
le bureau desk; office
le but end, goal

ça *pro.* that
le cabinet de toilette rest room
cacher to hide
cachette: en cachette secretly, in hiding
le cachot dungeon
le cadre setting; executive
le café café; coffee
le café-théâtre café/restaurant with entertainment
le cahier notebook
la caille quail
la caisse fund
le calcul calculation
calculer to calculate; **la machine à calculer** calculating machine
calme *adj., n. (m.)* calm
se calmer to calm down

le calvados brandy made from cider, applejack
le calvaire calvary
le/la camarade friend; **le/la camarade de classe** classmate
la camaraderie friendliness; fellowship
le camembert cheese from Normandie
le Cameroun Cameroon
la campagne country, countryside; campaign
camper to camp
canadien(ne) *adj.* Canadian
le canapé open sandwich
le canard duck
le/la candidat(e) candidate
le canevas canvas
la cantine high school cafeteria
le capitaine captain
la capitale capital city
les capitaux (*m. pl.*) capital (*money*)
capituler to capitulate
le caprice whim
car *conj.* for, because
le caractère character; letter (*symbol*)
caractériser to characterize
la caravane trailer
caricaturer to caricature
le carnaval carnival
la carotte carrot
carré(e) square
la carrière career
le carrosse carriage, horsedrawn coach
la carte card; map
le cas case
le/la cascadeur (-euse) stunt person
le casse-cou low, narrow passage
la casserole saucepan
le casse-tête puzzle, brain teaser
casser to break
la cassette video tape
la cassure break
la caste caste
la catastrophe catastrophe
la catégorie category
catégorique *adj.* categorical
la cathédrale cathedral
le catholicisme Catholicism
catholique *adj.* Catholic
la cause cause; **à cause de** *prep.* because of; **être en cause** to be at fault
le/la cavalier(-ière) rider
la cave (wine) cellar
ce, cet, cette, ces *adj.* this, that, these, those
ceci *pro.* this
céder to give up, yield
cela *pro.* that

célèbre *adj.* famous, well-known
célébrer to celebrate
la célébrité famous person, celebrity
célibataire *adj.* unmarried
la cellule familiale family circle
les Celtes (*m., f.*) Celts
celtique *adj.* Celtic
celui, celle *pro.* the one
la censure censorship
cent hundred
la centaine a hundred or so
central(e) central
le centre center
le cep grape vine, vine stalk
le cépage (variety of) grape vine
cependant *conj.* however, nevertheless
la céréale cereal
la cérémonie ceremony
certain(e) *adj.* certain, sure
certain(e) *pro.* certain one
certainement *adv.* certainly
César (Julius) Caesar
cesser to stop, cease
ceux, celles *pro.* the ones
chacun(e) *pro.* each one
le chagrin grief, sorrow
la chaîne chain; (T.V.) channel; **(travailler) à la chaîne** (to work) on the assembly line
la chaleur warmth, heat
chaleureux (-euse) *adj.* warm, cordial
chamailleur (euse) *adj.* quarrelsome
la chambre bedroom; **la Chambre de Commerce** Chamber of Commerce
le chameau (*pop.*) idiot
le champ field, piece of ground; **les Champs-Elysées** (Elysian fields) important avenue in Paris
le champignon mushroom; fungus
la chance luck; **avoir de la chance** to be lucky
le changement change
la chanson song
le chansonnier songwriter
le chant song; singing
le chantage (affectif) (emotional) blackmail
chanter to sing
le/la chanteur (-euse) singer
la chapelle chapel
le chapitre chapter
chaque *adj.* each
le char float (*in a parade*)
le charbon coal

la charge charge; load, burden; duty; **prendre en charge** to take charge of, responsibility for
chargé(e) *adj.* loaded, full
le charisme charisma
charmant(e) *adj.* charming, delightful
le charme charm
charnel(le) *adj.* carnal
la chasse chase; hunting; **la chasse à courre** hunting with horses and dogs
chasser to hunt
la chasteté chastity
chaud(e) *adj.* warm; hot
chaudement *adv.* warmly
la chaussure shoe
chauvin(e) *adj.* very patriotic
le chauvinisme patriotism
le chef chief, head; (head) cook; **le chef de file** leader
le chef d'œuvre masterpiece
le chef d'orchestre conductor
le chemin way, road; **le chemin de fer** railroad
la chemise man's shirt
le chèque de voyage traveler's check
cher (-ère) *adj.* expensive; dear
chercher to look for; **chercher à** to try
le chercheur researcher
le/la chéri(e) darling
le cheval horse; **faire du cheval** to ride horseback
chevaleresque chivalrous
le chevalier knight; horseman
le chevillard infantryman
la chèvre goat
chez *prep.* at the home (place) of
chic! great!
le chien dog
le chiffre number, figure
la Chine China
le chinois Chinese (language)
le chirurgien surgeon
le choc shock
le chocolat glacé Eskimo pie, chocolate-covered ice-cream bar
le chœur choir
choisir to choose
le choix choice; **avoir le choix** to have a choice; **avoir l'embarras du choix** to have too much to choose from
le chômage unemployment
le/la chômeur (-euse) unemployed person
choquer to shock

la chorale choir
la chose thing; **autre chose** something else; **grand-chose** important things; **quelque chose** something
chouette *adj.* great, neat, super
le choux cabbage
le chrétien Christian
la chronique chronicle, news
la chute fall
la cicatrice scar
le cidre cider
le ciel sky
le cimetière cemetery
le cinéaste movie director
le cinéma movies; movie theater
la cinémathèque film library and museum
le/la cinéphile movie lover
la circonstance circumstance
la circulation traffic; circulation
le cirque circus
le/la citadin(e) city-dweller
la cité city; **la cité universitaire** campus
citer to name
le/la citoyen(ne) citizen
la citrouille pumpkin
civil(e) *adj.* civil
le/la civile civilian
la civilisation civilization
clair(e) *adj.* clear
la clarine (sheep) bell
la classe class; **la classe de neige** ski school
classer to classify; to rate
le classicisme classicism
classique *adj.* classical; **le classique** classic
la clef key
le clergé clergy
le/la client(e) client, customer
la clientèle clientele
le climat climate
la cloche bell
le clocher steeple, belfry
le club méditerranée Club Med, vacation club and resort
le C.N.R.S. (Centre National de Recherche Scientifique) National Center for Scientific Research
la cocotte (*fam.*) darling
le code code
le cœur heart; **par cœur** by heart
la cohabitation living together
le coin corner; area
le col (mountain) pass
la colère anger
la collection collection
le/la collègue colleague; fellow worker

coller to stick
la colline hill
le colon colonist
colonial(e) *adj.* colonial
la colonie colony; **la colonie de vacances** summer camp
le/la colonisateur (-trice) colonist
coloniser to colonize
la colonne column
coloré(e) *adj.* colored
le combat battle
combattre to fight (against), combat
combien *adv.* how many
combiner to combine
les combles (*m. pl.*) attic, loft
la comédie comedy; play
le/la comédien(ne) actor, actress; **le/la comédien(ne) débutant(e)** actor (actress) making his (her) debut
comique *adj.* comical, funny
le comité committee
le commandement command
commander to order
comme *adv., conj.* like, as, such as; as well as
commencer to begin
comment *adv.* how
le commentaire commentary
commenté(e) *adj.* with comments
le/la commerçant(e) shopkeeper
le commerce trade, commerce; shop; **la Chambre de Commerce** Chamber of Commerce; **l'école de commerce** (*f.*) business school
commercial(e) *adj.* commercial
commettre to commit
commode *adj.* easy; convenient
commun(e) *adj.* common
la communauté community
la commune small administrative division
la Commune French revolutionary government of Paris in 1871
la communication communication
la communion communion
communiquer to communicate
communiste *adj.* communist
la compagnie company
le compagnon companion
la comparaison comparison
comparer to compare
le/la compatriote compatriot
compenser to compensate
la compétition competition
complémentaire *adj.* complementary

complet (-ète) *adj.* complete
complètement *adv.* completely
compléter to complete
complexe *adj.* complicated
la complicité complicity
compliqué(e) *adj.* complex
le comportement behavior
comporter to include
se composer de to be made up of
le/la compositeur (-trice) composer
composter to stamp, punch
la compote compote, stewed fruit
comprendre to understand; to include; **y compris(e)** including
la comptabilité bookkeeping
le/la comptable accountant
le compte (en banque) (bank) account
compter to count (on); to contain; **se rendre compte de** to realize, understand
le compte-rendu report
le comte count
la comtesse countess
conciliant(e) *adj.* conciliatory
conclure to conclude, end
le concours competition; competitive exam
la concurrence competition
condamné(e) *adj.* condemned
la condition condition; **à condition que** *conj.* on condition that
le conditionnel conditional (*verb form*)
conduire to drive; to lead, conduct
la conférence conference; discussion
conférer to confer, grant
la confiance confidence
confier to confide
le conflit conflict
se confondre to blend
le confort comfort; **tout confort** all modern conveniences
confronté(e) *adj.* up against
le congé vacation; leave; time off; holiday
la connaissance acquaintance; knowledge; understanding
le/la connaisseur (-euse) expert; connoisseur
connaître to know, be acquainted with
connu *p.p. of* **connaître** known
le conquérant conqueror
conquérir to conquer
conquis(e) *p.p. of* **conquérir** conquered
consacrer to devote

conscience: avoir conscience de to be aware of
consciencieux (-euse) *adj.* conscientious
conscient(e) *adj.* fully aware
consécutif (-ive) *adj.* consecutive
le conseil advice, counsel
le Conseil Council
conseiller to advise, counsel
le/la conseiller (-ère) advisor, counselor
conservateur (-trice) *adj.* conservative
la conserve canned goods
conserver to conserve; to maintain
considérer to consider
consister (en) to consist (of)
consoler to console
consolider to consolidate
consommer to eat, consume
constamment *adv.* constantly
constater to notice
constituer to constitute
construire to build; to establish
contagieux (-ieuse) *adj.* contagious
contaminé(e) *adj.* contaminated
le/la contemporain(e) contemporary
contemporain(e) *adj.* contemporary, present day
content(e) *adj.* pleased, happy
contenter to satisfy; **se contenter (de)** to be satisfied (with)
les contentieux (*m. pl.*) contentious matters, disputes
contenu(e) *adj.* contained
continu(e) *adj.* continuous; **la journée continue** an 8–5 workday (with short noon break)
le/la contortionniste contortionist
contradictoire *adj.* contradictory
contraint(e) *adj.* strained, constrained
le contraire contrary; **au contraire** on the contrary
contrairement *adv.* in contrast
le contraste contrast
contre *prep.* against; **par contre** on the other hand
le contrefort buttress
contribuer to contribute
le contrôle control
convaincant(e) *adj.* convincing
convaincre to convince
convaincu *p.p. of* **convaincre** convinced
convenir to suit, fit, be suitable

convertir to convert
le/la copain (copine) (*fam.*) friend, pal
la copie copy
le cordon bleu blue ribbon (*cooking*)
le corps body
correspondre to correspond
corriger to correct
cosmopolite *adj.* cosmopolitan
la côte coast; **la Côte d'Azur** Riviera; **la Côte d'Ivoire** Ivory Coast
le côté side; **à côté de** *prep.* next to
côtier (-ière) *adj.* coastal, on the coast
le coton cotton
le cou neck
la couche level, layer
se coucher to go to bed
le coucher bedtime
le coude elbow
la couleur color
le coup blow; **le coup d'état** coup (*political*); **le coup de main** helping hand; **le coup de téléphone** telephone call; **ça vaut le coup** it's worthwhile; **tout à coup** *adv.* suddenly
couper to cut
la cour courtyard; (royal) court
le courant current; **la langue courante** everyday speech
la courbe curve
le/la coureur (-euse) runner; racer
la courge squash
la courgette zucchini
courir to run
couronner to crown
le courrier mail
le cours course; **les cours magistraux** (*pl.*) lecture courses; **au cours de** *prep.* in the course of
la course race; **faire les courses** to go shopping
le court (tennis) court
court(e) *adj.* short
le/la courtisan(e) courtier
courtois(e) *adj.* courteous
le/la cousin(e) cousin
le couteau knife
coûter to cost
coûteux (-euse) *adj.* costly, expensive
la coutume custom
la couture sewing; **la haute couture** high fashion
le (grand) couturier fashion designer

couvert(e) *p.p. of* **couvrir** covered
la couverture blanket; bedding
couvrir to cover
le crabe crab
cracher to spit
le cracheur de feu fire eater
craindre to fear
la crainte fear
créatif (ive) *adj.* creative
la créativité creativity
la crèche day-care center
créer to create
la crème cream; **la crème fraîche** thick cream product
la crêpe pancake
le/la crétin(e) imbecile, stupid person
creuser to dig
creux (euse) *adj.* hollow
la crevette shrimp
le cri cry, scream
crier to cry out, shout
la criminalité crime
la crise crisis
le critère criterion
le critique critic
critique *adj.* critical
critiquer to criticize
croire to believe
croisé(e) *adj.* crossed; **les mots croisés** crossword puzzle
le croissant crescent-shaped roll
la croix cross
croyant(e) *adj.* believing, religious
le cru vintage; vineyard
cru(e) *p.p. of* **croire** believed
les crudités (*f. pl.*) raw vegetable hors d'oeuvre
le cubisme cubism (*art movement*)
cueillir to pick, gather
la cuiller spoon
cuire to cook; **faire cuire** to cook (*something*)
la cuisine kitchen; cooking
le/la cuisinier (-ière) cook
culinaire *adj.* culinary
cultivé(e) *adj.* cultured
cultiver to farm, cultivate
la culture culture; upbringing; cultivation, farming
culturel(le) *adj.* cultural
le/la curieux (-ieuse) curious person
la curiosité curiosity
le cyclisme bicycling
le/la cycliste cyclist
le cyprès cypress tree

d'accord in agreement
dalle; que dalle! nothing
la dame lady

dangereux (euse) *adj.* dangerous
dans *prep.* in; inside
danser to dance
le/la danseur (-euse) dancer
d'après according to
davantage *adv.* more
déambulatoire *adj.* ambulatory
le débarquement landing
débarquer to disembark, land
se débarrasser de to get rid of
le débat discussion
débattre to discuss
débattu *p.p. of* **débattre** discussed
la débauche debauchery
le débouché opening, prospect
le début beginning
le/la débutant(e) beginner
débuter to begin
la décentralisation decentralization
décerné(e) *adj.* awarded
déchirer to tear (apart)
décisif (-ive) *adj.* decisive
la décision decision
déclencher to unleash, set off
décoratif (-ive) *adj.* decorative, ornamental
décorer to decorate, honor
décourager to discourage
découvert(e) *p.p. of* **découvrir** discovered; **la découverte** discovery
découvrir to discover
décrire to describe
déçu(e) *adj.* disappointed
le dédain scorn, disdain
la défaite defeat
le défaut fault
défavorisé(e) *adj.* disadvantaged, underprivileged
défendre to defend; uphold; **se défendre** to hold one's own, to stand up to
défendu(e) *p.p. of* **défendre** forbidden
la défense defense
le défenseur defender, protector
le défilé parade
défini(e) *adj.* definite
définir to define
le défricheur land clearer
les dégâts (*m. pl.*) damage
le déguisement costume
la dégustation tasting, sampling
déguster to taste, sample (*wine and special foods*)
dehors *adv.* outdoors; **en dehors de** outside of
déjà *adv.* already
déjeuner to eat lunch, breakfast

le déjeuner lunch; **le petit déjeuner** breakfast
la délicatesse fineness
le délice delight, pleasure; **les délices** (*f. pl.*) delights
délicieux (-euse) *adj.* delicious
la délinquance delinquency
demain *adv.* tomorrow
demander to ask, request; **se demander** to wonder
le déménagement move (from place to place)
déménager to move
la demeure residence, dwelling; **à demeure** permanently, for good
demeurer to remain; to live
la demi-heure half-hour
démissionner to resign
la démocratie democracy
démocratique *adj.* democratic
démodé(e) *adj.* outdated
démolir to destroy
démontrer to prove
la denrée food, commodity
la dentelle lace
la dentellière lacemaker
le/la dentiste dentist
le départ departure
le département French administrative division
dépassé(e) *adj.* exceeded
dépaysé away from home, out of one's element
se dépêcher to hurry
la dépendance dependence
dépendre (de) to depend (on)
la dépense expense
dépenser to spend
le dépistage tracking down, detection
le dépit vexation; **en dépit de** in spite of
le déplacement displacement; transfer
se déplacer to move
le dépliant leaflet, folder, fold-out page
le dépôt pile
déprimé(e) *adj.* depressed
depuis *prep.* for; from, since
le député deputy
déranger to disturb
dernier (-ière) *adj.* last
le derrière back, rear
la désapprobation disapproval
le désastre disaster
désastreux (-euse) *adj.* disastrous
le désavantage disadvantage
désavantagé(e) *adj.* underprivileged

descendre to go down; to go out
désespéré(e) *adj.* hopeless
le **désir** desire
désirer to wish, want; to desire
désobéir to disobey
le **désordre** disorder
désormais *adv.* henceforth, from now on
despotique *adj.* despotic
le **dessin** drawing; le **dessin animé** motion picture cartoon
dessiner to draw
dessous *adv.* underneath, below; **ci-dessous** below
le **dessus** precedence
dessus *adv.* above, over; **ci-dessus** above; **par-dessus** over
le **destin** desitny
destructeur (-trice) *adj.* destructive
le **détachement** detachment, indifference
se **détendre** to relax
détendu(e) *adj.* relaxed
la **détention** imprisonment
déterminer to decide on
le **détracteur** disparager, detractor
détruire to destroy
la **dette** debt
le **DEUG (Diplôme d'Etudes Universitaires Générales)** two-year college degree
le **deuil** mourning
devant *prep.* before, in front of
le **développement** development
développer to develop
devenir to become
devenu *p.p. of* **devenir** become
deviner to guess
la **devise** motto
dévoiler to unveil
devoir must, be obliged to, ought to (*do something*); to owe
le **devoir** duty; assignment
le **diable** devil
le **dialecte** dialect
la **diapositive** slide
la **dictée** dictation
dicter to dictate
le **dictionnaire** dictionary
Dieu God
différemment *adv.* differently
la **différence** difference
difficile *adj.* difficult
la **difficulté** difficulty
digérer to digest
le **digestif** after-dinner liqueur
digestif (-ive) *adj.* digestive
digne *adj.* worthy

le/la **dignitaire** dignitary
la **dignité** dignity
la **digue** dike, dam
diminuer to diminish
la **dinde** turkey
dîner to eat; to have dinner
le **dîner** dinner
la **diplomatie** diplomacy
le **diplôme** diploma
dire to say; to tell; **c'est-à-dire** that is to say; **entendre dire** to hear; **vouloir dire** to mean
directement *adv.* directly
le **directeur**/la **directrice** director
le **dirigeant** director; leader
diriger to direct, control; se **diriger** to head toward; les **travaux dirigés** (*m. pl.*) monitored laboratory work
le **disco** disco music
le **discours** discourse
discuter (de) to discuss, debate, talk over
disparaître to disappear
la **disparition** disappearance
disparu *p.p. of* **disparaître** disappeared
dispenser to dispense
dispersé(e) *adj.* scattered, dispersed
disposer to have at one's disposal
disputer to discuss; se **disputer** to debate
le **disque** record
dissertation essay
dissimuler to conceal
distinguer to distinguish
distraire to divert; se **distraire** to amuse oneself; to relax
le **distributeur** distributor
dit(e) *adj.* called, named
divergent(e) *adj.* differing
divers(e) *adj.* varied; different, diverse
divertir to amuse, entertain
divertissant(e) *adj.* amusing
le **divertissement** entertainment
diviser to divide
la **dizaine** about 10
le **docteur** doctor
le **doctorat** doctorate
le **documentaire** documentary film
le **domaine** domain, property; field
le/la **domestique** servant
le **domicile** home
dommage: quel dommage! what a shame (pity)!
le **don** gift, talent
donc *conj.* then, thus, therefore

donner to give, present; **donner un coup de main** to give a hand
dont *pro.* of which, of whom, whose
le **dortoir** dormitory set-up
le **dos** back; **le sac à dos** back pack
doucement *adv.* slowly, softly
la **douche** shower
le **doute** doubt
douter to doubt; se **douter** to suspect
doux (-ce) *adj.* sweet, mild
draguer (*fam.*) to flirt
le **dramaturge** playwright
le **drapeau** flag
dressé(e) *adj.* upright
dresser to place; to raise, set up; to prepare, make up
le **droit** right, privilege
droit(e) *adj.* right; **la rive droite** Right Bank (of the Seine)
la **droite** right (political position)
drôle (de) strange
drôlement *adv.* really, very
dû, due *p.p. of* **devoir** owed, due
le **duc** duke
la **duchesse** duchess
dur(e) *adj.* hard, difficult
durcir to harden
durer to last

l'**eau** (*f.*) water; l'**eau minérale** mineral water
l'**ébauche** (*f.*) sketch
l'**ébéniste** (*m.*) cabinet maker
ébloui(e) *p.p. of* **éblouir** dazzled
éblouir to dazzle
éblouissant(e) *adj.* dazzling
ébranler to shake
l'**échalote** (*f.*) shallot
l'**échange** (*m.*) exchange
échanger to exchange
échapper to escape
l'**échec** (*m.*) setback; check
l'**échelle** (*f.*) ladder
l'**écho** (*m.*) echo
échouer to fail
l'**éclairage** (*m.*) lighting
éclairer to light (up)
éclatant(e) *adj.* glaring
l'**école** (*f.*) school; **les Grandes Ecoles** special professional schools (*see* Grandes); l'**école de redressement** reform school
l'**écolier (-ière)** student

l'économie (f.) economy; economics
économique adj. economic; les sciences économiques economics
économiser to economize, save
l'écoute (f.) listening; l'heure de grande écoute (f.) prime time
écouter to listen (to)
l'écran (m.) screen; le grand écran cinema; le petit écran TV
écrire to write
écrit(e) p.p. of écrire written
l'écriture (f.) hand-writing; form of expression
l'écrivain (m.) writer
écrouler to collapse
l'E.D.F. (Electricité de France) (f.) French electric utility
l'édifice (m.) building
l'édit (m.) edict
éducatif (-ive) instructive, educational
l'éducation (f.) education; upbringing
éduquer to educate
effectivement adv. really, (yes) indeed
effectuer to accomplish, bring about; s'effectuer to take place
l'effet (m.) effect; en effet in fact
égal(e) adj. equal
également adv. also
égalitaire adj. egalitarian, equal
l'égalité (f.) equality
l'égard (m.): à l'égard de with regard to
l'église (f.) church
l'égoïsme (m.) egotism, selfishness
égoutter to drain
s'élancer to soar
l'élargissement (m.) expansion
l'électricité (f.) electricity
électrique adj. electric; animated
élégant(e) adj. elegant
l'élément (m.) element, item
l'élève (m., f.) student
elevé(e) adj. high
élever to raise; to bring up; s'élever to rise
éliminer to eliminate
élire to elect
l'élite (f.) elite
éloigné(e) adj. distant, removed, far away
éloigner to keep away; s'éloigner to go away

l'Elysée (f.) official residence of the President of France; les Champs-Elysées (Elysian fields) important avenue in Paris
l'embarras du choix (m.) too much to choose from
embaucher to hire
s'embêter (fam.) to get bored
embrasser to embrace; to kiss
émettre to broadcast
l'émigré(e) emigrant
émigrer to emigrate
l'émission (f.) T.V. program, show, broadcast
emmener to take; to bring
l'émoi (m.) emotion, excitement
émotif (-ive) adj. sentimental
l'émotion (f.) emotion
émotionnel(le) adj. emotional
émouvant(e) adj. moving
émouvoir to move, disturb
empêcher to prevent, preclude
l'empereur (m.) emperor
l'emplacement (m.) site, location
l'emploi (m.) work, job; use; l'emploi du temps schedule
l'employé(e) employee, worker
employer to employ, use
l'empoisonneur (-euse) nuisance
emporter to take away
emprunter to borrow
ému(e) p.p. of emouvoir moved
en prep. in; to
l'ENA (Ecole Nationale d'Administration) (f.) National School of Management
l'encadrement (m.) supervision
enchanté(e) adj. charmed, enchanted
l'enchanteur (-eresse) magician
l'enchère (f.) auction
enclin(e) adj. disposed toward
encore adv. still, yet; another; pas encore not yet
l'encyclopédie (f.) encyclopedia
encyclopédique adj. encyclopedic
s'endormir to fall asleep
l'endroit (m.) place, spot
l'énergie (f.) energy, force
l'enfant (m., f.) child, youngster
l'enfer (m.) hell
s'enfermer to lock oneself in
enfin adv. finally, at last; after all
engagé(e) adj. (politically) committed
l'engagement (m.) commitment
englouti(e) adj. engulfed
s'enivrer to become intoxicated, get drunk

l'ennemi (m.) enemy
l'ennui (m.) boredom; avoir des ennuis to have problems; to get into trouble
ennuyeux (-euse) adj. boring; tiresome; annoying
énoncer to say, read, express
énorme (adj.) huge, enormous
énormément adv. greatly; a great number
l'enquête (f.) survey; investigation
enregistrer to record
s'enrichir to grow, become rich
l'enrichissement (m.) enrichment
l'enseignement (m.) teaching; education
enseigner to teach
ensemble adv. together
l'ensemble (m.) whole, entirety; des ensembles groups of buildings
ensoleillé(e) adj. sunny
ensuite adv. then, after that
entendre to hear; s'entendre to get along; entendre dire to hear said; entendre parler de to hear about
l'enthousiasme (m.) enthusiasm
enthousiaste adj. enthusiastic
entier (-ière) adj. entire, whole
entièrement adv. totally
l'entité (f.) entity
entouré(e) (de) adj. surrounded (by)
s'entourer to surround oneself
s'entraîner to practice
entre prep. between; entre eux among themselves
l'entrecôte (f.) rib steak
l'entrée (f.) entry; entrance; admittance; French first course (after hors d'oeuvre)
entreprendre to undertake
l'entrepreneur (-euse) entrepreneur
l'entreprise (f.) enterprise, undertaking
entrer to enter
entretenir to maintain; to cultivate
l'entrevue (f.) interview
énumérer to list
envahir to invade
l'enveloppe (f.) envelope
envers: à l'envers inside out
envers prep. toward(s)
l'envie (f.) desire; avoir envie de to want to
envié(e) adj. envied, coveted
environ adv. about

l'environnement (*m.*) environment, surroundings
les environs (*m. pl.*) surroundings
l'envoi (*m.*) launching, sending off
envoyer to send
épais(se) *adj.* thick
l'épaule (*f.*) shoulder
l'épée (*f.*) sword
l'épice (*f.*) spice
l'épicerie (*f.*) grocery store
l'épicier (-ière) grocer
l'épinard (*m.*) spinach
l'épisode (*m.*) episode
l'époque (*f.*) age, epoch; time; la Belle Epoque pre-WWI (1890–1914)
l'époux(se) spouse
épouser to marry
éprouver to feel, experience
épuisant(e) *adj.* exhausting
l'équilibre (*m.*) balance
équilibré(e) *adj.* balanced
l'équipe (*f.*) team
équipé(e) *adj.* equipped
l'équitation (*f.*) horseback riding
l'ère (*f.*) era, epoch
l'érudit(e) learned person
escalader to climb
l'escalier (*m.*) staircase
l'espace (*m.*) space
l'Espagne (*f.*) Spain
l'espagnol (*m.*) Spanish language
l'espèce (*f.*) kind, sort
l'espérance (*f.*) hope
espérer to hope
l'esplanade (*f.*) esplanade
l'espoir (*m.*) hope
l'esprit (*m.*) mind; spirit
l'esquimau (*m.*) Eskimo pie ice cream
l'esquisse (*f.*) sketch, outline
essayer to try
l'essence (*f.*) gasoline
essentiel(le) *adj.* essential, main
essentiellement *adv.* essentially
l'est (*m.*) east
estimer to estimate; to believe, think
l'estomac (*m.*) stomach
établir to establish, set; s'établir to settle
l'établissement (*m.*) establishment
l'étage (*m.*) story (*of a building*)
l'étalage (*m.*) display
l'étape (*f.*) stage, step
l'état (*m.*) state; le coup d'état coup; le Tiers Etat third estate, commonality (*comprised of the bourgeoisie, craftspersons, and peasants*)

les Etats-Unis (*m. pl.*) United States; les Etats Généraux Assembly representing all levels of society
l'été (*m.*) summer
étendre to extend; s'étendre to spread
étendu(e) *adj.* wide; hung out (*laundry*)
l'étoffe (*f.*) material, fabric
l'étoile (*f.*) star
étonnant(e) *adj.* surprising, astonishing
étonner to surprise, astonish
étrange *adj.* strange
étranger (-ère) *adj.* foreign; l'étranger (-ère) foreigner; à l'étranger abroad
être to be; être au régime to be on a diet; être d'accord to be in agreement; être en train de to be in the process of; être grande gueule to like to flaunt
l'être (*m.*) being
étroit(e) *adj.* narrow; close
l'étude (*f.*) study; study hall
l'étudiant(e) student
étudier to study
eu *p.p. of* avoir had
l'Europe (*f.*) Europe
européen(ne) *adj.* European
eux-mêmes *pro.* themselves
l'événement (*m.*) event, incident
l'éventail (*m.*) fan; range
l'évêque (*m.*) bishop
évidemment *adv.* evidently
l'évidence (*f.*) evidence
évident(e) *adj.* obvious, evident
éviter to avoid
évoluer to change
évoquer to evoke
exactement *adv.* exactly
l'exactitude (*f.*) accuracy
exagérer to exaggerate
l'examen (*m.*) exam
exaspérant(e) *adj.* exasperating
excellence: par excellence outstanding, preeminent
exceptionnel(le) *adj.* unusual; exceptional; outstanding
l'excès (*m.*) excess
exécuter to execute, put to death
exécutif (-ive) *adj.* executive
l'exemple (*m.*) example; par exemple for example
exercer to exert
l'exercice (*m.*) exercise; l'exercice du gouvernement running of the government

l'exigence (*f.*) demand
l'existentialisme (*m.*) existentialism
exister: il existe there is, are
exotique *adj.* exotic
l'expédition (*f.*) expedition
l'expérience (*f.*) experience
l'explication (*f.*) explanation
expliquer to explain
l'explorateur (*m.*) explorer
l'exposé (*m.*) report
exposer to show
exprimer to express
expulser to turn out, expel
exquis(e) *adj.* exquisite
extensif (-ive) *adj.* extensive
l'externe (*m., f.*) day pupil
l'extrait (*m.*) excerpt
extraordinaire *adj.* extraordinary, remarkable
extra-scolaire *adj.* extracurricular
extrême *adj.* great, wide
l'extrême-droite (*f.*) far right; l'extrême-gauche far left
extrêmement *adv.* extremely

le/la fabricant(e) manufacturer
la fabrication manufacture, making
fabriquer to make (*something*)
la façade facade, front
face à *prep.* toward(s)
la face face; faire face à to deal with, face up to
fâcher to anger, upset
facile *adj.* easy
faciliter to facilitate, make easy
la façon way, manner; de toute façon in any case
le facteur factor
la faculté faculty, ability; department (*of a university*)
fade *adj.* bland, tasteless
faible *adj.* weak
la faïence earthenware
faillir to almost (*do something*)
la faillite failure, bankruptcy
la faim hunger; avoir faim to be hungry
faire to do; to make; to take, study (*a subject*); faire + *inf.* to cause (*something to be done*); faire attention to pay attention; faire beau to be nice weather; faire des bêtises to act silly; to do foolish things; faire du bien to be good (*for someone*); faire une boum to have a (*teenage*) party; faire chaud to be warm, hot; faire concurrence à to compete

with; **faire connaissance** to meet, make the acquaintance; **faire un coup** to pull a trick; **faire les courses** to do the shopping; **faire la cuisine** to do the cooking; **faire une cure** to get one's fill; **faire face à** to face up to, deal with; **faire figure de** to be thought of as; **faire la lessive** to do the wash; **faire les magasins** to go shopping; **faire le ménage** to clean house; to do the housework; **faire part** to inform; **faire partie** to take part; **faire place à** to give away to; **faire plaisir à** to please; **faire preuve de** to show; **faire la queue** to stand in line; **faire du ski** to go skiing; **faire du sport** to do, play a sport; **faire table rase** to make a clean sweep of; **faire la vaisselle** to wash dishes; **s'en faire** to worry
le **fait** fact; **en fait** in fact, actually; **en fait de** as regards
fait(e) *adj.* formed
falloir to be necessary
fameux (-euse) *adj.* famous, well-known
familial(e) *adj.* family; **la cellule familiale** family nucleus
familiariser to familiarize
familier (-ière) *adj.* colloquial, informal; familiar
la **famille** family; **en famille** as a family
fanatique *adj.* enthusiast
le **fanatisme** fanaticism
fascinant(e) *adj.* fascinating
fasciné(e) *adj.* fascinated
fastueux (-euse) *adj.* luxurious; spent in luxury
fatiguer to tire
le **faune** fawn
la **faute** mistake, fault
le **fauteuil (pliant)** (folding) chair
faux (fausse) *adj.* false
favori(te) *adj.* favorite
favoriser to favor
fécond(e) *adj.* fruitful, creative, fertile
la **fée** fairy
la **féerie** magic
le/la **féministe** feminist
la **femme** woman; wife; **la femme de ménage** maid
la **fenêtre** window
féodal(e) *adj.* feudal
le **fer** iron; **le chemin de fer** railroad

férié: le jour férié holiday
fermé(e) *adj.* closed; uncommunicative
fermer to close
la **fermeture** closing
la **ferraille** scrap metal
la **ferveur** fervor
la **fête** festival; feast; party
fêter to celebrate
le **feu** fire
le **feuillage** foliage
le **feuilleton** TV serial
fi (*excl.*) **faire fi de** to disregard
le/la **fiancé(e)** engaged person
la **ficelle** string
fidèle *adj.* faithful
fidèlement *adv.* faithfully
la **fidélité** fidelity; faithfulness
fier (-ière) *adj.* proud
la **fierté** pride
la **figue** fig
la **figure** face; **faire figure de** to be thought of as
figurer to appear
se figurer to imagine
le **fil** thread; affiliation
la **file** line; **le chef de file** leader
la **filiation** affiliation
la **fille** daughter; **la jeune fille** girl
le **film** film; **le film d'auteur** movie expressing the author's philosophy
filmique *adj.* pertaining to films, cinematographic
le **fils** son
la **fin** end; **à la fin** in the end; **mettre fin à** to put an end to; **prendre fin** to come to an end
finalement *adv.* finally, at last
financier (-ère) *adj.* financial
la **finesse** refinement
finir to finish
flâner to stroll
flatter to flatter
la **flèche** steeple
la **fleur** flower
fleurir to blossom
la **flexibilité** flexibility
la **foi** faith
le **foie** liver
la **fois** time; **à la fois** at the same time
la **folie** folly, madness
folklorique *adj.* of, pertaining to folklore, legend
la **fonction** function; **en fonction de** in accordance with, in terms of
le/la **fonctionnaire** civil servant, government employee
fonctionner to work, function

le **fond** bottom; **au fond** basically; **au fond de** in (at) the bottom of; **le fond d'artichaut** artichoke heart
fondé(e) *adj.* based
fonder to found, establish
la **fondue** fondue
la **fontaine** fountain
le **foot** (*fam.*) soccer
la **force** force, strength; **la force de frappe** striking power; **les forces armées** army
la **forêt** forest
le **forfait** discount ticket
la **forme** form; shape
formidable *adj.* (*fam.*) tremendous, fantastic, wonderful
la **formule** formula
fort *adv.* strongly; very
fort(e) *adj.* strong
fortement *adv.* extremely
la **forteresse** fortress
la **fortune** fortune
le **Forum** modern shopping complex in Paris
le **fossé** gap, ditch
fou (folle) *adj.* crazy; **le/la fou (folle)** crazy person; **les Années Folles** (*f.*) the roaring 20s
fouetter to whip
la **fougue** ardor
la **foule** crowd
la **fourchette** fork
fournir to supply; to provide
le **foyer** home; **la mère au foyer** homemaker
fragile *adj.* delicate; frail
la **fragilité** fragility, frailty
les **frais** (*m. pl.*) expenses, cost
frais (fraîche) *adj.* fresh; **la crème fraîche** thick cream product
la **fraise** strawberry
français(e) *adj.* French; **le/la Français(e)** French (*person*); **le français** French language
francophone *adj. n.* (*m., f.*) French-speaking (*person*)
frapper to strike
la **fraternité** brotherhood
le/la **fraudeur(euse)** person guilty of fraud
frénétique *adj.* frantic, frenzied
fréquent(e) *adj.* frequent
fréquenter to frequent, visit frequently
le **frère** brother
frileux (-euse) *adj.* sensitive to cold
la **fringale** (*fam.*) raging hunger
fringant(e) *adj.* high-spirited

la fringue (*fam.*) clothes
les frites (*f. pl.*) French fries
frivole *adj.* frivolous
froid(e) *adj.* cold; **il fait froid** it is cold (*weather*)
le fromage cheese
la frontière boundary
le fruit de mer shellfish
frustrant(e) *adj.* frustrating
frustré(e) *adj.* frustrated, disappointed
le Führer leader; title assumed by Hitler
fuir to flee, take flight
fumer to smoke
funèbre *adj.* funeral
la fureur fury; **faire fureur** to be very popular
le fusil gun
la fusillade shooting
fusiller to shoot
le futur future

gagner to earn; to reach; to save; to win
le gagneur winner
la gaieté cheerfulness
galette: le Moulin de la Galette painting of a Paris cabaret by Renoir
la gamba large shrimp
le gant glove
la garantie guarantee
garantir to guarantee
le garçon boy; waiter
garder to keep
la gare railroad station
garni(e) *adj.* garnished; **la choucroute garnie** sauerkraut with sausage, etc.
la gastronomie gastronomy, the art of good eating
gastronomique *adj.* gastronomic
le gâteau cake
gâter to spoil
gauche *adj.* left; **la gauche** left (*political position*); **l'extrême-gauche** (*f.*) extreme left-wing
gauchiste *adj., n.* (*m., f.*) leftist (*political*)
la Gaule Gaul
le gaz gas
gelé(e) *adj.* frozen
gênant(e) *adj.* annoying
gêner to disturb
le général military general
général(e) *adj.* general; **les Etats Généraux** (*m.*) assembly representing the three levels of society: the clergy, the nobility, and the commonal-

ity; **en général** *adv.* generally, as a rule
généralement *adv.* generally
se généraliser to become general
la généralité generalizing
la génération generation
génial(e)! *adj.* great!
le génie genius
le genou knee
le genre kind, sort
les gens (*f. pl.*) persons, people; **les jeunes gens** (*m. pl.*) young people; young men; **les petites gens** (*f. pl.*) the common people
gentil(le) *adj.* nice, kind
le gentilhomme gentleman
la géographie geography
géographique *adj.* geographical
géométrique *adj.* geometrical
le/la gérant(e) manager, manageress
germanique *adj.* Germanic
le geste gesture; movement
la gestion management
le/la gestionnaire administrator
le gibier (wild) game
gigantesque *adj.* gigantic
le gigot leg of lamb
le/la gitan(e) gypsy
la glace ice; **le hockey sur glace** ice-hockey
la gloire glory
glorieux (-euse) *adj.* glorious
glorifier to glorify
glou-glou glug-glug (sound)
le/la gosse (*fam.*) youngster, kid
gothique *adj.* Gothic
la gouache gouache, a method of painting with opaque water colors
le/la gourmand(e) one who eats to excess (*particularly sweets*)
gourmand(e) *adj.* greedy for good food (*especially sweets*)
le gourmet gourmet, epicure, one who appreciates fine food
le goût taste; flavor
goûter to taste
les gouvernants (*m. pl.*) party in power
le gouvernement government
gouverner to govern, rule
grâce à thanks to, owing to
graduellement *adv.* gradually
la grammaire grammar; **la grammaire à l'œuvre** grammar in action
grammatical(e) *adj.* grammatical
grand(e) *adj.* large, big; great; main; **pas grand-chose** not much

grandement *adv.* greatly
les Grandes Ecoles (*f. pl.*) highest level professional schools entered by very severe competitive examinations
les grandes vacances (*f. pl.*) summer vacation
la grandeur greatness, importance
grandiose *adj.* imposing
grandir to grow large; to increase
grandissant(e) *adj.* growing, increasing
la grand-mère grandmother
le grand-père grandfather
les grands enfants (*m. pl.*) overgrown children
les grands-parents (*m. pl.*) grandparents
gras(se) *adj.* fat
gratuit(e) *adj.* free of charge
grave *adj.* serious
grec (grecque) *adj.* Greek
grégorien(ne) *adj.* Gregorian
la grenouille frog
la grève strike
le gribouillis scribbling
grillé(e) *adj.* grilled
gros(se) *adj.* big, large
grossir to get fat
la grotte grotto; cave
le groupe group; **en groupe** in a group
le gruyère kind of Swiss cheese
la Guadeloupe Guadeloupe
la guerre war; **entrer en guerre** to declare war
la gueule (*fam.*) mouth; **être grande gueule** to like to flaunt
la Guinée Guinea
la Guyane Guiana
la gymnastique gymnastics

habiller to dress; **s'habiller** to get dressed
l'habitant(e) inhabitant, resident
habiter to live (*in a place*)
les habits (*m. pl.*) clothes
l'habitude (*f.*) habit; **d'habitude** *adv.* in general
l'habitué(e) regular (spectator)
s'habituer à to get used to
***haché(e)** *adj.* ground, chopped up
le *hachis ground meat; **le hachis Parmentier** Shepherd's pie, casserole of mashed potatoes and ground beef
***hâler** to tan
les *Halles (*f. pl.*) market
***handicapé(e)** *adj.* handicapped

le *haricot bean
le *hasard chance; luck; **par hasard** by chance
*haut(e) *adj.* high; tall; **le haut** height
les *Hautes Etudes Commerciales (H.E.C.) advanced business school
le *haut-parleur loud-speaker
hebdomadaire *adj.* weekly
*hein? *inv.* eh? what? how's that?
l'herbe (*f.*) grass
héréditaire *adj.* hereditary
l'héritage (*m.*) inheritance
hériter to inherit
l'héritier (-ière) heir(heiress)
le *héros, l'héroïne hero, heroine
hésiter to hesitate
l'heure (*f.*) hour; o'clock; **à l'heure actuelle** at the present time; **les heures de pointe** rush hour
heureux (-euse) *adj.* happy
l'hexagone (*m.*) hexagon (*a common term for continental France*)
hier yesterday
l'histoire (*f.*) history; story
historique *adj.* historical
l'hiver (*m.*) winter
l'homme (*m.*) man; mankind
honnête *adj.* honest
l'honneur (*m.*) honor
l'hôpital (*m.*) hospital
l'horaire (*m.*) schedule, timetable
l'horloger (*m.*) clock or watch maker
l'horreur (*f.*) horror
*hors de *prep.* out of
le *hors-d'œuvre appetizer, starter
l'hospitalisation (*f.*) hospitalization
l'hostilité (*f.*) hostility
l'hôtel (*m.*) hotel; **l'hôtel particulier** mansion
huer to boo
humain(e) *adj.* human: **les sciences humaines** social science
humaniste *adj.* humanist, classical scholar
humble *adj.* lowly
humoristique *adj.* humorous
hystérique *adj.* hysterical

ici *adv.* here
idéal(e) *adj.* ideal
l'idée (*f.*) idea, notion
l'identité (*f.*) identity
l'île (*f.*) island
illustré(e) *adj.* illustrious, famous
illustrer to illustrate

l'îlot (*m.*) small island
l'image (*f.*) image, picture
imaginaire *adj.* imaginary
imaginer to imagine, conceive
imiter to imitate
immédiatement *adv.* immediately, at once
l'immeuble (*m.*) building
l'immigré(e) immigrant
l'imparfait (*m.*) imperfect (tense)
impatient(e) *adj.* impatient
implanté(e) established
impliquer to imply
impopulaire *adj.* unpopular
important(e) *adj.* important, significant
importe: n'importe... no matter...
imposer to impose; to dictate
l'impossible (*m.*) impossible (thing)
l'impôt (*m.*) tax
imprégné(e) *adj.* marked
l'impression (*f.*) impression
impressionner to impress
l'impressionnisme (*m.*) impressionism
imprimer to print
l'imprimerie (*f.*) printing house
l'impulsion (*f.*) impulse
l'incendie (*m.*) fire, blaze
incendier to set fire to
inciter to incite; to urge
inclu(e) *adj.* included
inclure to include
incompris(e) *adj.* misunderstood
inconnu(e) *adj.* unknown
inconsidéré(e) *adj.* ill-considered, rash
incontestablement *adv.* undeniably, without doubt
incontesté(e) *adj.* uncontested, undisputed
l'inconvénient (*m.*) disadvantage, drawback
incroyable *adj.* incredible, unbelievable
indéfini(e) *adj.* indefinite
indéniablement *adv.* undeniably
indépendamment *adv.* independently
l'indépendance (*f.*) independence
indépendant(e) *adj.* independent
l'indicatif (*m.*) indicative (mood)
indigne *adj.* unworthy, undeserving
indiscutable *adj.* unquestionable
l'individu(e) individual
individuel(le) *adj.* individual

individuellement *adv.* individually
l'Indochine (*f.*) Indochina
industrialisé(e) *adj.* industrialized
l'industrie (*f.*) industry
industriel(le) *adj.* industrial
l'inefficacité (*f.*) ineffectiveness; inefficiency
inévitable *adj.* inevitable
inférieur(e) *adj.* inferior; lower
l'infériorité (*f.*) inferiority
l'infidèle (*m., f.*) infidel
l'infinitif (*m.*) infinitive (*grammar*)
influencer to influence
les informations (*f. pl.*) news
informe *adj.* misshapen, deformed
informé(e) *adj.* informed
l'ingénieur (*m.*) engineer
ingrat(e) *adj.* disagreeable
inhumain(e) *adj.* inhuman
inimaginable *adj.* inconceivable
initialement *adv.* initially
initier to initiate
innombrable *adj.* countless
innovateur (-trice) *adj.* innovative
inquiet (-iète) *adj.* troubled
s'inquiéter to become anxious; to worry
s'inscrire to enroll, register for
l'insécurité (*f.*) insecurity
insoluble *adj.* insolvable
s'installer to settle; to make oneself at home
l'instant (*m.*) moment; **pour l'instant** for the time being
instaurer to establish, set up
instituer to establish
l'institut (*m.*) institute
l'instituteur (-trice) instructor; teacher
l'institution (*f.*) institution
instruit(e) *adj.* educated
l'instrument (*m.*) tool, instrument
insuffisant(e) *adj.* insufficient
s'insurger to rebel, rise up
intégral(e) *adj.* integral, as a whole
intellectuel(le) *adj.* intellectual
intense: **la circulation intense** heavy traffic
l'interdiction (*f.*) ban
interdire to prohibit, forbid; **pelouse interdite** keep off the grass
intéressant(e) *adj.* interesting
intéresser to interest; **s'intéresser à** to take an interest in

l'intérêt (*m.*) interest
l'intérieur (*m.*) interior; setting; **à l'intérieur de** within, in the midst of
l'intermédiaire (*m.*) intermediary
interminable *adj.* endless
international(e) *adj.* international
interne *adj.* internal; **l'interne** (*m., f.*) boarder (*in a school*)
l'interprète (*m., f.*) interpreter; actor, actress
interprété(e) *adj.* performed
interpréter to play the role
l'interrogation orale, écrite (*f.*) oral, written exam
interroger to question
interrompre to interrupt
l'interview (*f.*) interview
l'intestin (*m.*) intestine
intime *adj.* intimate
intolérant(e) *adj.* intolerant
intrigue (*f.*) intrigue; love affair
intriguer to intrigue
introduire to introduce
invalide (*m., f.*) disabled person; **les Invalides** formerly a hospital for wounded soldiers; now famous as the site of Napoleon's tomb
l'inverse (*m.*) contrary, opposite
inversement *adv.* inversely
l'investissement (*m.*) investment
l'invité(e) invited person, guest; visitor
l'Irlande (*f.*) Ireland
ironique *adj.* ironical
irrationnel(le) *adj.* irrational
irrémédiablement *adv.* irreparably
Iseult preferred spelling for **Yseut**
isolé(e) *adj.* isolated; lonely
l'isolement (*m.*) isolation; loneliness
l'Italie (*f.*) Italy
italien(ne) *adj.* Italian

Jacques James
jamais *adv.* ever; **ne... jamais** never
le jambon ham
le Japon Japan
japonais(e) *adj.* Japanese
le jardin garden
le jardinage gardening
jaser to chat, gossip
jaune *adj.* yellow
Jésus-Christ Christ
jeter to throw
le jeu game; acting; play
jeune *adj.* young

la jeune fille young girl, woman
le jeune homme young man
le jeune ménage young (married) couple
les jeunes (*m., f.*) young people
la jeunesse youth
la joie joy
joindre to join
jouer à to play (*a game*); **jouer de** to play (*an instrument*); **jouer un mauvais tour** to play a mean trick
jouir (de) to enjoy
le jour day; **le jour férié** holiday; **par jour** in a day; **de nos jours** in our time; **tous les jours** every day
le journal newspaper; diary
journalier (-ière) *adj.* daily, everyday
le/la journaliste journalist
la journée day, daytime; all day
joyeux (-euse) *adj.* happy, joyful
le jugement judgement
juger to judge; **à juger par** judging by
jusqu'à *prep* as far as, up to; until
jusqu'à là until then
le justaucorps leotard
juste *adj.* right, fair; **tout juste** just barely
justement *adv.* exactly, precisely
justifier to justify

le kilo kilogram
klaxonner to honk

le labo(ratoire) laboratory
laborieux (-euse) *adj.* laborious
le lac lake
lâcher to release
laid(e) *adj.* ugly
la laideur ugliness
laisser to leave; **laisser** + *inf.* to let, let (*something to happen*)
le lait milk
la laitue lettuce
lancer to start, launch; **lancer (une bombe)** to drop (a bomb); **se lancer dans** to devote oneself to
la langue language
le lapin rabbit
le lard bacon
large *adj.* broad, wide
largement *adv.* widely; in great number
latin(e) *adj.* Latin
le lavabo wash basin, sink
laver to wash

laxiste *adj.* indulgent
la leçon lesson
le/la lecteur(-trice) reader, teaching assistant
la lecture reading
légendaire *adj.* legendary
la légende legend
léger (-ère) *adj.* light
la légèreté lightness, frailty
législatif (-ive) *adj.* legislative
la légitimité legitimacy
le légume vegetable
le lendemain next day
lent(e) *adj.* slow
lentement *adv.* slowly
lequel (laquelle) *pro.* which, who, whom
la lessive washing
la lettre letter
leur *pro.* to them; *adj.* their
le lever rising, getting up
se lever to get up
le libéralisme liberalism
libérer to liberate, free
la liberté liberty, freedom
la librairie bookstore
libre *adj.* free
la licence first college degree admitting one to graduate work
lié(e) *adj.* dealing with, tied to
le lien tie, bond; **les liens affectifs** emotional ties
lier to link, tie
le lieu place; **avoir lieu** to take place; **au lieu de** instead of
la ligne line
limiter to limit
limitrophe *adj.* bordering
le linceul shroud
le linge laundry
le liquide liquid
lire to read
lisible *adj.* readable, understandable
la liste list
le lit bed
littéraire *adj.* literary
la littérature literature
le livre book
livrer to give up, hand over; to deliver; **se livrer à** to indulge in; to resort to; to give way, in to (*someone*)
local(e) *adj.* local
la localité locality, neighborhood
le logement lodging, housing
loger to live
la loi law
loin *adv.* far; **de loin** by far
le loisir leisure (time)
le long length; **au long de** throughout; **le long de** along

long(ue) *adj.* long
longer to border; **longer la côte** to extend along the coast
longtemps *adv.* a long time
longuement *adv.* at length
la longueur length; **à longueur de journée** all day long
lors (de) *adv.* at the time of; during
lorsque *conj.* (at the time, moment) when
la loterie lottery
louer to rent
la Louisiane Louisiana
lourd(e) *adj.* heavy
la loyauté loyalty, faithfulness
le loyer rent; rental fee
la luge sled
la lumière light
la lune moon
la lutte fight, struggle
lutter to fight, combat
le luxe wealth, luxury
le lycée French secondary school
le/la lycéen(ne) secondary school pupil
le lyrisme lyricism

les Machin-Choses (*m.*) what's their name
la machine machine; **la machine à calculer** adding machine; **la machine à coudre** sewing machine
macrobiotique *adj.* macrobiotic
le magasin store
le magazine magazine
maghrébin(e) *adj.* from the Maghreb, a region in North Africa
le/la magicien(ne) magician
magistral: les cours magistraux (*m. pl.*) lecture courses
le magnétoscope video
magnifique *adj.* magnificent
maigre *adj.* meager
le maillot (de bain) (swim) suit
la main hand; **donner un coup de main** to give a hand, help
la main-d'œuvre manpower
maint(e) *adj.* many
maintenant *adv.* now
maintenir to keep, maintain
le maire mayor
mais *conj.* but
le maïs corn
la maison house, home; **la maison des jeunes et de la culture** youth center
le maître master, head; master craftsman
la maîtresse mistress

la maîtrise master's degree
majeur(e) *adj.* major; greater
la majorité majority
le mal (*pl.* **les maux**) evil; wrong; trouble; **le mal de mer** sea sickness; **avoir du mal** to have trouble
mal *adv.* badly, ill; **pas mal de** quite a lot of, a fair amount of
malade *adj.* sick; diseased
la maladie sickness, disease
malgré *adj.* in spite of
le malheur misfortune, bad luck
malheureusement *adv.* unfortunately
la manche sleeve
le mandat mandate, term of office
manger to eat
la manière manner, way
la manif(estation) (political) demonstration; manifestation (*of feeling*); event (*cultural*)
se manifester to show oneself
le manque lack
manquer to miss; **cela me (lui) manque** I (he/she) miss(es) it
le manteau coat; cloak
le Marais historical section of Paris, on the right bank
la marchandise merchandise
le marché market; **le marché en plein air** open air market; **le Marché Commun** the Common Market; **par dessus le marché** on top of that; **bon marché** *adj. inv.* cheap
marcher to work, function; to walk
le Mardi Gras Fat Tuesday, last day before the beginning of Lent
le maréchal field marshal
le mari husband
le mariage marriage
marié(e) *adj.* married
se marier to get married
la marine Navy
le Maroc Morocco
la marque trademark
marquer to mark, leave a mark on
le/la marquis(e) marquis, marquise
marrant(e) *adj.* (*fam.*) amusing
la Martinique Martinique
le masque mask
les mass-média mass media
la masse mass; **en masse** in a body; **les masses** the masses
le matelas (pneumatique) (air) mattress
le matelot sailor, seaman
le matériau construction material

le matériel equipment
matériel(le) *adj.* material
maternel: l'école maternelle (*f.*) nursery school
la maternité maternity; **le congé de maternité** maternity leave
les mathématiques (maths) (*f.*) mathematics (math)
la matière matter; subject (*academic*)
le matin morning
la matinée (all) morning
la maturation maturing, ripening
mauvais(e) *adj.* bad, poor
le mec (*fam.*) guy
mécanique *adj.* mechanical
le mécène patron (of the arts)
la méconnaissance lack of knowledge, ignorance
le/la mécontent(e) dissatisfied person
le médecin doctor
médical(e) *adj.* medical
le médicament medicine
médiéval(e) *adj.* medieval
la Méditerranée Mediterranean sea (between Europe and Africa)
le Médoc wine region near Bordeaux
méfiant(e) *adj.* suspicious, distrustful
meilleur(e) *adj.* better; **le/la meilleur(e)** the best (one)
le mélange mixture
mélanger to mix
se mêler (de politique) to get involved (with politics)
la mélodie melody
le melon melon
le membre member
même *adj.* same; **même** *adv.* even; **de même** also; **quand même** even so, anyway
la mémoire memory
la menace threat
menacer to threaten
le ménage household, housekeeping; **faire le ménage** to do the housework; **le jeune ménage** young (married) couple
se ménager to manage, insure
ménager (-ère) *adj.* household
la ménagère housewife
mener to lead
le menhir menhir, upright stone
mensuel(le) *adj.* monthly
la mentalité mentality
mentionné(e) *adj.* mentioned
le menu menu, bill of fare
le mépris contempt, scorn

méprisé(e) *adj.* scorned, despised
la mer sea; **le mal de mer** sea sickness; **le fruit de mer** shellfish; **d'outre-mer** overseas
la mercerie notions
la merci favor; thanks; mercy
la mère mother
méritant(e) *adj.* deserving
Merlin magician in the Arthurian legends
la merveille marvel, wonder
merveilleux (-euse) *adj.* marvelous, wonderful
le message message
la messe church; mass
la mesure measure, degree
mesurer to measure
la méthode method
méticuleux (-euse) *adj.* meticulous
le métier job, occupation; profession, trade
le mètre meter
le métro Paris subway
la métropole mother country
métropolitain(e) *adj.* metropolitan
le metteur en scène director
mettre to put, place; to wear; **mettre en évidence** to emphasize; **mettre à jour** to update; **mettre à la porte** to fire; **mettre au point** to perfect; **se mettre à** to start, begin
le midi noon, noonday
le Midi South of France
mieux *adv.* better; **le mieux** the best
mijoter (*fam.*) to cook up, hatch
le milieu middle; **au milieu** in the middle, among; **en plein milieu** right in the middle
militaire *adj.* military; **le/la militaire** military personnel; **les militaires** armed forces
le millier about a thousand; **des milliers de** thousands of
mince *adj.* thin
minimiser to minimize
le ministère French cabinet office
le ministre minister (*political*); **le premier ministre** Prime Minister
la minorité minority
la mise putting (*something in a place*)
la misère misery; extreme poverty

le mistral strong cold northern wind of Provence
la mi-temps part-time; **à mi-temps** *adv.* part-time
Mitterand, François President of France (1981–)
mixte *adj.* co-ed
la mobilisation mobilization
moche *adj.* (*fam.*) rotten, lousy, awful
la mode fashion; **à la mode** in style, fashionable; **à la mode de (Caen)** (Caen) style
le modèle model
modeler to mold, form; to model
la modération moderation
moderne *adj.* modern
modernisé(e) *adj.* modernized, brought up to date
modestement *adv.* modestly
la moelle marrow (of bone)
moindre *adj.* least
moins *adv.* less; **au moins** at least
le mois month
la moisson harvest (time)
la moitié half
Molière 17th century playwright
le moment moment, time; **à ce moment** at this (that) time
la monarchie monarchy
le monarque monarch
le monastère monastery
le monde world; people; **tout le monde** everybody, everyone
mondial(e) *adj.* worldwide; of the world
la mongolfière hot-air balloon
le/la moniteur (-trice) instructor
la monnaie money; change
le mono-kini topless bathing suit
le monopole monopoly
le monstre monster
le Mont mount, as in Mont Saint-Michel, etc.
la montagne mountain; **en montagne** in the mountains
le montant sum, (total) amount
la montée rising
monter to climb, go up; **monter une pièce** to stage a play
la montre watch (timepiece)
montrer to show; **se montrer** to appear, show oneself
le monument monument; historic building
se moquer (de) to make fun (of); **moque-toi!** make fun of me! pretend it's funny!

moral(e) *adj.* moral
morale: la morale du travail work ethic
le/la moraliste moralist
la moralité morality, good moral conduct
morbide *adj.* morbid
le morceau piece; **un morceau de choix** choice piece (*of music, etc.*)
la mort death; **la peine de mort** death penalty
mort(e) *adj.* dead; **le/la mort(e)** dead person
le mot word; **les mots croisés** crossword (puzzle)
moteur (-trice) *adj.* leading, commanding
motivé(e) *adj.* motivated
Mouffetard colorful old street in Paris
la moule mussel
le moulin windmill; **Le Moulin-Rouge** famous nightclub in Paris
la moulinette vegetable mill
mourir to die
la mousseline gauze
la moutarde mustard
le mouton sheep
le mouvement movement
le moyen way, manner; **au moyen de** by means of; **les moyens** (*pl.*) (*financial*) means, money
le moyen âge Middle Ages
moyen(ne) *adj.* average
la moyenne average
muet(te) *adj.* silent
multicolore *adj.* multicolored
multiplier to multiply
la multitude multitude
municipal(e) *adj.* municipal
la municipalité municipality, town council
se munir de to provide with
le mur wall
mûr(e) *adj.* ripe
le musée museum
le/la musicien(ne) musician
la musique music
le/la musulman(e) Moslem
muté(e) *adj.* transferred
mutuellement *adv.* mutually
le mysticisme mysticism
mystique *adj.* mystical

nager to swim
la naissance birth
naissant(e) *adj.* burgeoning, newly developing, in early stages of development

naître to be born
la nana (*fam.*) girl
Napoléon Emperor of France (1804–1815)
napper to coat (something)
natal(e) *adj.* native
la natation swimming
la nationalisation nationalization
nationalisé(e) *adj.* nationalized
le nationalisme nationalism
la nationalité nationality
naturel(le) *adj.* natural
naval(e) *adj.* naval
le nazisme Nazism
ne...: ne... aucun(e) no one, not any; **ne... jamais** never; **ne... pas** not; **ne... personne** no one; **ne... plus** no longer; **ne... que** only; **ne... rien** nothing
né(e) *adj.* born
nécessaire *adj.* necessary
la nef nave
négatif (-ive) *adj.* negative
négliger to neglect
négocier to negotiate
la neige snow
néolithique *adj.* neolithic
net(te) *adj.* clear, distinct
nettoyer to clean
neuf (-ve) *adj.* new
neutre *adj.* neutral
le neveu nephew
ni... ni *conj.* neither...nor
niçois(e) from Nice
nier to deny
la Nigeria Nigeria
le niveau level; **le niveau de vie** standard of living
la noblesse nobility
la noce wedding
noir(e) *adj.* black
le nom name; noun
le nombre number; **en grand nombre** in great numbers
nombreux (-euse) *adj.* numerous
nommer to name
non plus *adv.* (n)either
le nord north; **le nord-est** northeast
normal(e) *adj.* normal
normand(e) *adj.* from Normandie; **le trou normand** shot of Calvados in the middle of a big meal
notamment *adv.* especially
la note grade (academic)
noter to note, take note of
se nourrir to feed
la nourriture food

nouveau (-elle) *adj.* new; **le nouveau-né** newborn
la nouveauté new things
les nouvelles (*f.*) news
nu(e) *adj.* bare; naked
nucléaire *adj.* nuclear
le/la nudiste nudist
la nuit night; **une boîte de nuit** nightclub
nul: nulle part nowhere
le numéro number, issue
les nymphéas (*m. pl.*) white water lilies

obéir to obey
l'obéissance (*f.*) obedience
l'objectivité (*f.*) objectiveness
l'objet (*m.*) object
obligatoire *adj.* obligatory, compulsory
obligé(e) *adj.* obliged
obscure: la salle obscure movie house
obsédé(e) *adj.* obsessed
l'observateur (-trice) observer
l'obstacle (*m.*) obstacle
obtenir to obtain, secure
l'occasion (*f.*) opportunity, occasion
occidental(e) *adj.* west(ern)
occupé(e) *adj.* occupied
s'occuper (de) to take care of, attend to
octroyer to grant
l'odeur (*f.*) odor, smell
œil: mon œil! *pop.* my foot!
l'œuf (*m.*) egg
l'œuvre (*f.*) work; **le *hors-d'œuvre** appetizer; **la grammaire à l'œuvre** grammar in action; **le chef-d'œuvre** masterpiece
offenser to offend
offert(e) *p.p.* of **offrir** offered
officiel(le) *adj.* official
officiellement *adv.* officially
l'officier (*m.*) officer
offrir to offer
ogive *adj.* ribbed (architecture), ogival
l'oignon (*m.*) onion
l'oiseau (*m.*) bird
oisif (-ive) *adj.* idle
l'olive (*f.*) olive
l'ombre (*f.*) shade
on *pro. subj.* one, we, you, etc.
l'oncle (*m.*) uncle
l'opéra (*m.*) opera
l'opinion (*f.*) opinion
l'opposant(e) (political) opponent

opposé(e) *adj.* opposite
s'opposer à to be against
l'opposition (*f.*) opposition
or *conj.* now; then, at that time
oral(e) *adj.* oral
l'orchestre (*m.*) orchestra
l'ordinateur (*m.*) computer
l'ordonnance (*f.*) prescription (*medical*)
ordonner to order, direct
l'ordre (*m.*) order, discipline; **rentrer dans l'ordre** to get back to normal; to regain equilibrium
l'orfèvrerie (*f.*) silversmith, goldsmith
l'organisateur (-trice) organizer
l'organisation (*f.*) organization; **l'O.N.U. (Organisation des Nations Unies)** (Organization of) United Nations
organiser to organize
les orgues (*f. pl.*) organ
orientation: l'orientation professionnelle (*f.*) vocational guidance
originaire *adj.* native, originating from
original(e) *adj.* inventive, novel, different
l'originalité (*f.*) originality
l'origine (*f.*) origin
orné(e) *adj.* decorated
l'orphelin(e) orphan
osé(e) *adj.* daring
l'oseille (*f.*) sorrel
oublier to forget
l'ouest (*m.*) west
l'ours (*m.*) bear
l'outil (*m.*) tool
ouvert *p.p.* of **ouvrir** opened
l'ouverture (*f.*) opening; openness; **l'ouverture d'esprit** open-mindedness
l'ouvrage (*m.*) work
l'ouvreuse (*f.*) usherette
l'ouvrier (-ière) worker; **ouvrier (-ière)** *adj.* of the workers; **la classe ouvrière** the working class
ouvrir to open; **s'ouvrir à** to confide in

la page page
le pain bread; **le pain complet** wheat bread
la paix peace
le palais palace; **le Palais Bourbon** National Assembly; **le Palais du Luxembourg** Senate

pâlir to become pale
la palme palm; **la palme d'or** victory symbol
le palmier palm tree
le pape Pope
la papeterie stationery shop
papi papa
le papier paper
Pâques (*m. s.*) Easter
le paquet package
par *prep.* by; for; **par contre** on the other hand
le parachutiste parachutist
le paradis paradise
paradoxalement *adv.* paradoxically
le paradoxe paradox
le paragraphe paragraph
paraitre to appear, seem
paralysé(e) paralyzed
le parasite parasite
le parc park
parce que *conj.* because
parcourir to follow
parcouru *p.p. of* **parcourir** followed
par-dessus *adv.* over; **par-dessus le marché** on top of that
le pardon forgiveness; religious procession and ceremony in Brittany
pareil(le) *adj.* similar; same
le parent parent; relative
paresseux (-euse) *adj.* lazy
parfait(e) *adj.* perfect
parfois *adv.* sometimes
le parfum perfume
parier to bet
le Pariscope weekly entertainment guide for Paris
parisien(ne) *adj.* from Paris; **le/la Parisien(ne)** Parisian
le Parlement Parliament
parler to tell; to speak; **entendre parler de** to hear about
le parler speech
Parmentier, A. A. agronomist and pharmacist (1737–1813)
parmi *prep.* among
la parole word; speech; **avoir droit à la parole** to have the right to speak, voice an opinion
la part part, portion; **à part** besides; **d'autre part** on the other hand; **de la part de** coming from, on behalf of; **de part et d'autre** on both sides; **nulle part** nowhere; **quelque part** to share; **prendre part** to join in, participate

partager to inform; to share
le/la partenaire partner
le parterre flower bed
le parti (political) party
le/la participant(e) participant
participer à to have a share in; to join in, participate, take part in
le particularisme individualism
particulier (-ière) *adj.* special; **en particulier** especially
particulièrement *adv.* in particular, particularly
la partie part, section; party; **en partie** in part; **faire partie de** to be a part of
partiel(le) *adj.* partial
partir to go off, leave; to take off; **à partir de** starting from
le partisan supporter
le partitif partitive (grammar)
partout *adv.* everywhere
parvenir à to reach; to succeed in
Pascal, Blaise seventeenth-century mathematician and philosopher
pas mal de *adv.* quite a bit of
pas question! *excl.* no way!
le passage passage; **de passage** passing through, spending a short time
le/la passant(e) passer-by
le passé past
passer to go by; to spend; **passer un examen** to take an exam; **se passer** to happen, take place
passif (-ive) *adj.* passive
passionnant(e) *adj.* exciting
passionné(e) *adj.* very interested
se passionner pour to be extremely interested in
le pâté pâté, finely ground and seasoned spread
paternaliste *adj.* paternalistic
la patience patience
le patin skate
le patinage skating
la patinoire skating rink
la pâtisserie pastry; pastry shop
le patois regional dialect
patriarcal(e) *adj.* patriarchal
la patrie fatherland, homeland
le patrimoine heritage
le patriotisme patriotism
le/la patron(ne) boss, owner
patronal(e): les syndicats patronaux (*m.*) employers' association
le pâturage pasture
la pause-café coffee break
pauvre *adj.* poor; miserable

la pauvreté poverty
les pavés (*m.*) cobblestones
payer to pay (for)
le pays country; **les pays-membres** countries belonging to the Common Market
le paysage landscape
le/la paysan(ne) country person; peasant
la peau skin
la pêche fishing
pêcher to fish, go fishing
peindre to paint; to represent
la peine trouble, difficulty; sentence; **à peine** *adv.* hardly; **valoir la peine** to be worth the trouble
le peintre painter, artist
la peinture painting; representation
la pelouse lawn; **pelouse interdite** keep off the grass
le penchant taste, liking for
pendant *prep.* during, for; **pendant que** *conj.* while
pénétrer to penetrate
pénible *adj.* hard
la péninsule peninsula
la pensée thought
penser to believe; to think
le penseur thinker
le/la pensionnaire boarder, lodger
la pente slope
la Pentecôte Pentecost
perçant(e) *adj.* piercing
percé(e) *adj.* pierced
perché(e) *adj.* perched
perdre to lose; to waste; **se perdre** to be lost; to lose one's way
perdu(e) *p.p. of* **perdre** lost
le père father
perfectionner to perfect
le péril danger
la période period
périodique *adj.* periodical
périr to die, perish
permanence: en permanence *adv.* continuously
permettre to allow, permit; **se permettre** to afford
perpétuité: à perpétuité for life
le/la perruquier (-ière) wigmaker; hairdresser
la persécution persecution
le persil parsley
le personnage personage, person; character (*in a play*)
la personnalité personality
la personne person; **personne ne...** *pro.* nobody, no one

le personnel staff
personnel(le) *adj.* personal
personnellement *adv.* personally
la perte loss; downfall
peser to weigh
pessimiste *adj.* pessimistic
la peste plague
Pétain, Philippe head of the Vichy government during the German occupation of France
petit(e) *adj.* little, small; short; inconsequential
le petit déjeuner breakfast
les petites gens (*f. pl.*) common people
le petit-fils grandson
le pétrole oil
le peu little bit; few; **un petit peu** just a little; **peu** *adv.* little; few; not very; shortly; **peu à peu** little by little; **à peu près** about, nearly
le peuple people; common people, lower class; nation
la peur fear; **avoir peur** to be afraid
peut-être *adv.* perhaps
la pharmacie pharmacy
le phénomène phenomenon
le philosophe philosopher
la philosophie philosophy
la photo photograph, snapshot; **la photo-safari (le safari-photo)** excursion to take photos of wild animals
la photographie photography
la phrase sentence
le/la physicien(ne) physicist
physique *adj.* physical; **la physique** physics
la pièce play (literary)
le pied foot; **le pied de vigne** grape vine
le piège trap
la pierre stone
piétonnier (-ière) pedestrian, on foot
pile *adv.* exactly
le pilote pilot
le pintadeau young guinea-fowl
le pion (*fam.*) supervisor
le pionnier pioneer
le pipeau I don't believe a word of it!
pique-niquer to picnic
la piscine swimming pool
pittoresque *adj.* picturesque
le placard closet; cabinet
la place place; plaza; square **la mise en place** installation; **sur place** right there; **faire place à** to give way to; **mettre en place** to set up
placer to place, situate
la plage beach
se plaindre to complain
plaire to like; to please
plaisanter to joke
la plaisanterie joke
le plaisir pleasure
le plan project; level; **sur le plan (de)** concerning
la planche board; **la planche à voile** windsurfing
la plante plant
planté(e) *adj.* planted
le plat dish; **le plat de résistance** main course
le platane plane tree
plein(e) *adj.* full, filled; **en plein...** right in the middle of. . . ; **à plein-temps** *adv.* full time
pleurer to cry
la plongée (sous-marine) (scuba) diving
plu *p.p. of* **plaire** pleased
la pluie rain
la plupart majority, most
plus *adv.* more; **en plus** *adv.* besides, moreover
plusieurs *adj., pro.* several
plutôt *adv.* rather
Po (*abbr. for* **politique**) *adj.* political; **les Sciences Po** (*f.*) political science
le poème poem
la poésie poetry
le/la poète poet
le point point; **mettre au point** to perfect
pointe: les heures de pointe (*f. pl.*) rush hour; **à la pointe** in the forefront
le poisson fish
la poissonnerie fish-market
le poivre pepper
le poivron green pepper
la police police
la politique politics: philosophy, policy, way of handling (*an issue*); **politique** *adj.* political
politisé(e) *adj.* politically minded
la pollution pollution
la Pologne Poland
polytechnique: l'Ecole polytechnique (*f.*) Military Academy of Artillery and Engineering
la pomme apple; **la pomme de terre** potato; **pommes rissolées** browned potatoes
la pompe pomp, magnificence
Pompidou, Georges de Gaulles's successor as president of France
populaire *adj.* popular
la population population
le porc pork
le port harbor, port
le portail portal, doorway
la porte door; **mettre à la porte** to fire
portée: à la portée within reach
porter to bear, carry; to wear; **porter sur** to turn one's attention to; **porter un coup** to strike; **se porter (bien, mal)** to be, feel (well, poorly)
le portrait portrait
poser une question to ask a question; **poser un problème** to be a problem
positif (-ive) *adj.* positive
posséder to own, possess
la possession property
la possibilité possibility
la poste mail; post office
le poste job, position; **le poste de télévision** TV set
le pot drink; **boire, prendre un pot** to have something to drink (*not necessarily alcoholic*)
le potage soup
la poterie pottery
le poulet chicken
pour *prep.* for
le pourcentage percentage
pour que *conj.* in order that, so that
pourquoi *adv., conj.* why
la pourriture decay, rot
le/la poursuivant(e) pursuer
poursuivre to pursue, go on with; to run after (*somebody*)
pourtant *adv.* however, nevertheless; still, yet
pourvu que *conj.* provided that
poussé(e) *adj.* extensive
pousser to push, encourage; to grow
pouvoir to be able, capable; can
le pouvoir power
le/la pratiquant(e) churchgoer
pratique *adj.* practical
pratiquer to practice
préalable *adj.* preliminary
précipité(e) *adj.* touched off
se précipiter to hurry
précis(e) *adj.* precise
précoce *adj.* precocious
préconcevoir to preconceive

préconcu(e) *p.p. of* **préconcevoir** preconceived
prédominer to predominate; to be most numerous
préféré(e) *adj.* favorite
la préférence preference
préférer to prefer
le préjugé prejudice
préliminaire *adj.* preliminary
premier (-ière) *adj.* first; prime; **au premier abord** at first; **premier cru supérieur** first class, high quality (*wine*)
la première year before the last in the lycée
le premier ministre Prime Minister
prendre to take (along); to catch; **prendre une boisson (un pot), un repas** to have a drink, a meal; **prendre par le bras** to walk arm in arm; **prendre en charge** to take responsibility for; **prendre le dessus** to take precedence; **prendre fin** to come to an end; **prendre l'habitude** to become used to; **prendre la tête** to take over; **prendre les vacances** to go on vacation
le prénom first name
la préparation preparation; studying
préparatoire *adj.* preparatory
préparé(e) *adj.* prepared
préparer to prepare; to study for
la préposition preposition
près de *prep.* close to, near; *adv.* nearly, about
présent(e) *adj.* present; **le présent** present
présenter to present, give; **se présenter à un examen** to take an exam
préserver to preserve
le président president
présidentiel(le) *adj.* presidential
presque *adv.* almost
la presse press (*media*)
pressé(e) *adj.* in a hurry
pression: faire pression sur to put pressure on
prestigieux (-ieuse) *adj.* prestigious, distinguished
le prêt loan
prêt(e) *adj.* ready; willing
prétendre to pretend; to claim
prêter to loan
le prêtre priest
preuve: faire preuve de to demonstrate, show
prévoir to include
prier to pray; to beg

primaire *adj.* elementary
la prime allowance, subsidy
prime *adj.* first
la princesse princess
principal(e) *adj.* first, main, principal; head
le principe principle; **en principe** supposedly, theoretically
le printemps spring
la priorité priority
pris *p.p. of* **prendre** taken
la prise capture, taking; **la prise de position** point of view; **la prise de vue** shot, take (*film*)
la prison prison
le/la prisonnier (-ière) prisoner
la privation hardship
privé(e) *adj.* private
le privilège privilege
privilégié(e) *adj.* privileged, upper (*class*); **le/la privilégié(e)** privileged person
le prix price; **à tout prix** at all costs
probable *adj.* probable
probablement *adv.* probably
le problème problem
le procédé method, process
la procession procession
le processus method, process
prochain(e) *adj.* next
proche *adj.* close, near; **proche de** close to
proclamer to proclaim, declare
prodigieux (-euse) *adj.* prodigious, astounding
se produire to occur
le produit product
le professeur professor
la profession profession
professionnel(le) *adj.* professional
profiter de to take advantage of
profond(e) *adj.* deep, meaningful
profondément *adv.* profoundly
le programme program, schedule; plan
le progrès progress
le projet project, plan
la promenade stroll, walk; trip
se promener to take a walk, trip
le promeneur walker
promettre to promise
promis(e) *p.p. of* **promettre** promised
le promoteur property developer
promouvoir to promote
le pronom pronoun
le pronostic forecast
la propagande propaganda; advertising

propice *adj.* favorable, appropriate
la proportion proportion, ratio
proportionnellement *adv.* in proportion
propos: à propos de with regard to, speaking about
proposer to suggest, recommend
la proposition proposal, suggestion
propre *adj.* own; proper
le/la propriétaire owner
la propriété property
prospère *adj.* prosperous
la protection protection
le/la protégé(e) protégé(e)
protéger to protect
le/la protestant(e) Protestant
le protestantisme protestantism
la protestation protest
protester to protest
la prouesse feat
prouver to prove
la Provence region in the south of France
provenir to come from
le proverbe proverb
la province province
provincial(e) *adj.* provincial
les provisions (*f. pl.*) groceries
provisoire *adj.* provisional
provoquer to cause
le proxénétisme procuring
le psychiatre psychiatrist
psychologique *adj.* psychological
pu *p.p. of* **pouvoir** been able
public (-ique) *adj.* public; **le public** people; audience
la publication publication
publicitaire *adj.* advertising
la publicité publicity; commercial (*TV*)
publier to publish
puis *adv.* afterwards, then; besides; next
puisque *conj.* since, as
la puissance power
puissant(e) *adj.* powerful; **le/la puissant(e)** powerful person
pulpeux (-euse) *adj.* pulpy
punir to punish
le/la pupille ward
pur(e) *adj.* pure
purement *adv.* simply
le puritanisme Puritanism

le quai quay, wharf
quand *adv.* when; **quand même** anyway, even so
la quantité quantity

le quartier neighborhood; section of city
que *pro.* whom, which, that; *conj.* that
québécois(e) *adj.* from Quebec
quel(le) *adj.* which, what; **quel dommage!** what a shame!
quelque *adj.* some, any; (*pl.*) a few; **quelque chose** something; **quelque part** somewhere; **quel(le) que soit…** whatever…
quelqu'un(e) *pro.* somebody, someone
la querelle quarrel, dispute
la question question, matter; **la remise en question** reconsideration; **pas question!** no way!
queue: faire la queue to stand in line
qui *pro.* who, which, that
la quiche cheese pie
la quille ten-pin
la quincaillerie hardware store
quitter to leave; to abandon
quoi *pro.* what, which
quoi que *conj.* no matter what
quotidien(ne) *adj.* daily; **le quotidien** daily newspaper

le rabbin rabbi
racial(e) *adj.* racial
Racine 17th century playwright
le racisme racialism
raciste *adj.* racist
la raclette Swiss cheese fondue
raconter to tell, say
la radio radio
la radio-activité radio-activity
le radium radium
le raffinement refinement
rafraîchissant(e) *adj.* refreshing
la rage rabies; anger
le ragoût stew
le raisin grape
la raison reason; **avoir raison** to be right
raisonner to reason, think
ralentir to slow down
ramener to bring back (*persons*)
rangé(e) *adj.* arranged
se ranger to take sides
rapide *adj.* quick
la rapidité rapidity
rappeler to remind; **se rappeler** to call back; to remember
le rapport relationship, rapport; **par rapport à** in relation to
rapporter to bring back (*things*)
rapprocher to bring closer

la raquette racket
rarement *adv.* seldom
ras(e) *adj.* close-cropped; **faire table rase** to make a clean sweep of
le rasoir shaver; **être rasoir** (*fam.*) to be boring
rassurant(e) *adj.* reassuring
rater to miss
ratifier to ratify
le rationnement rationing
ravager to ravage, destroy
ravi(e) *adj.* delighted
rayonner to fan out
la réaction reaction
réagir to react
le/la réalisateur (-trice) producer
la réalisation realization
réaliser to realize
réaliste *adj.* realistic
la réalité reality
le/la rebelle rebel
récemment *adv.* recently
récent(e) *adj.* recent
la recette recipe
recevoir to receive
la recherche research
recherché(e) *adj.* fancy
rechercher to look for, search
réciproque *adj.* reciprocal
le récit story, account
réclamer to demand
la récolte harvest
recommander to recommend
recommencer to start again
récompenser to reward
reconnaître to recognize
reconstituer to reconstruct
la reconstruction rebuilding
reconstruire to rebuild
recréer to recreate
rectangulaire *adj.* rectangular
reçu(e) *adj.* received; **être reçu à un examen** to pass an exam
recueil: recueils de loi (*m. pl.*) law compendiums
la rédaction composition
redécorer to redecorate
redorer to regild
redoubler to repeat (*a class*)
redressement: l'école de redressement (*f.*) reform school
redresser to straighten out, correct
la réduction reduction
réellement *adv.* really
réélu(e) *adj.* reelected
la référence reference
le référendum referendum
référer to refer
réfléchir to reflect, think about

le reflet reflection
refléter to reflect
la réflexion reflection
la réforme reform
le refuge hut; shelter
refugier to take refuge
le refus refusal
refuser to refuse
regarder to watch, look at; to consult (*something*)
le régime regime (*form of government*); diet; **être au régime** to be on a diet
la région region
régional(e) *adj.* regional
la règle rule
le règlement rule
réglementé(e) *adj.* fixed
le règne reign
régner to reign
régulier (-ière) *adj.* regular
régulièrement *adv.* regularly
la reine queen
rejeter to reject
rejoindre to meet; to join
la réjouissance entertainment
le relâche break, respite
relatif (-ive) *adj.* relative
la relation relation
relier to connect, link
religieux (-ieuse) *adj.* religious
la religion religion
relire to read over, again
remarquable *adj.* remarkable
remarquablement *adv.* remarkably
remarquer to notice; to mention
rembourser to reimburse
le remède remedy
remettre: remettre en question to reconsider; **se remettre au travail** to start work again
remise: la remise en question reconsideration; revival of the issue
le remonte-pente ski-lift
remonter to go back to; to wind (*a watch*)
le rempart rampart, wall
le/la remplaçant(e) substitute
remplacer to replace
remplir to fill
remporter to win
la Renaissance historical period (15th and 16th centuries)
la rencontre meeting; event
rencontrer to meet
rendre to make; to give back; **rendre service** to render a service; **rendre visite (à)** to

visit (*someone*); **rendre** + *adj.* to make; **se rendre** to surrender; to go; **se rendre compte** to realize
la **rêne** rein
renommé(e) *adj.* famous
renoncer to give up
le **renouveau** rebirth
renouveler to renovate
le **renouvellement** renewal, reform
la **rénovation** rebuilding
les **renseignements** (*m. pl.*) information
renseigner to inform
la **rentrée (des classes)** beginning of the academic term
rentrer to return home; **rentrer dans l'ordre** to return to normal
renverser to knock down
renvoyer to dismiss; to send back
se **répandre** to scatter
repartir to leave again; to go back
répartir to share
le **repas** meal
repeindre to repaint
replier to withdraw
la **réplique** line (*in a play*)
répondre to answer
la **réponse** answer
se **reposer** to rest, take a rest
repousser to push back
reprendre to reconquer; to start again; to take up
le/la **représentant(e)** representative
la **représentation** performance
représenter to represent; **se représenter** to imagine
repris(e) *p.p.* of **reprendre** reconquered
reprocher to reproach
se **reproduire** to happen again
républicain(e) *adj.* republican
la **République** Republic
la **réputation** reputation
le **réseau** network
réservé(e) *adj.* reserved
réserver to reserve, hold
la **résidence** residence, home
la **Résistance** organized underground resistance (against the Germans in World War II)
résister to resist
résonner to resound, re-echo
résoudre to solve; **se résoudre à** to bring oneself to
le **respect** respect
respecter: qui se respecte (*fam.*) who is worth his/her salt

resplendissant(e) *adj.* glittering
la **responsabilité** responsibility
responsable *adj.* responsible, in charge of; **le responsable** person (country) responsible (for)
ressembler to resemble
ressentir to feel
le **ressort** spring
la **ressource** resource
le **restaurant** restaurant
le/la **restaurateur (-trice)** restaurant owner
restaurer to restore
le **reste** rest
rester to remain; **rester sur place** to stay
le **résultat** result; **sans résultats** unsuccessful
le **résumé** summary
rétablir to reestablish
retapisser to repaper
le **retentissement** repercussion
retirer to withdraw
le **retour** return
retourner to return; **se retourner** to turn around
la **retraite** retirement
rétrécir to shrink
retrouver to find again; **se retrouver** to meet, get together
réuni(e) *adj.* (re)united
la **réunion** reunion
se **réunir** to meet; to gather together
réussi(e) *adj.* successful
réussir (à) to succeed in; to be successful in
la **réussite** success
le **rêve** dream
révéler to reveal
le **revenant** ghost; (*pl.*) those returning (*from war*)
revenir to come back, return
le **revenu** income
rêver to dream
le **revers** setback
rêveur (-euse) *adj.* daydreaming
réviser to review (*for an exam*); to revise
revivifier to re-enliven
la **révolte** revolt
la **révolution** revolution
révolutionnaire *adj.* revolutionary
révolutionner to revolutionize
le **revolver** hand gun
révoquer to revoke
la **revue** magazine
le **rhume** cold
ri *p.p.* of **rire** laughed

riche *adj.* rich
la **richesse** wealth
ridiculiser to ridicule
rien *pro.* nothing; **(ne) plus rien** nothing more
rigide *adj.* rigid
rigoler (*fam.*) to laugh, have a good time
rire to laugh
le **rire** laugh(ing)
risquer to risk
rissoler to brown; **pommes rissolées** browned potatoes
le **rite** rite; ritual
rivaliser to rival
la **rivalité** rivalry
la **rive** bank (of river)
la **robe de chambre** dressing gown
Robespierre politician during the French Revolution, leader in the Reign of Terror
le **rocher** rock
rocheux (-euse) *adj.* rocky
le **rock** rock music
le **roi** king; **le Roi-Soleil** the Sun-King, Louis XIV
le **rôle** role
romain(e) *adj.* Roman
les **Romains** (*m.*) the Romans
le **roman** novel
roman(e) romanesque (architecture)
le/la **romancier (-ière)** novelist
romantique *adj.* characterized by romanticism
rompre to break (with)
rond(e) *adj.* round
Roquefort kind of cheese
la **rosace** rose window
le **rôti** roast
Rouen former capital of Normandy
rouge *adj.* red
la **route** road, route; **en route** on the way
la **routine** routine; habit
roux (rousse) *adj.* red, auburn, ginger
royal(e) *adj.* royal
royaliste *adj.* royalist
le **royaume** kingdom
la **rubrique** column (*of a newspaper*)
rude *adj.* harsh, severe
la **rue** street; **la rue piétonnière** pedestrian street
la **ruelle** alley; narrow street
ruiner to ruin
rural(e) *adj.* rural
russe *adj.* Russian; **le/la Russe** Russian (person); **le russe** Russian language

le rythme rhythm
le sable sand
   sac: le sac à dos backpack
   sachant *pr. p. of* **savoir** knowing
   sacré(e) *adj.* sacred
   sacrer to crown
le sacrifice sacrifice
le safari-photo (la photo-safari) excursion to take photos of wild animals
   sage *adj.* wise
   sagement *adv.* quietly
   saint(e) *adj.* holy; saintly; **le/la saint(e)** saint
   saisir to grasp, seize
la saison season
la salade salad
le salaire salary
   sale *adj.* dirty
la salle room, hall; classroom; **la salle d'art** exhibition; **la salle de bains** bathroom; **la salle obscure** movie house
le salon living room
le sang blood
   sanguinaire *adj.* blood-thirsty
   sans *prep.* without
la santé health
le sarment (dried) grape branches
   satirique *adj.* satirical
   satisfaire to satisfy
   satisfaisant(e) *adj.* satisfactory
   satisfait(e) *adj.* satisfied
la sauce sauce; gravy
la saucisse sausage
le saucisson sausage; cold cuts
   sauf *prep.* except
   sauter to jump
   sauvage *adj.* wild; **le/la sauvage** wild person
   sauver to save
le/la savant(e) scientist; scholar
la Savoie Savoy, region in southeast France
   savoir to know; **le savoir** knowlege
le savoir-vivre appreciation of life, knowing how to live well
   savourer to enjoy
   savoyard(e) *adj.* from Savoy
le scandale scandal
la scène stage
   sceptique *adj.* skeptical; **le/la sceptique** skeptic
le schéma pattern
la science science; **les Sciences Po(litiques)** Political Science
   scientifique *adj.* scientific
   scolaire *adj.* academic, of the school

la scolarité education
le sculpteur sculptor
la sculpture sculpture
   sec (sèche) *adj.* dry
   sécher (un cours) to skip, cut (class); **se sécher** to dry up
   secondaire: la résidence secondaire second home: **les études secondaires** (*f. pl.*) secondary school
la seconde class corresponding to the sophomore year of high school
le/la secrétaire secretary
la section section, branch; major; department
la sécurité security
   sédentaire *adj.* settled
le séjour stay
   séjourner to stay, spend time
la selle saddle
   selon *prep.* according to
la semaine week
   semblable *adj.* similar
   sembler to seem
   semer to sow; to spread
le Sénégal Senegal
le sens sense, meaning; **le bon sens** common sense
la sensibilité sensitivity
   sensible *adj.* sensitive
la senteur (*littéraire*) scent, perfume
le sentiment feeling
   sentir to smell; **se sentir** to feel
   se séparer to part, split
le serf serf
la série series, succession
   sérieux (-ieuse) *adj.* serious; **au sérieux** seriously; **le sérieux** seriousness
le service service; **les services publics** public utility companies
   servir to serve; **servir à** to be used for; **servir de** to serve as; **se servir de** to use, make use of
la servitude servitude, slavery
le seuil threshold, brink
   seul(e) *adj.* alone; only; single; **le/la seul(e)** only person
   seulement *adv.* only
la sexualité sexuality, sex
   sexuel(le) *adj.* sexual
le shampooing shampoo
   si *adv.* so; *conj.* if
la Sicile Sicily
le siècle century; **le Grand Siècle** the 17th century
   siéger to sit, be in session
   signaler to call attention to, point out

la signature signing
le signe sign
   signer to sign
la signification meaning
   signifier to signify, mean
   silencieux (-ieuse) *adj.* silent
   similaire *adj.* similar, alike
la similarité similarity
   simple *adj.* simple
   simplement *adv.* simply; **tout simplement** just
   sinistre *adj.* sinister
   sinon *adv.* if not
le site site
   situation situation
   situé(e) *adj.* situated
   situer to place
le ski skiing
   skier to ski
le snack snack
   social(e) *adj.* civic; social
le socialisme socialism
   socialiste *adj.* socialist
la société society; culture
la sociologie sociology
le/la sociologue sociologist
la sœur sister
   soi-disant *adj. inv.* so-called
la soif thirst; **avoir soif** to be thirsty
le soin care
le soir evening
la soirée evening; entire evening
le sol land
le soldat soldier
la sole sole (*fish*)
le soleil sun; **le Roi-Soleil** The Sun King, Louis XIV
la solidarité solidarity
   solide *adj.* faithful, reliable
la solution solution
   sombre *adj.* gloomy
la somme sum
le sommelier wine steward
le son sound; **l'ingénieur du son** (*m.*) sound engineer
   songer to think; to remember
la sonnerie ringing
la Sorbonne central building of the University of Paris
   sort: jeter un sort to cast a spell
la sorte sort, kind
la sortie outing
   sortir to go out; to get out
le souci concern
   se soucier de to care about; to fret
   soucieux (-euse) *adj.* concerned, worried
   soudain *adv.* suddenly
   souder to solder

souffert *p.p. of* **souffrir** suffered
le souffle breath; **couper le souffle** to take the breath away
souffler to blow
le souffleur prompter
la souffrance suffering
souffrir to suffer
souhaitable *adj.* desirable
souhaiter to wish
soulever to raise, bring up
souligner to underline
soumettre to submit
soumis *p.p. of* **soumettre** submitted
la soumission submission
la source source
sourd(e) *adj.* deaf; unjustified (fear)
le sourire smile
sournois(e) *adj.* deceitful, underhanded
sous *prep.* under
sous-développé(e) *adj.* underdeveloped
soutenir to support
soutenu *p.p. of* **soutenir** supported
souterrain(e) *adj.* underground
le soutien support
le souvenir memory
se souvenir de to remember
souvent *adv.* often
le souverain sovereign
soviétique *adj.* soviet
spatial(e) *adj.* relating to space
spécial(e) *adj.* special
spécialisé(e) *adj.* specialized
se spécialiser to major
le/la spécialiste specialist, expert
la spécialité speciality
le spectacle show
la splendeur splendor
splendide *adj.* magnificent
la spontanéité spontaneity; candor
le sport sport
sportif (-ive) *adj.* athletic
stabiliser to stabilize
la stabilité stability
stable *adj.* stable
le stade stadium; stage (*of development*)
le stage training program
la station resort
le steak steak
la stéréo high fidelity
le stéréotype stereotype
la stratégie strategy
strict(e) *adj.* strict
la structure structure
stupide *adj.* silly

le style style
su *p.p. of* **savoir** known
se subdiviser to subdivide
subir to undergo; to suffer (*something*)
subventionner to subsidize
succéder to follow after; **se succéder** to follow one another
le succès success; **une pièce à succès** a smash hit
la succession succession
succulent(e) *adj.* succulent, tasty
la succursale branch
les sucreries (*f. pl.*) sweet foods, sweets
le sud south
la sueur sweat
suffire to be sufficient; **ça suffit!** that's enough!
suffisamment *adv.* enough
suffisant(e) *adj.* sufficient
le suffrage suffrage
suggérer to suggest
se suicider to commit suicide
suisse *adj.* Swiss; **la Suisse** Switzerland
la suite continuation; **à la suite de** after; **prendre la suite** to take over
suivant(e) *adj.* following, next
suivre to follow; to take
le sujet subject; **au sujet de** about
sujet(te)(à) *adj.* subject (to)
super (*fam.*) *inv.* great
superbe *adj.* magnificent
superficiel(le) *adj.* superficial
supérieur: l'enseignement supérieur (*m.*) higher education
la supériorité superiority
le supermarché supermarket
la superstition superstition
suporter to tolerate, endure
supposé(e) *adj.* assumed
supprimer to delete, remove, do away with
sur *prep.* on
sûr (sure) *adj.* sure; **bien sûr** of course
surface: la grande surface shopping center
surgelé(e) *adj.* frozen
surgir to appear suddenly
surhumain(e) *adj.* superhuman
surmonter to surmount
la surpopulation overcrowding
surprenant(e) *adj.* surprising
surprendre to surprise
surpris(e) *adj.* surprised
la surprise surprise

surtout *adv.* above all, especially
la surveillance supervision
le/la surveillant(e) inspector; schoolteacher on duty
surveiller to supervise
survivre to survive
susciter to create, give rise to
le symbole symbol
sympa (*fam.*) *adj. inv.* neat, nice
sympathique *adj.* nice, pleasant
le syndicat trade union
systématiquement *adv.* systematically
le système system

tabac: au tabac at the tobacco shop
la table table
le tableau picture, painting; **le tableau chronologique** chronological chart
la tablette bar
tabou(e) *adj.* taboo
la tache spot, splotch
la tâche task, job
tâcher to try
se taire to be, keep quiet, silent
tandis que *conj.* whereas
tant *adv.* so much, many; **en tant que** (insofar) as; **tant mieux** all the better
la tante aunt
tantôt *adv.* sometimes
taquiner to tease
tard *adv.* late; **plus tard** later
la tarte pie; cake
la tartine slice of bread with butter, jam, etc.
le tas pile, heap
la tasse cup
le taudis slum
le taux rate
la taxe tax
le taxi taxi cab
le Tchad Chad
la Tchécoslovaquie Czechoslovakia
technique *adj.* technical
la teinte shade, tint, color
le teinturier dry cleaner
tel(le) *adj.* such
le téléphone telephone
télévisé(e) *adj.* televised
la télévision (télé) television (TV)
tellement *adv.* so
le témoignage testimony, account
le témoin witness
temporaire *adj.* temporary
le temps time; weather; **mi-temps** part-time; **plein-temps** full-time; **de temps en temps** occasionally; **en même temps**

at the same time; **tout le temps** always, all the time
tenace *adj.* stubborn, persistent
la tendance tendency
tendre vers to lean toward
la tendresse tenderness, fondness
tendu(e) *adj.* tense
tenir to hold; **tenir à** to value; to care about; **tenir debout** to make sense; **se tenir** to keep (oneself)
les tennis (*m.*) sport shoes
la tentation temptation
la tente tent
tenté(e) *adj.* tempted
tenter to attempt
le terme term; word
la terminale last year of the lycée
terminé(e) *adj.* finished, over with
terminer to end
le terrain ground
la terrasse terrace (*of a restaurant*)
la terre earth, ground; **la Terre Sainte** the Holy Land
terrien(ne) *adj.* earth
le territoire territory
le terroir soil
la tête head
le téton breast
le texte text
le thé tea
théâtral(e) *adj.* theatrical
le théâtre theater; **le théâtre de boulevard** light, amusing theater
le thème theme
la théologie theology
la théorie theory
la thèse thesis, dissertation; **le cinéma à thèse** film of ideas
le thon tuna fish
le thym thyme
le tiercé horse-race bet for first, second, and third place
le tiers one-third
le Tiers-Etat third estate (*see* Etat)
le timbre stamp
le tintement tinkling, clinking
tirer to draw, pull; to take; **s'en tirer de** to do remarkably well
le tireur marksman
le tiroir drawer
le titre title
la toile painting
la toilette woman's dress; **les toilettes** restroom
la tolérance tolerance
la tomate tomato
la tombe tomb, grave

le tombeau tomb
tomber to fall
le topinambour Jerusalem artichoke
le torrent mountain stream
le torse torso
le tort wrong; **avoir tort** to be wrong; **à tort** wrongly
tôt *adv.* early
total(e) *adj.* total
totalement *adv.* totally, completely
la totalité totality, whole
la touche touch; style
toucher to touch; to concern
toujours *adv.* always
toulousain(e) *adj.* from Toulouse
la tour tower
le tour tour; trip; stroll; **le tour de France** bicycle race; **à son tour** in turn; **un mauvais tour** a mean trick
le/la touriste tourist
touristique *adj.* tourist
le tournant turn; shift
le tourne-disque record player
la tournée road company circuit
tourner to turn; to change
le tournoi tournament
la tourtière minced pork pie
tout(e) *adj.* all, the whole, each, every; **tout-confort** all modern conveniences; **tout à coup** suddenly; **tout à l'heure** soon; **tout d'abord** first; **tout entier** the whole; **tout à fait** quite; **tout de même** really! well!; **tout le monde** everyone; **pas du tout** not at all; **tout de suite** right away; **tout le temps** all the time; **tout(e)** *pro.* everything; **le tout** the whole thing
traditionnel(le) *adj.* traditional
traduire to translate
la tragédie tragedy
le train train; **être en train de (faire quelque chose)** to be in the process of (doing something)
le trait (physical) feature
le traité treaty
traiter to treat
le traiteur caterer
la tranche slice
tranquille *adj.* quiet, alone
tranquillement *adv.* leisurely, calmly
le transfert transfer
la transformation transformation, change

transformer to transform; to change
le transistor radio
le transport transportation
transporter to carry
le trappeur trapper
le travail work
travailler to work
le/la travailleur (-euse) worker
travers: à travers *prep.* through
traverser to go through
le trèfle club (*playing card*)
trempé(e) *adj.* soaked, dipped
se tremper to plunge into the water
très *adv.* very
le trésor treasure
le tribunal court
le triomphe triumph
les tripes (*f. pl.*) tripes (intestines)
Tristan hero of a twelfth-century romance
tristement *adv.* sadly
la tristesse sadness
tromper to deceive
le trône throne
trop *adv.* too, too much
troublant(e) *adj.* confusing, upsetting
le trouble trouble, problem; **les troubles** dissention(s)
la troupe acting company
trouver to find; **se trouver** to be located; to meet; to be, find oneself; **tout trouvé** well chosen
le tubercule tubercle
tuer to kill
les tués (*m. pl.*) persons killed
les Tuileries (*f.*) in Paris, former royal residence, of which only the gardens remain
la Tunisie Tunisia
tunisien(ne) *adj.* Tunisian
le tutoiement use of the (familiar) **tu**
la tuyauterie pipe system
le type (*fam.*) guy
typique *adj.* typical
typiquement *adv.* typically
la tyrannie tyranny

ultramoderne *adj.* ultramodern
la une front page (*of a newspaper*)
uni(e) *adj.* united
uniforme *adj.* uniform
l'union libre (*f.*) living together unmarried
unique *adj.* unique; only
uniquement *adv.* exclusively; only
unir to unite; **s'unir** to join

l'unité (*f.*) unity
l'univers (*m.*) universe
universel(le) *adj.* universal
universitaire *adj.* of the university
l'université (*f.*) university
l'U.R.S.S. (**Union des Républiques Socialistes Soviétiques**) (*f.*) Soviet Union, U.S.S.R.
l'usage (*m.*) use
l'usine (*f.*) factory
l'ustensile (*m.*) utensil
utile *adj.* useful
l'utilisation (*f.*) utilization, use

les **vacances** (*f. pl.*) vacation
le/la **vacancier (-ière)** vacationer
vacancier (-ière) *adj.* on vacation
le **vacarme** racket, noise
la **vache** cow
vachement bien (*fam.*) *adv.* really nice
la **vague** wave; **la nouvelle vague** New Wave
vaincu *p.p. of* **vaincre** defeated
la **vaisselle** dishes
valable *adj.* worthwhile
le **Val d'Isère** Isère Valley (mountain resort in the Alps)
la **valeur** value, worth
valide *adj.* ablebodied
valoir to be worth; **ça vaut la peine** that's worth it; **il vaut mieux** it is better
se **valoriser** to be enhanced
la **Vanoise** national park in the Alps
la **vapeur** steam
varier to vary
la **variété** variety, kind; **les variétés** (*pl.*) miscellanies
vaste *adj.* vast, wide
vécu *p.p. of* **vivre** lived
végétarien(ne) *adj.* vegetarian
la **veille** the day before
veiller à to watch over
le **vélo** bike
la **vendange** grape-harvesting
vendanger to harvest grapes
le/la **vendeur (-euse)** salesperson, seller (*of goods*)
vendre to sell
venir to come; **venir de** + *inf.* to have just (*done something*)
le **vent** wind

la **vente** sale
venu *p.p. of* **venir** come
le **verbe** verb
véritable *adj.* real, true; live
véritablement *adv.* really, truly
la **vérité** truth
le **verre** glass; **prendre un verre** to have a drink
vers *prep.* toward; about
Versailles Louis XIV's residence outside of Paris
vert(e) *adj.* green
verticalement *adv.* vertically
la **verve** zest
le **vestiaire** cloakroom
le **vestige** trace, remnant, relic
le **vêtement** garment; **les vêtements** (*pl.*) clothes, clothing
vêtu(e) *adj.* dressed in
la **viande** meat
vibrer to vibrate
le **vice** vice
la **victime** victim
la **victoire** victory
le **vide** void, emptiness; **parler dans le vide** to talk uselessly
la **vie** life
le **vieillard** old man
la **Vierge** Virgin Mary
vietnamien(ne) *adj.* Vietnamese
vieux (vieille) *adj.* old, ancient; **mon vieux** (*fam.*) my friend
la **vigne** vine
le **vigneron** wine-grower
le **vignoble** vineyard
vigoureux (-euse) *adj.* energetic
vigueur: être en vigueur to be in force
le **village** village
la **ville** town, city; **en pleine ville** in the middle of town
le **vin** wine; **le vin doux** sweet wine; **le vin sec** dry wine
la **vinaigrette** oil and vinegar dressing
la **vingtaine** about twenty
le **viol** rape
la **viole** viola
violer to violate
le **visage** face
vis-à-vis *prep.* toward; relative to
la **visite** visit; **rendre visite à quelqu'un** to visit somebody
visiter to visit (*a place*)

le/la **visiteur (-euse)** visitor, tourist
vite *adv.* quickly
la **vitesse** speed; **en vitesse** quickly
le **vitrail** stained-glass window
la **vitrine** store window
vivant(e) *adj.* living, alive
vive...! long live. . . !
vivre to live
le **vocabulaire** vocabulary
voici here is, are
la **voie** way; **en voie de développement** developing (*of countries*)
voilà there is, are
la **voile** sail; **la planche à voile** windsurfer
le **voile** veil
voir to see; to think of
le/la **voisin(e)** neighbor
voisin(e) *adj.* neighboring
la **voiture** car
la **voix** voice
le **vol** theft; flight
voler to steal; to fly
le **volley** volley ball
la **volonté** will
Voltaire eighteenth-century writer
les **Vosges** (*f. pl.*) mountain chain in the northeast of France
le **vote** vote
vouloir to want, wish; **vouloir dire** to mean
la **voûte** vault
voyager to travel
vrai(e) *adj.* true, real; **le vrai** truth
vraiment *adv.* truly
vu(e) *p.p. of* **voir** seen

Waterloo Belgian site of Napoleon's defeat (June 1815)

y *pro.* there
les **yeux** (*m. pl.*) eyes
Yquem: Château d'Yquem one of the most famous French vineyards
Ys legendary town in Brittany
Yseut (*alternate spelling for* **Iseult**) Tristan's beloved in the twelfth-century romance

le **Zaïre** Zaire
zut! *excl.* darn!

About the Authors

Lucia F. Baker holds a Diplôme de Hautes Etudes from the University of Grenoble and an M.A. from Middlebury College, and has done additional graduate work at Radcliffe College and Yale University. She recently retired after more than twenty years of teaching at the University of Colorado (Boulder). In addition to teaching first- and second-year French language courses, she coordinated the Teaching Assistant Training Program, which includes the methodology class and language course supervision. Professor Baker received two Faculty Teaching Excellence awards and in 1983 was honored by the Colorado Congress of Foreign Language Teachers for unusual service to the profession.

Ruth A. Bleuzé holds an M.A. in International Relations from the University of Pennsylvania and a Ph.D. in French from the University of Colorado (Boulder). She has taught language, literature, history, and civilization courses at the University of Colorado (Boulder and Denver campuses), Loretto Heights College, and Dartmouth College. She received a graduate student Teaching Excellence award in 1976, and in 1977 was listed in *Who's Who in American Colleges and Universities*. Dr. Bleuzé is currently director of training for Moran, Stahl, and Boyer International, a management consultant firm providing cross-cultural and language training for executives from multinational companies who are relocating to foreign countries.

Laura L. B. Border received her M.A. in French from the University of Colorado at Boulder and is currently a Ph.D. candidate in French Literature. She has taught first-, second-, and third-year French courses for many years. She studied French language, literature, and culture at the University of Bordeaux as an undergraduate student, and later taught English conversation, translation, and phonetics there. A recipient of the graduate student Teaching Excellence award at Boulder, she is now director of the Graduate Teacher Program at the Graduate School of the University of Colorado at Boulder.

Carmen Grace is the coordinator of *Collage, Third Edition*. She received her M.A. in French from the University of Colorado at Boulder, where she has taught courses in literature, language, civilization and methodology during the last fifteen years. She supervised and coordinated the Teaching Assistant Program for three years. She has also taught English courses at the University of Bordeaux. In 1974 she was granted a French Government Fellowship to the Sorbonne, and in 1978 she received a graduate student Teaching Excellence award.

Janice Bertrand Owen received her Ph.D. in French Literature from the University of Colorado (Boulder). She has taught language and literature classes at the Boulder and Denver campuses for eighteen years. In 1977 she directed the University of Colorado Study Abroad Program in Chambéry, and in 1979 designed and taught an intensive course for secondary teachers of French in the Boulder Valley Schools.

Mireille A. Serratrice was born and raised in France. She holds a license in English and American Literature from the Centre Universitaire de Savoie, and in 1979 received an M.A. in French from the University of Colorado (Boulder), where she has also completed all course work for her Ph.D. She has taught first- and second-year French language and literature courses at the University of Colorado since 1977. In 1980 she was the Director of the Study Abroad Program in Chambéry. At present she is teaching in Paris.

Ester Zago holds a Doctorate in Foreign Languages and Literature from the Bocconi University of Milan and a Ph.D. in Comparative Literature from the University of Oregon (Eugene). She has taught at Pacific University and at Oregon State University at Corvallis. Since 1974 she has taught French and Italian grammar, literature, and civilization courses at the University of Colorado (Boulder). She received a Faculty Teaching Excellence Award in 1982, and during the 1982–83 academic year she was the Director of the Study Abroad Program at Bordeaux. She has published several articles and a book entitled *La Bella Addormentata, origine e metamorfosi di una fiaba*.

Photographs (*continued from page iv*)

Image Works; *91* © Hugh Rogers / Monkmeyer; *96* © Silberstein / Rapho / Photo Researchers, Inc.; *99* © Hugh Rogers / Monkmeyer; *104* © François Poincet / Sygma; *105* © Stuart Cohen / Stock, Boston; *110* AP / Wide World Photos; *111* AP / Wide World Photos; *112* Magnum; *121* © Mark Antman / The Image Works; *125* AP / Wide World Photos; *126* (*top*) AP / Wide World Photos; *126* (*bottom*) © Mark Antman / The Image Works; *127* © Owen Franken; *135* © Eric Cable / Stock, Boston; *139* © Ulrike Welsch; *142* © Peter Menzel / Stock, Boston; *143* © Stuart Cohen / Stock, Boston; *144* © Stuart Cohen / Stock, Boston; *145* © Ulrike Welsch / Photo Researchers, Inc.; *147* © Hugh Rogers / Monkmeyer; *152* Owen Franken / Stock, Boston; *156* © Stuart Cohen / Stock, Boston; *159* © Bernard Wolf / Photo Researchers, Inc.; *168* © Louis Goldman / Photo Researchers, Inc.; *171* (*top*) © Ulrike Welsch 1989 / Photo Researchers, Inc.; *171* (*bottom*) © Mark Antman / The Image Works, *172* Musée des beaux-arts, Rouen. Photo by Lauros-Giraudon / Art Resource, NY.; *173* (*top*) Musée d'Orsay, Paris. Photo by Giraudon / Art Resource, NY.; *173* (*bottom*) Musée d'Orsay, Paris. Photo by Giraudon / Art Resource, NY.; *174* Oil on canvas, 32 3/4 × 40″. Courtesy of the Fogg Art Museum, Harvard University, Cambridge, MA. Bequest-Collection of Maurice Wertheim, class of 1906: *176* Musée nationale d'art moderne, Paris. Photographie Bulloz, © 1989 ARS, NY. / ADAGP; *177* (*top*) Oil on canvas, 9 1/2 × 31″. Collection, the Museum of Modern Art, NY. Given anonymously © 1989 Demart Pro Arte / ARS, NY.; *177* (*bottom*) Photo by Lauros-Giraudon, © 1989 ARS, NY. / SPADEM; *180* 118 × 47 × 47″. Photographie Bulloz; *182* Compressed automobile, 59 1/2 × 20 3/4 × 24 7/8″. Collection, The Museum of Modern Art, NY. Gift of Mr. and Mrs. John Rewald. © 1989 ARS, NY. / SPADEM; *184* © Mark Antman / The Image Works; *186* © Helena Kolda 1982 / Photo Researchers, Inc.; *187* Hugh Rogers / Monkmeyer; *192* The Bettmann Archive; *199* © Hugh Rogers / Monkmeyer; *201* © Mark Antman / The Image Works.

Realia

Page 15 © Educatel, école privée de formation à domicile; *23* © *Famille Magazine;* *27* Cartoon by Patrick Lestienne, published in *Famille Magazine;* *66–67* Figaro-Magazine; *84* © Enseignement Privé Technique et Supérieur; *118* From *L'Express*, le 9 juin 1989; *131* Reprinted with permission of *Le Figaro*, © 1989; *148* Alain Le Saux; *150* © Club Med; *162* © *Le Point;* *165–166* © *Jeune Afrique;* *204* © United Feature Syndicate.